W0172312

Petra Ramsauer

# So wird Hunger gemacht

## Wer warum am Elend verdient

UEBERREUTER

Aktualisierte Neuausgabe

ISBN 978-3-8000-7400-6
Alle Urheberrechte, insbesondere das Recht der Vervielfältigung, Verbreitung
und öffentlichen Wiedergabe in jeder Form, einschließlich einer Verwertung in
elektronischen Medien, der reprografischen Vervielfältigung, einer digitalen
Verbreitung und der Aufnahme in Datenbanken, ausdrücklich vorbehalten.
Covergestaltung: Kurt Hamtil, Verlagsbüro Wien
Coverfoto: © Jamie VanBuskirk / istockphoto.com
Copyright © 2009 by Verlag Carl Ueberreuter, Wien
Druck: Druckerei Theiss, A-9431 St. Stefan i. L.
Gedruckt auf Salzer Papier
7 6 5 4 3 2

Ueberreuter im Internet: www.ueberreuter.at

# INHALT

# 1 DIE WELTUNORDNUNG DES HUNGERS

In der Stadt Abéché, im Osten des Tschad. Es ist gerade neun Uhr morgens, doch schon unerträglich heiß. Mein Wohlstandspuffer, fest um den Bauch gezurrt, ist in Schweiß getränkt. Das aufgeweichte Bündel an Dollarscheinen, der feste Karton des Flugtickets, die scharfen Kanten der Kreditkarte, der Pass, alles brav verstaut und in Tuch gewickelt. Wie ein Fallschirm: Jederzeit bereit, mich aufzufangen, mich zurückzuholen in meine sichere Welt. Mit mir betritt eine kleine, schmächtige Frau mit einem winzigen Kind am Arm das Ernährungszentrum der UN-Kinderhilfsorganisation UNICEF. Es ist ihre Tochter, etwa ein Jahr alt. Die ausgetrockneten Mundwinkel der Kleinen sind entzündet, Fliegenschwärme saugen sich in die offene Wunde. Ihre Haut legt sich an Armen und Beinen in tiefe Falten, das Gesicht sieht alt aus. Wie schwer wird sie sein? Vier Kilo, fünf Kilo?

Die Frau wird zornig, weil ich von ihrer todkranken Tochter ein Foto mache. »Ich will in Ruhe gelassen werden. Von allen.« Die Krankenschwester ermahnt erst mich. »Du musst die Mütter fragen, bevor du fotografierst.« Dann zischt sie der Frau zu: »Dieses Mal musst du mit ihr ins Spital – nicht wieder nach Hause. Das Kind muss ins Spital!« Die Mutter fragt, was aus ihren anderen vier Kindern wird. Die hätten auch so großen Hunger und würden sie brauchen. Dann versteckt sie das sterbende Mädchen unter ihrem großen Tuch in sattem Rot.

Der dichte Geruch von Milchpulver, der kalorienreichen Erdnusspaste, scharfer Putzmittel und von Erbrochenem liegt wie eine betäubende Wolke über der kleinen Tagesklinik. Ein Baby nach dem nächsten wird gewogen, die Ärmchen abgemessen. Jedes fünfte Kind unter fünf Jahren ist hier im Tschad mangelhaft ernährt; wie eine Epidemie scheint sich der Hunger ausgebreitet zu haben. Viele der Kleinkinder sind so dünn und matt, dass es aussieht, als würden sie zerbrechen, wenn man sie bloß anfasst.

Es ist viel zu heiß in der Ambulanz, Fliegenschwärme ziehen surrend durch den Raum. Ich sitze schweigend auf einer schmalen

Holzbank neben der Frau mit ihrer lebensgefährlich ausgehungerten Tochter im Arm. Ich spüre die Geldbündel an meinem Körper. Soll ich sie ihr einfach in die Hand drücken? Zwei Menschen, zwei Frauen, sitzen irgendwo in Afrika nebeneinander. Ich habe Geld, viel Geld bei mir und sie ein sterbendes Kind. Mein Geld, mit dem ich Übersetzer bezahle, Autos und teure Hotelzimmer mieten soll, ist für mich und mein Leben Nebensache. Leicht ersetzbar. In den Händen der Frau neben mir könnte es dieses Kind und ihre anderen Kinder wahrscheinlich retten.

Später wird es in der Redaktion meiner Zeitschrift verantwortliche Redakteure geben, die sagen, man könne das Bild dieses kleinen sterbenden Mädchens nicht abdrucken, »weil das Kind so schrecklich aussieht und man solche Bilder nicht aushalten kann«.

Dafür habe ich gelernt, es auszuhalten, von Unterernährung schwer gezeichnete Kinder und ihre verzweifelten Mütter zu sehen und in solchen Situationen mein – möglicherweise lebensrettendes – Geld für mich zu behalten. Soll Hilfe Sinn machen, gehören die Mittel dazu in die Hände von Experten. Spontane Gesten Einzelner können die Arbeit der Helfer vor Ort gelinde gesagt sehr kompliziert gestalten. Aus der Distanz klingen solche Sätze einleuchtend. Doch es überrascht mich, wie leicht ich mich in dieses Gebot der Professionalität füge, in solchen Situationen wie in Abéché eine an sich ganz normale menschliche Regung unterdrücken kann: einer mittellosen, verzweifelten Frau einfach zu helfen.

Der Eindruck entsteht, wir hätten alle persönlich nichts damit zu tun, dass heute jeder sechste Mensch hungert. Vielleicht echauffiert uns diese Tatsache deshalb kaum. Oder wie sonst lässt sich erklären, dass jeden Tag fast zehn Mal so viele Menschen an den Folgen von Unterernährung sterben wie während der Terroranschläge auf das World Trade Center am 11. September 2001, aber keine nur im Ansatz vergleichbare Welle aus Trauer, Zorn und Entrüstung samt der emsigen Suche nach den Schuldigen einsetzt? Faktum ist: Außerhalb unserer heilen, noch immer sehr wohlhabenden Festung sterben laut Schätzungen der Vereinten Nationen Tag für Tag 24.000 Menschen, mehr als zwei Drittel davon Kinder unter fünf Jahren, weil sie zu wenig zu essen haben. Würden wir die Wirklichkeit so betrachten, wie sie ist, ohne erklärende und relativierende Nebensätze als schmerzlindernde Entschuldigungskissen dazwischenzugeben, dann würde dies kein Mensch verkraften: Die Wirklichkeit in ihrer vollen Brutalität, die Tatsache, dass wir den schmerzhaften, langsamen Tod von Zehntausenden täglich zulassen.

Dutzende Male war ich in Ländern südlich der Sahara, in Afghanistan oder in den Krisenregionen des Nahen Ostens in ähnlichen Ernährungszentren wie in Abéché im Tschad. Ich besuchte auch zahlreiche Dörfer und Flüchtlingslager in Krisenzonen, Menschen, die von Dürre oder Bürgerkrieg gebeutelt waren. Es bot sich meist ein ähnliches Bild: ausgemergelte Frauen, die Brei mit ein wenig Wasser und ein paar Handvoll Getreide zubereiteten. In Malawi aß eine Familie vor meinen Augen gekochte Mäuse, weil einfach sonst nichts mehr da war, was sie satt machen würde.

Mit der Beschreibung der tristen Ernährungslage endet in vielen Fällen die Darstellung ihres Leides. Die qualvollen Details von chronischer Unterernährung oder gar die Stadien des Hungertodes in Wort und Bild unzensiert darzustellen, scheint ein Tabu geworden zu sein. Es ist ein Tabu, das ich unbewusst übernommen habe, wie mir beim Rückblick auf meine Reportage auffällt, und das ich in einigen Abschnitten in diesem Buch bewusst überwinden möchte. Um das Drama Hunger begreifen und irgendwann einmal lösen zu können, muss zur Professionalität der Hilfe durch einzelne Experten und Gruppen und zur distanzierten Berichterstattung wieder echte Anteilnahme der gesamten globalen Zivilgesellschaft flankierend dazukommen. Nur so entsteht der nötige politische Druck, der, gepaart mit dem fundierten Wissen staatlicher und nichtstaatlicher Hilfsorganisationen, zu echten Fortschritten im Kampf gegen die chronische Not auf diesem Planeten führen könnte.

Ohne diesen Druck scheinen die Regierungen der Industriestaaten diese Entschlossenheit nicht entwickeln zu können, belassen es bestenfalls bei leeren Worthülsen. So versprach der damalige US-Außenminister Henry Kissinger beim ersten Welternährungsgipfel 1974 vollmundig, dass in zehn Jahren kein Kind auf der Welt mehr hungern müsse.

Im November 2009 luden die Vereinten Nationen zum vierten

Welternährungsgipfel und präsentierten die neuesten Zahlen zum Ausmaß der globalen Not. Mit 1,02 Milliarden Menschen, die hungern, war ein historischer »Rekord« erreicht, um zehn Prozent ist der Wert seit dem Vorjahr gestiegen. »Noch nie seit Menschengedenken gab es eine dermaßen hohe Zahl an Menschen, die nicht genug zu essen haben«, mit diesen bestürzenden Worten eröffnete Jacques Diouf, Generaldirektor der Organisation für Ernährung und Landwirtschaft der Vereinten Nationen (FAO), die Veranstaltung. Besonders besorgniserregend war sein Verweis auf die Details dieser Statistik: Weder die Folgen der Ernährungs- noch die der Wirtschaftskrise seien darin bereits erfasst, und er betonte, wie schon in den Monaten zuvor, dass es noch lange dauern wird, bis die Katastrophe zur Gänze überschaubar sei.[1]

Die Dimensionen dürften gewaltig sein, wie ein bereits erhobener Wert nahelegt: Im Juni 2009 prognostizierte ein Expertenteam der UN, dass 400.000 Kinder in afrikanischen Staaten südlich der Sahara zusätzlich an Hunger sterben werden, weil die Wirtschaftskrise die letzten Reste der Existenzgrundlage von über 300 Millionen Menschen vernichtet. Hier würden infolge dramatisch sinkender Exporteinnahmen die ohnehin mickrigen Einkommen um ein weiteres Fünftel sinken.

Doch während ein gigantisches Vermögen blitzschnell für die Rettung der Finanzinstitute der reichen Staaten losgeeist werden konnte, blieben die Ärmsten inmitten des Zusammenbruchs der Weltwirtschaft sich selbst überlassen. Freilich ist es zynisch, die Notwendigkeit der Stabilisierung von Banken und Großbetrieben gegen andere Maßnahmen aufzuwiegen. Wäre die Wucht des Finanz-Crashs nicht abgefedert worden, hätte dies keinen Menschen vor dem Hungertod bewahrt; sondern wohl eher die Lage in den ärmsten Ländern weiter verschlimmert. Trotzdem ist diese Maßnahme ein zentrales Symbol: Für die Rettung von Banken wurden binnen kürzester Zeit von den Industrienationen 14 Billionen Dollar aufgewendet, während die seit Jahren ohnehin zu dürftigen Geldströme hin zu den ärmsten Ländern der Welt ins Stocken gerieten. Die Teilung der Welt war selten so plakativ festzumachen.

Nach einem Besuch in der irakischen Hauptstadt Bagdad wenige Monate nach dem Kriegsende 2003 wurde mir klar, wie sehr diese

Teilung auf vielen Ebenen eine wenig hinterfragte Realität ist. Im Flugzeug am Weg nach Jordanien fragte mich meine Sitznachbarin, ob ich auch für die Regierung arbeiten würde. Mit *der* Regierung meinte sie jene der USA. Ich erzählte, ich sei als Reporterin einige Tage in einem Krankenhaus im Süden Bagdads gewesen, wo die Opfer der Bombenanschläge verarztet werden. »Sie meinen, Sie waren die ganze Zeit in der roten Zone? Das ist unvorstellbar, dort hinzugehen!« Für die Dame anscheinend schon, wohl ganz im Gegensatz zu den fünf Millionen irakischen Bürgern, die dort leben.

Bis zu diesem Zeitpunkt war mir nur der Begriff »grüne Zone« vertraut: Damit war und ist die hermetisch abgeriegelte US-Verwaltungsinsel im Zentrum Bagdads gemeint. Hier wird mit allem, was modernste Sicherheitstechnologie zu bieten hat, das Leben jener Ausländer geschützt, die im Irak zu tun haben. Draußen ist der Schutz von Menschen vor Terror, gewaltsamer Verfolgung und tiefer Armut nur in einer sehr stark reduzierten Form existent, wenn es diesen Schutz überhaupt noch gibt. Auch an diese Realität haben wir uns aber nicht bloß im Irak rasch gewöhnt, es gilt weltweit als gegeben, dass es zwei Formen der menschlichen Existenz gibt: Menschsein in der roten und in der grünen Zone.

Verschärft wurde diese Kluft mit der Wirtschaftskrise. Die Schotten der grünen Zone der Erde waren angesichts der Knappheit aber auf einmal dicht. Hilfszahlungen sanken dramatisch, während die Importe von Bodenschätzen, in vielen weniger entwickelten Ländern ein zentraler Wirtschaftszweig, einbrachen. Die von den hohen Lebensmittelpreisen bereits arg gebeutelte Bevölkerung der ärmsten Länder der Erde musste erst Unsummen für Lebensmittel ausgeben, danach verloren Millionen ihre Jobs oder wurden wesentlich schlechter bezahlt. Spielraum gab es nicht mehr. Die letzten Wertsachen waren bereits verkauft, um die höheren Preise am Markt bezahlen zu können, Mahlzeiten waren bereits gestrichen, ebenso die Arztbesuche und in vielen Fällen das Schulgeld für die Kinder. Eine Dynamik sich selbst stabilisierender Armut und Not war in atemberaubendem Tempo entfacht.

Die Regierungen der Länder konnten dem wenig entgegenhalten. Lebensmittelimporte waren sehr teuer geworden und auch die

Kredite auf den internationalen Finanzmärkten, um sie bezahlen zu können. Dazu warf die nächste Krise immer deutlicher ihre Schatten voraus. UN-Generalsekretär Ban Ki Moon warnt anlässlich der ohnehin alarmierenden Ergebnisse des Welternährungsgipfels 2009 vor der drohenden massiven Verschlechterung der Verfügbarkeit von Nahrungsmitteln angesichts des Klimawandels: Dürreperioden, Wetterkapriolen würden bis zur Mitte des 21. Jahrhunderts die Ernten deutlich reduzieren, so Ban Ki Moon:»Dabei müssen wir in der Lage sein, wenn 2050 neun Milliarden Menschen auf der Erde leben werden, um 70 Prozent mehr Nahrungsmittel zu produzieren als jetzt.«

Dieses Buch untersucht, welche Strukturen zu dieser Epidemie an Hunger und Not führten und was sich ändern müsste, um diesen gigantischen Produktionszuwachs zu ermöglichen. Die wichtigste Information dazu stand hier schon zu lesen: Die Erde kann 12 Milliarden Menschen ernähren, wenn die Ernten richtig verteilt werden. Am Höhepunkt der globalen Ernährungskrise im Jahr 2008 wurde deutlich, wieso es bislang nicht funktionierte. Die plötzliche Teuerungswelle entlarvte schonungslos, wie das tödliche Wohlstandsgefälle unserer Welt erst einzementiert und dann verschärft wurde: von den Regierungen der Industriestaaten, die beispielsweise weniger entwickelte Länder mit einst billigen Agrarproduktionen überschwemmten und so deren Märkte deformierten, genauso wie durch ungenierte Spekulation auf Kurse von Grundnahrungsmitteln an den Rohstoffbörsen.

Die Ernährungs-, die Wirtschafts- und in immer stärkerem Ausmaß die Klimakrise bedingen einen dramatischen Anstieg von Armut, wenn wir den Folgen nicht rasch und zielgerichtet entgegenwirken. Es sind Krisen, die uns alle – wenn auch in sehr unterschiedlicher Heftigkeit – betrafen und betreffen: von den Slums in Kairo bis Downtown Manhattan. Die Panik, sich das Leben oder vielmehr das Überleben nicht mehr leisten zu können, es nicht mehr zu schaffen, kann verbinden und angesichts der offenen Brüche in unserer Wohlstandsfestung scheint es endlich wieder möglich, das System der globalen Ungleichheit des Wohlstandes in Frage zu stellen. Zwei mögliche Entwicklungen sind deshalb die Folge: die totale Abschottung oder eine neue Form von Solidarität, die auch die Regierungen dazu drängt, sich den Fragen der Verteilungsgerechtigkeit neu zu stellen.

In meinem letzten Buch schrieb ich über den drohenden Klimakollaps. Eine der wesentlichen Botschaften darin war, dass die Welt dadurch als Weltgemeinschaft gefordert ist zu handeln und sich als Einheit zu begreifen, die nur als solche die Situation in den Griff bekommt. Das gilt auch hier. Der Lebensstil, wie wir ihn in den grünen Zonen der Welt führen, ist weder für die Erde noch für den überwiegenden Teil der Menschen, der in weniger entwickelten Ländern lebt, zu verkraften. Schlussendlich werden wir zu einer Form von Gerechtigkeit finden müssen, einer Chancengleichheit zumindest für das Wesentlichste, das die Existenz eines Menschen ausmacht: der Zugang zu ausreichend Nahrung.

Die – vielleicht – nur scheinbare grenzenlose Naivität, dass ein Bündel Dollar-Noten, das von einer Person zur nächsten wandert, etwas ändern könnte, durchzieht das Grundverständnis dieser Unteilbarkeit der Schicksale. Schlussendlich besteht die Welt aus vielen Einzelpersonen, und wäre Solidarität ein Grundaxiom, wären Hunderttausende solcher ausgleichenden Transaktionen die politische Realität. Denn es sind nicht bloß Autokratien, die ein globales System der ungerechten Verteilung des Wohlstandes durch ihre Politik prägen und Tag für Tag aufrechterhalten. Es sind in vielen Fällen westliche Demokratien. Und diese Länder haben Geld, viel Geld zur Verfügung, wie nicht bloß großzügige Konjunkturpakete, sondern auch die Ausgaben für Rüstung zeigen: 1,34 Billionen Dollar – oder 860 Milliarden Euro – werden derzeit jährlich in Waffen investiert. An der Spitze Länder wie die USA und Großbritannien. Deutschland rangiert mit 36,9 Milliarden Dollar (22,7 Milliarden Euro) an sechster Stelle.[2]

Wir halten es aus, dass jährlich Milliarden Euro in die Rüstungsindustrie investiert werden, dass mit Billionen von Euro Banken vor dem Zusammenbruch gerettet werden und gleichzeitig täglich 16 000 Kinder an den Folgen von Unterernährung sterben: Für Jean Ziegler, von 2000 bis 2008 UN-Sonderbeauftragter für das Recht auf Nahrung, ist der Tatbestand klar: »Die Erde könnte zwölf Milliarden Menschen ernähren. Derzeit leben hier 6,8 Milliarden Menschen. Hunger ist kein unabänderliches Schicksal. Es ist Mord.«[3]

# Hispaniola: Zwei Welten und eine Insel

»Ich hab nichts mehr«, sagt Edith Pierre knapp, starrt auf die Straße, die so wie alles hier in Gonaives, einer Hafenstadt im Norden Haitis, von einer Schicht aus Schlamm überzogen ist. Sie schweigt und sagt wieder: »Jetzt habe ich rein gar nichts mehr.« Als der letzte der Stürme vom Meer her aufzog, die Fluten kamen, rettete sie sich und ihre sechs Kinder auf das Dach ihres Hauses. Zurück in die Zimmer konnten sie auch Wochen später nicht. Der Schlamm hatte alles unbrauchbar gemacht. Ein Leintuch spannte sie notdürftig über das Lager, um sich vor der sengenden Sonne zu schützen.

In der Hitze potenziert sich der Gestank des Schlammes. In Gonaives gab es nie ein funktionierendes Abwassersystem. Die Wellen vom Meer, bis zu fünf Meter hoch, rissen die Rinnsale mit sich, vermengten die Abwässer mit dem allgegenwärtigen Schlamm, verseuchten das Grundwasser. Nichts funktionierte mehr, schon gar nicht die Versorgung. »Manche Menschen verhungern bereits. Wir können sie einfach nicht mehr rechtzeitig mit Notrationen erreichen«, schildert Chesnel Pierre, Direktor der Stadtverwaltung in Gonaives, das Ausmaß der Tragödie Ende September 2008, vier Wochen nach den Fluten. Viel tun kann er nicht einmal für sich selbst. Er ist obdachlos, wie eine Million seiner Landsleute.[4]

Vier tropische Stürme fegten im Spätsommer 2008 über den bettelarmen Staat im Westen der Karibik-Insel Hispaniola. 600 Menschen starben inmitten der Orkanböen und meterhohen Sturmfluten. Jeder zehnte der neun Millionen Einwohner überlebte die Folgen nur dank der Unterstützung von Hilfsorganisationen, vor allem des UN-Welternährungsprogramms WFP. »Ohne massive Hilfe der internationalen Gemeinschaft droht den Menschen hier, die schon zuvor mit einem wahrlich epischen Desaster zu kämpfen hatten, ein noch größeres Drama«, warnte Josette Sheeran, Direktorin des WFP. Sie verbrachte einige Tage im Katastrophenseptember 2008 in Gonaives. Alleine dort verwüsteten die Hurrikans die Existenz von 150 000 Menschen, der Hälfte der Bevölkerung. Grund der Reise der WFP-Direktorin war es, endlich klarzumachen, wie dramatisch die Lage ist: Von den 54 Millionen Dollar, die im September 2008 dringend für die Hilfe auf Haiti gebraucht wurden, gelangte einen Monat nach den Naturkatastrophen nur eine Million Dollar am Konto der Organisation ein. Die Welt sah via Satellitenfernsehen zu und reagierte nicht.[5]

Schon bevor der Teuerungs-Tsunami und dann die Hurrikans Fay, Gustav, Hanna und Ike wüteten, war Haiti − zerklüftet von Diktatur, vier Coups und US-Interventionen − seit 1988 einer der ärmsten Flecken der Welt. Man könnte meinen, schlimmer geht es nicht. Bis das Jahr 2008 die dramatischen Rekorde des Leidens abermals nach oben korrigierte. Als weltweit Lebensmittel plötzlich dramatisch teurer wurden, traf es kein anderes Land mit so großer Wucht wie Haiti. Auch die damals eben erst eingesetzten 9000 UN-Friedenssoldaten scheiterten dabei, die tödliche Anarchie in den desolaten Slums im Zaum zu halten. Gnadenlos kochte die Wut über. Premierminister Jacques-Edouard Alexis musste im April 2008 angesichts der wütenden Proteste, die sechs Menschen das Leben kosteten, seine Position räumen.

Die gnadenlose Hurrikanserie ein halbes Jahr später zerstörte die letzte Hoffnung im Land: Ein Drittel der ohnehin mickrigen Reisernte Haitis, ein Fünftel der Bananenplantagen waren verwüstet. Noch vor zwei Jahrzehnten konnte sich das Land faktisch selbst ernähren. Dann wurden auf Druck der internationalen Kreditgeber die Importzölle für − die damals noch billigen − Lebensmittel gelockert. Als sich der Trend änderte, war Haiti schutzlos der Teuerung ausgesetzt. Nur 43 Prozent der Nahrung produziert das Land heute selbst, Reis muss zu 80 Prozent importiert werden, Mais und Weizen fast zur Gänze. Mit verheerenden Folgen: Zwischen Jänner 2007 und Jänner 2008 stiegen die Preise für Weizen um 87 Prozent, für Mais um 93 Prozent und immerhin um zwei Drittel für Reis. Zahlen, die, übersetzt in die Realität der Haitianer, ein Todesurteil auf Raten bedeuten. Nicht mehr und nicht weniger.

»Jeder sollte sich vergegenwärtigen: Hier gehen Millionen Menschen jede Nacht hungrig schlafen«, zeichnet das nationale Komitee für Ernährungssicherheit Haitis schon vor der Preis- und Naturkatastrophe ein Bild des Elends. Schon vorher galten sechs Millionen der neun Millionen Menschen hier als sehr arm, danach waren es sieben

Millionen. Das Ausmaß des Elends hier lässt sich nur mit der Situation in Somalia und Afghanistan vergleichen. Um die Hälfte wurde in Haiti mit einem Mal alles teurer; ein schwerer Schlag, wenn vorher schon alles beinahe unbezahlbar war. Kinder kamen nicht mehr in die Schule, erzählten Lehrer, weil ihre Familien die Ausbildung nicht mehr bezahlen konnten. Und die Kinder, die kamen, schliefen im Unterricht ein, weil sie zu hungrig und kraftlos waren, um wach zu bleiben.[6] Der 30-jährige Eugene Thermilon zum Beispiel, ein Tagelöhner, der in der Hauptstadt Porte-au-Prince lebt, kann seine Frau und seine beiden Kinder kaum noch ernähren. Zwei Dosen Mais machen die gesamte Mahlzeit pro Tag für die gesamte Familie aus.

Saint Louis Meriskas ist arbeitslos. Seine Kinder bekommen pro Tag zwei Esslöffel Reis. »Die Kinder sehen mich an und sagen, wie hungrig sie seien. Dieses Leben ist so entwürdigend.«

Der Grad der Verzweiflung im Land lässt sich auch am Handeln jener ermessen, die beim besten Willen nichts Essbares mehr finden. Die Menschen auf Haiti begannen bereits im Frühsommer 2008 mit sogenannten »Lehmkeksen« ihre knurrenden Mägen zu füllen. »Es hilft gegen den Hunger. Es ist ein wenig Salz und Margarine drinnen. Das schmeckt dann besser«, sagt Marie-Carmelle Baptiste, die in einem Slum der Hauptstadt Porte-au-Prince diese weichen Kekse mit dem penetranten Geschmack von Ton in der Sonne bäckt: »Eines sag ich Ihnen: Das isst man nur, wenn man muss.« Etwa drei Cent kostet ein Stück der Lehmkekse am Markt. Im Vergleich: Zwei Tassen Reis kosten 40 Cent. Zwei Drittel der Bevölkerung müssen aber gerade mit einem Euro pro Tag auskommen. Das erklärt rasch, warum Erde gegessen wird, obwohl schmerzhafte Koliken der Preis dafür sind.

## Die rote und die grüne Zone der Erde

Der US-amerikanische Tourismuskonzern Royal Caribbean International greift, sagen wir, zu einem kleinen »Trick«. Die exklusive Anlage, die von den Kreuzfahrtschiffen des Veranstalters seit 2008 angesteuert wird, liegt in einer traumhaften Bucht. Fast ein wenig zu schön und idyllisch, um real zu sein, eher wie gemalt. Der blütenweiße Strand, hier in Labadee, ist menschenleer. Wo Labadee liegt, erfahren die Passagiere und späteren Hotelgäste schon vor dem Anlegen: Auf »Hispaniola«, heißt es in der Hochglanzbroschüre des Clubs. Ganz falsch ist das nicht, die karibische Insel heißt tatsächlich so. Ganz richtig müsste es aber heißen, dass Labadee ein Ort auf Haiti ist; dem ärmsten Land der westlichen Hemisphäre. Ein Ort, vor dem jedes Außenamt der westlichen Welt seine Bürger mit Reisewarnungen in roten Großbuchstaben fernzuhalten versucht. Das Hotel, samt Strand und Park im Privatbesitz von Royal Caribbean International, ist eine Welt für sich, eine grüne Insel von Wohlstand und unvorstellbarem Luxus, von hohen Mauern und Stacheldraht eingezäunt. Nach draußen geht hier ohnehin niemand. So bleibt die Illusion vom Paradies auf Hispaniola unbefleckt.[7]

Fotos von Menschen auf Haiti, die verzweifelt mit brennenden Benzinkanistern Regierungsgebäude und UN-Truppen angreifen und sich Grasbüschel als Ausdruck ihres Elends in den Mund stopfen, wurden zum Symbol der bedrohlichen politischen Dimension der Teuerungsspirale. Der Ausbruch von Gewalt in Haiti wurde überall als erster Höhepunkt der Krise beschrieben. Diese Schlagzeilen samt Fotos kannte jeder. Doch wie nahe sich Luxus und Verzweiflung geografisch kommen und trotzdem Welten entfernt liegen können, illustriert das Beispiel von Labadee genauso wie die wesentlich bekanntere Dominikanische Republik, der Nachbarstaat Haitis, auch auf Hispaniola gelegen.

So wenig, wie die Passagiere der Luxusliner der Royal Caribbean International realisieren, dass sie auf Haiti gelandet sind, so wenig spüren viele Touristen in der Dominikanischen Republik, wie nahe beieinander ihre voll beladenen Büfetts und die Slums bedrohlicher Armut sind, wo Menschen beginnen, getrockneten Lehm zu essen. 300 000 Deutsche und Österreicher reisen pro Jahr dorthin. Dass Haiti direkt an ihr Paradies grenzt, begreifen viele erst im Landeanflug. »Wo Hispaniola liegt? – Ich fürchte, das wissen die wenigsten hier in Europa. Auch ein beträchtlicher Teil unserer Kunden, die dorthin mit Begeisterung hinreisen«, räumt der Sprecher eines großen deutschen Touristikunternehmens ein. Namentlich zitiert werden will er mit dieser Aussage aber nicht. Auch weil er persönlich die Diskrepanz »als sehr krass erlebt« und nichts dazu sagen möchte.

# Das Jahrhundert des Hungers

Die verfallenen Slums von Haiti und die Hotelburgen der Dominikanischen Republik sind die inselgewordene Miniaturform der Welt im 21. Jahrhundert: Kommunikationstechnologie und planierte Verkehrswege ließen die Erde zum legendären globalen Dorf zusammenschrumpfen. Die Distanz der Lebenswelten der Ärmsten und Reichen blieb aber bestehen, egal wie nahe sie sich tatsächlich oder virtuell gekommen sein mögen. Wenigstens bis zum Frühjahr 2008. Mit einem Mal explodierten die Preise für Lebensmittel und wenige Monate später erschütterte die Wirtschaftskrise abermals die Fundamente. Überall und gleichzeitig wurde das, was jeder Mensch am dringendsten braucht, teuer, für viele zu teuer: Alle saßen im selben Boot, wenn auch nicht alle im Sturm ertranken.

Die Preise stiegen plötzlich, wenngleich nicht über Nacht. Zugleich verlief die Entwicklung für das überwiegende Gros der Konsumenten lange fast symptomfrei – die Teuerung wurde somit zum Schock, die nötige Anpassung von den politischen Verantwortlichen ignoriert. Hart ins Gericht mit ihnen geht Peter Brabeck-Letmathe, bis 2008 Nestlé-Vorstandsvorsitzender: »Von all den Ursachen, die zu dieser Preiskrise geführt haben, halte ich die Kombination von mangelndem Urteilsvermögen und unverantwortlichen Entscheidungen der Politiker für die größten Faktoren.«

Obwohl die Teuerung durch Verluste von Zwischenhändlern und auch durch Preissubventionen vieler Staaten graduell abgefedert wurde, wäre die Entwicklung seit einigen Jahren auch am Lebensmittelmarkt beunruhigend genug gewesen, um Gegenmaßnahmen zu veranlassen. Der Index für die globalen Nahrungsmittelpreise, den die FAO erstellt, verdeutlicht, wie die Teuerungskurve erst sachte, dann aber rasch und plötzlich an Dynamik zulegte. Zwischen 2005 und 2006 mussten die Konsumenten weltweit um zwölf Prozent mehr für ihre Lebensmittel bezahlen, im nächsten Jahr wurde ein Plus von 24 Prozent verzeichnet und im Preisschockjahr 2008 legten die Preise um 50 Prozent zu. Die Bilanz: Nahrung verteuerte sich binnen drei Jahren im globalen Durchschnitt um 86 Prozent.

Und auch nach dem Höhenflug gab es nur bei uns in Europa

Entwarnung. In 80 Prozent der Länder der Erde blieben die Preise um bis zu einem Drittel über dem Wert von 2003. Dazu setzte im Laufe des Jahres 2009 bereits wieder ein deutlicher Aufwärtstrend, um zehn Prozent während der letzten Monate, ein. Die Ära der billigen Lebensmittel ist – nicht zufällig gleichzeitig mit der Ära der billigen fossilen Energie – Geschichte. Dabei mag das Wort »billig« angesichts der Aufzählung von Superlativen etwas überraschen. Blättert man in den Preisstatistiken ein paar Jahre und Jahrzehnte zurück, präzisiert sich das Bild. Die globalen Lebensmittelpreise im Teuerungsjahr 2008 waren – gemessen an der Kaufkraft – mit jenen Ende der 1990er-Jahre zu vergleichen.[8] Die Rekordniveaus der Preise während der letzten Lebensmittelkrise in den frühen 1970er-Jahren wurden nicht einmal zur Hälfte erreicht.[9]

In diesem Zeitraum, von 1975 bis ins Jahr 2000, sanken die Kosten für landwirtschaftliche Produkte kontinuierlich um drei Viertel. Die Trendwende startete 2003. Behält man den historischen Vergleich im Auge, heißt dies: Nicht die Höhe der Lebensmittelpreise an sich, sondern das Tempo ihres Anstiegs, der eng mit der Entwicklung der Weltmarktpreise für Rohstoffe gekoppelt ist, war der Auslöser dieser historischen Krise. An den US-amerikanischen Getreidebörsen für Weizen wurde in den Frühlingsmonaten 2008 mit 510 US-Dollar pro Tonne um 390 US-Dollar mehr bezahlt als zum selben Zeitpunkt 2006. Der Reispreis – das Grundnahrungsmittel für die Hälfte der Menschheit – vervierfachte sich alleine während der ersten Monate 2008; von 200 US-Dollar pro Tonne auf 800 US-Dollar.

Kaum ein Lebensmittel konnte dem Sog der Teuerungsspirale entzogen werden. In den vergangenen fünf Jahren haben sich – weltweit betrachtet – die Preise von Butter und Milch verdreifacht, Geflügel ist kurzfristig doppelt so teuer geworden.[10] Eine Möglichkeit zur Anpassung von Anbietern und Konsumenten an dieses hohe Tempo war nicht vorhanden. Das Gesetz von Angebot und Nachfrage, das in vielen anderen Sektoren wirksam ist, gilt nicht für den Lebensmittelbereich: Der Markt ist nicht elastisch. Steigen die Preise, ist ein Verzicht für Konsumenten unmöglich, da sie Nahrung zum Überleben brauchen. Anders wäre dies etwa, wenn TV-Geräte plötzlich sprunghaft verteuert würden. Ohne Fernsehen kann man leben. Die Hersteller können zudem rasch auf die Veränderungen reagieren. Dies gilt nicht für Bauern.

Selbst wenn sich die Fieberkurve der Lebensmittelpreise phasenweise beruhigt, wird das Problem uns weiter begleiten. »Es gibt eine Reihe von saisonalen Faktoren, die zu dem Anstieg beigetragen haben, doch man muss davon ausgehen, dass sich die Preise auf hohem Niveau stabilisieren werden«, so Stefan Tangermann, Direktor für Handel und Landwirtschaft der OECD. Eine Tendenz hin zu höheren Preisen mit der bleibenden Gefahr von verschärfter Armut prognostiziert das International Food Policy Research Institute in Washington. Im Detail wird von den Experten dieser Institutionen erwartet, dass bis 2020 vor allem die Preise von Mais und Ölsaatpflanzen um bis 26 Prozent weiter zulegen werden, sofern die Produktion auf dem Niveau von 2006 bleibt. Dramatischer ist die Prognose der FAO: Demnach dürften im globalen Schnitt im Laufe des nächsten Jahrzehnts Fleisch um ein weiteres Fünftel, Butter und Pflanzenöl um 60 Prozent, Zucker um ein Drittel und Weizen und Milchpulver um bis zu 80 Prozent teurer werden.[11]

## Der Lebensmittelmarkt spielt verrückt: eine erste, ernste Warnung

Damit sind die zentralen Strukturen der globalen Lebensmittelversorgung, die auf billigen Nahrungsmitteln, die in großer Menge verfügbar sind, basieren, aus den Angeln gehoben. Die plötzliche Preissteigerung hatte nichts mit der wachsenden Zahl von Weltbürgern zu tun, doch auch dieser Faktor wird sich künftig auswirken. Umso dringender ist die Kurskorrektur. »Damit Armut und Hunger wirkungsvoll bekämpft werden können, muss bis 2050 die globale Agrarproduktion um siebzig Prozent steigen«, so die schon erwähnte, sehr eindrucksvolle Prognose der FAO. Bis zu diesem Zeitpunkt wird die Weltbevölkerung um ein Drittel auf 9,5 Milliarden Menschen angestiegen sein. Das heißt, es wird nötig werden, Jahr für Jahr achtzig Millionen Menschen mehr mit ausreichender Nahrung zu versorgen. »Auf uns kommt ein gigantischer Bedarf an zusätzlicher landwirtschaftlicher Biomasse hinzu. Die

Knappheiten werden sich dabei dramatisch verschärfen«, warnt Franz Josef Rademacher vom Club of Rome.[12]

Die Teuerungskrise entlarvte so – vielleicht rechtzeitig – ein großes Problem: Sie wurde nicht durch gestiegene Nachfrage ausgelöst, sondern illustriert eine verheerende Strukturschwäche des Systems. Es gibt in Wahrheit genug Nahrungsmittel, nur gibt es keine Ordnung, die den fairen Zugang aller Menschen dazu ermöglicht. Umso problematischer wäre es, wenn zum Verteilungsproblem ein echtes Versorgungsproblem hinzukommen würde.

Just im Teuerungsjahr 2008 wurde nicht bloß ein markanter Anstieg der Hungernden verzeichnet: Im selben Jahr wurde eine historische Rekordernte verzeichnet, ebenso 2009. Die marktwirtschaftliche Gleichung von Preisen als Funktion von Angebot und Nachfrage scheint also keine verlässlichen Ergebnisse mehr zu liefern, denn diese Diskrepanz besteht schon lange. Zwischen 2005 und 2007 stieg die globale Getreideproduktion, die ja Basis eines Großteils der Lebensmittel ist, um drei Prozent. Dem steht zwar ein Verbrauchsplus von fünf Prozent gegenüber. Doch dies steht in keiner Relation zu einer Verteuerung von bis zu 90 Prozent der Nahrungsmittel in diesem Zeitraum.[13]

Während die Menschen in Haiti ihre knurrenden Mägen mit Schlamm füllten, wurden in Wahrheit weltweit fünfzig Prozent zuviel an Lebensmitteln produziert. Es war um die Hälfte mehr Nahrung vorhanden, als die Weltbevölkerung eigentlich gebraucht hätte, um zu überleben. Der Trend besteht schon seit zwanzig Jahren: Gesamt berechnet legte die Lebensmittelproduktion im Schnitt um zwei Prozent zu, die Weltbevölkerung um 1,1 Prozent.[14]

Das System krankt also noch nicht daran, dass zu wenig Nahrung vorhanden wäre, sondern an einem verkrüppelten Verteilungsmechanismus; an Marktgesetzen, die sich am Profit durch Agrarerzeugnisse orientieren, und daran, dass die Maxime einer optimalen Verfügbarkeit von Nahrung und das Wohlergehen von Erzeugern und Konsumenten aus den Augen verloren wurde. Somit kann die globale Ernährungskrise auch als letzte Warnung interpretiert werden, rechtzeitig einen Kurswechsel vorzunehmen. Rasche und profitträchtige Lösungen, die als Ausweg aus der Krise von multinationalen Konzernen eilig am Silbertablett präsentiert wurden, sind auf jeden Fall die falsche Antwort: Gentechnisch verändertes Saatgut und Hightechlösungen würden das Problem nur verstärken und die Ungleichheiten erst verfestigen.

Und diese wachsende Kluft gilt es zu überbrücken, da sie schon jetzt für heftige politische Spannungen sorgt, die selbst die deutsche Bundeskanzlerin Angela Merkel beunruhigen:»Die westlichen Staaten sind in ihrer Sicherheit bedroht, wenn sie nichts gegen den Hunger unternehmen.« In mehreren Ländern brachen im Frühling 2008 so wie in Haiti regelrechte Brotkriege aus, die nur auf den ersten Blick klassische Hungerrevolten waren. In Wahrheit erlebten wir nach einer jahrelangen schweigenden Duldung von Ungleichheit erstmals Verteilungskämpfe. Laut dem UN-Welternährungsprogramm (WFP) destabilisierten die steigenden Marktpreise 2008 dreißig Länder, davon 22 in Afrika. Im Februar 2008 alarmierte die UN-Landwirtschaftsorganisation FAO die Weltgemeinschaft: 36 Ländern drohte gravierende politische Instabilität, weil ihre Bevölkerung die hohen Preise nicht mehr hinnehmen konnte und wollte. Einige Monate später, im Juli, verschärfte Dominique Strauss-Kahn, Direktor des Internationalen Währungsfonds, diese Prognose abermals:»Wir sorgen uns angesichts der Preisentwicklung um die Stabilität von bis zu 75 weniger entwickelten Ländern; darunter Pakistan und Indonesien.«[15]

Die Krise entlarvte schonungslos die potenziell tödlichen Schwachstellen des modernen Handels mit Nahrungsmitteln und die politische Sprengkraft des Problems. Angesichts der Tatsache, dass drei Viertel aller Menschen, die nicht genug zu essen haben, am Land und von der Landwirtschaft leben, müsste ein Anstieg der Preise in diesem Sektor ja eigentlich diesen Menschen zugute kommen. Doch diese Logik ist durch die Gesetzmäßigkeiten des globalisierten landwirtschaftlichen Industriemarktes außer Kraft gesetzt. Wie soll ein Bauer in Westafrika, der Baumwolle als Devisenbringer für seine Regierung kultiviert und von importierten Lebensmitteln abhängig ist, die plötzlich sprunghaft teurer werden, von hohen Maispreisen profitieren?

## Eine neue Landkarte der Armut

Die Schilderungen des Alltags auf Haiti zeigten es hinlänglich: Menschen, die ein wenig mehr als einen Euro pro Tag zum Überleben zur Verfügung haben und schon zuvor zwei Drittel ihres Einkommens für Essen ausgegeben hatten, schnürt der Anstieg der Preise ihre fragile Lebensader ab. Mehr Geld ist für sie schlicht und ergreifend nicht aufzutreiben, Hungern wird zur letzten Lösung. Dabei geht es nicht um eine kleine, dramatisch verarmte Minderheit: Wir sprechen von einem Drittel der gesamten Weltbevölkerung, die mit zwei US-Dollar oder weniger, also gerade mit 1,70 Euro, täglich ihr Leben bestreiten muss. Selbst in den reichen Ländern Europas, in Deutschland und Österreich, erschwerte die neue Preislandschaft das Leben jener Menschen, deren Einkommen schon zuvor nur mit Ach und Krach reichte.

Unzählige individuelle Katastrophen wurden so durch diese Teuerungsrate und später durch den galoppierenden Anstieg der Arbeitslosenquote infolge der Wirtschaftskrise ausgelöst. Es ist ein Leiden mit vielen Facetten, das die Balken steriler Statistiken nur eindimensional wiedergeben können. Ein Anstieg um einen einzigen Prozentpunkt der durchschnittlichen Lebensmittelpreise bedeutet, dass 16 Millionen Menschen diese Preise nicht mehr bezahlen können und ihre Existenz bedroht ist. Alleine die Preissteigerung im Jahr 2007 bei Getreide verursachte für Konsumenten in weniger entwickelten Ländern Mehrkosten von 324 Milliarden Dollar. Somit macht jenen Ländern, die am untersten Ende der globalen Wohlstandsskala rangieren und extrem von Nahrungsmittelimporten abhängig sind, die derzeitige doppelte Krise überproportional zu schaffen.

Nimmt man alle diese Länder zusammen, waren deren Gesamtausgaben für die Einfuhr von Nahrung mit 107 Milliarden Dollar 2007 bereits doppelt so hoch wie noch im Jahr 2000 und um ein Drittel höher als noch 2006. Im Jahr 2008 lagen sie bereits bei mehr als dem doppelten Wert.[16] Die Rede ist hier nicht von den Kosten der Volkswirtschaften, sondern von jenen der Konsumenten. Laut Berechnungen der Weltbank verursachten alleine in Afrika die erhöhten Preise, dass 30 Millionen Menschen – zusätzlich – in extreme Armut abrutschten. Am härtesten traf es Menschen in Ländern, die ohnehin mit schweren wirtschaftlichen und politischen Krisen zu kämpfen haben, wie Somalia, wo bis Ende 2008 über drei Millionen Menschen Lebensmittelhilfe brauchten.

Die Realität in solchen Ländern, ein von Hunger geprägter Alltag ganzer Regionen, ist schwer vorstellbar. Die Gefährdung eines Menschen durch Mangelernährung wird in erster Linie auf Grundlage seines verfügbaren Einkommens bemessen; Hunger wird als Kategorie von ökonomischer Armut definiert. Dass hier das Risiko für grobe Fehlkalkulationen besteht, kann jeder nachvollziehen, der während der Monate des Teuerungsschocks Gehaltszettel und Supermarktrechnung miteinander verglich. Ob aus Armut Existenzbedrohung und Hunger wird, haben immer schon die Preise bestimmt: Mit dem Auseinanderdriften von Einkommen und Teuerung bekamen wir diese sehr einfache Gleichung mit voller Wucht zu spüren. Der Teuerungsschock traf Europa hart, für die Ärmsten der Welt allerdings bedeutete dies eine gravierende Katastrophe.

Doch egal von welchem Winkel aus man die Ernährungssituation betrachtet, geht es im Kern um einen sehr einfachen Faktor: nicht um Euro oder US-Dollar, sondern um die Versorgung mit Kalorien, mit Energie zum Leben. Zwischen 2000 und 3000 Kalorien braucht ein Mensch pro Tag, um seinen Körper mit genügend Energie zu versorgen. Die Welternährungsorganisation FAO legte dazu die unterste Grenze fest, wonach ein Mensch mindestens 1850 Kalorien pro Tag zu sich nehmen sollte. Freilich spielt, vor allem für die Entwicklung und Gesundheit bei Kindern, die Zufuhr von Mineralstoffen und Vitaminen eine überlebensnotwendige Rolle, doch die Basis des Überlebens eines Menschen bilden Kalorien.

Wie sehr die neuen Preise die Statistiken über jene Menschen, die dieses Überleben nicht mehr bewältigen können, durcheinanderwirbelten, musste die Weltbank inmitten des Preisschocks zugeben. Im August 2008 hieß es plötzlich: »Unsere Koordinaten stimmen längst nicht mehr.« Mit einem Schlag waren die mutmaßlichen Fortschritte hin zum Kampf gegen Hunger nichtssagende Papiergrößen. Basierend auf 657 Studien der ärmsten Länder der Welt räumten die Experten der Weltbank ein, »dass die Menschen in weniger entwickelten Ländern aufgrund hoher Preise wesentlich ärmer sind als gedacht«.[17] Es war ein erster Vorgeschmack auf die Hiobsbotschaft des Welternährungsgipfels ein Jahr später.

Als von Unterernährung gefährdet gelten jene Menschen, die nur bis zu 75 Cent täglich zum Leben zur Verfügung haben: Ihr Einkommen reicht nur noch für Nahrung mit dem Gehalt von 1800 bis 2200 Kalorien täglich. Wer nur zwischen 75 und 50 Cent pro Tag verdient, muss mit 1600 bis 1800 Kalorien den Tag überstehen. Eine halbe Milliarde Menschen leben an dieser untersten Grenze, Mangelernährung ist für sie Alltag. Wer mit 50 Cent oder weniger das Auskommen findet, ernährt sich im Schnitt von nur noch 1600 Kalorien pro Tag: Weltweit sind dies 162 Millionen Menschen, die so sehr hungern, dass sie daran oder an Krankheiten, die ihren geschwächten Körper rasant aufzehren, sterben oder sterben könnten.[18] Würden diese in einem Staat leben, wäre es der siebtgrößte der Welt.

Das Denken, Handeln und Hoffen dieser Menschen, die an der Todeszone des täglichen Überlebenskampfes abgedriftet sind, dreht sich nur noch um eine Frage: Wie komme ich von einer Mahlzeit zur nächsten? Bis zu drei Viertel ihres Einkommens brauchen sie, um einigermaßen ausreichend Nahrungsmittel kaufen zu können. Im Vergleich dazu verwendet ein durchschnittlicher Europäer oder Amerikaner zwischen 10 und 15 Prozent seines Geldes, um Essen zu kaufen.

Bislang brachten »nur« Wetterkapriolen, vor allem lange Phasen von Trockenheit, Überflutungen oder Kriege die ärmsten Länder der Erde in einem vergleichbaren Ausmaß an den Rand der Existenz. Nun ist die Liste der Killer länger geworden: tödliche Preise. Selbst in Ländern, wo das Ackerland eigentlich fruchtbar genug ist, um die dort lebende Bevölkerung zu versorgen, starben Menschen neben vollen Regalen, weil sie die Nahrung nicht bezahlen konnten. »Grüner Hunger« sagt man in solchen Situationen. Der Teuerungsschock verdeutlichte somit in voller Härte, wie dramatisch es um die Versorgungssicherheit bestellt ist, wie fragil das globale Handelsnetz und vor allem das System der Landwirtschaft wurde. Kräfte jenseits des natürlichen Zusammenwirkens von Produzenten, also von Bauern, und den Abnehmern, den Konsumenten, zerstörten die Lebensgrundlage beider Seiten.

# Was geschah? Die Auslöser der Ernährungskrise

Es war ein Teufelskreis, der die ohnehin schon empfindlich gestiegenen Getreidepreise im Sommer 2007 in eine atemberaubende Teuerungsspirale trieb. Mitten im Sommer bemerkten die Händler an den großen Umschlagplätzen des US-Landwirtschaftsmarktes, dass die Kurse für Weizen, Mais und Soja plötzlich im extremen Steigflug waren. Eine mittelmäßige Ernte wurde in den USA und Europa erwartet, die Dürre im zentralen Exportland Australien setzte sich fort. Von einem »ominösen Schneeballeffekt, der Monate später den Sturz des Premierministers Haitis auslösen werde, Hunderttausende Kinder Afrikas mit beißendem Hunger zu Bett gehen ließ«[19], schrieb die *Washington Post* über den Beginn der schlimmsten Lebensmittelkrise unserer Generation.

Als dann weitere wichtige Exportländer wie die Ukraine oder Argentinien, die schon zuvor mit sprunghaften Inflationsraten konfrontiert waren, zur Sicherung der Inlandspreise ihre Exporte einfroren, geriet die Spirale außer Kontrolle. Gleichzeitig stieg zu diesem Zeitpunkt plötzlich die Nachfrage nach Getreide sprunghaft an. Dies lag vor allem an der deutlichen Steigerung der Herstellung von Biotreibstoffen. Zusätzlich verbrauchte Chinas Bevölkerung angesichts der wachsenden Fleisch- und Geflügelproduktion große Mengen an Soja. Dürre, Spekulation und ein plötzlich gestiegener Ölpreis waren die weiteren zentralen Faktoren dieser Krise, die plötzlich die störanfälligen Strukturen des globalisierten Agro-Industriekomplexes aufzeigte.

Als einen »stillen Tsunami« bezeichnet diese Katastrophe die britische Zeitschrift »Economist«, als den »perfekten Sturm« der Chef des Reis-Institutes in Manila. Für globalisierungskritische Organisationen wie die Kleinbauernvertretung »Via Campesina« war es eindeutig: Die Vernachlässigung von Produzenten, die mit den lokalen Märkten verbunden sind, zugunsten von landwirtschaftlichen Großbetrieben war die Wurzel der Krise. Verzerrter Wettbewerb durch großzügige Produktionssubventionen, die Öffnung von Märkten für diese künstlich verbilligten Produkte in weniger entwickelten Ländern, der Anbau von Cash-Crops wie Baumwolle oder Rosen statt Food-Crops, um in

armen Ländern harte Devisen zu erwirtschaften, und die marktbe-
herrschende Position von multinationalen Konzernen, die mit Saatgut
und Düngern handeln, ebneten quasi den Weg hin zu einem Einbruch
des Systems.

Welche Version nun über die Wurzel der Krise als »Wahrheit«
präsentiert und als solche anerkannt wird, entscheidet darüber, ob
eine strukturelle Änderung des Welthandels mit Nahrung möglich
sein wird und ob Hungerzonen als Kollateralschaden eines profitori-
entierten Industriezweiges toleriert werden. Zentral ist dabei die Un-
terscheidung zwischen den auslösenden Faktoren und den Fehlstel-
lungen des Systems. Und die ersten Reaktionen der Weltbank und der
Staatschefs vieler Industrieländer ignorierten just diese Fehlstellung
des Systems, indem der Ruf nach einer weiteren Liberalisierung des
Marktes folgte. »Der beste Weg, um mit der Lebensmittelkrise zuran-
de zu kommen, ist, die Agrarmärkte noch weiter zu öffnen«, fordert
etwa Angel Gurria, Generalsekretär der OECD, der Organisation für
wirtschaftliche Zusammenarbeit.[20]

Auch der Generaldirektor der FAO, Jacques Diouf, warb für
mehr private Investitionen und das Ausnutzen des Spiels der freien
Kräfte des Marktes, um die Produktivität der Landwirtschaft anzukur-
beln. Bedenken vor »zu viel Vertrauen in den freien Markt« äußerte
allerdings Frankreichs Landwirtschaftsminister Michel Barnier: »Wir
dürfen ein so lebensnotwendiges Thema wie die Ernährung unserer
Menschen nicht von der Gnade der Marktgesetze und internationaler
Spekulanten abhängig machen.« Er sagte dies wohl auch angesichts
der Abhängigkeit seiner Bauern von Förderungen der EU: Frankreichs
Landwirte erhalten derzeit mit 8,2 Milliarden Euro den Löwenanteil
der insgesamt 41 Milliarden Euro an Subventionen der EU.[21]

Einig waren sich die Experten darin, dass eine Palette an Faktoren den spontanen Preisanstieg im Jahr 2008 ausgelöst hat. Sie wirken
aber in unterschiedlichen Mustern. Manche sind zyklisch, andere hängen mit Strukturproblemen zusammen, wieder andere sind einzigar-
tig. Für sich genommen, hätte der Weltmarkt der Nahrungsmittel jedes einzelne verdauen können, die Katastrophe ergibt sich allerdings
aus dem fatalen zeitlichen Zusammentreffen. Hier eine kurze Auflis-
tung der wesentlichen Faktoren:

## SPEKULATION AN DEN BÖRSEN

Die Dimension des Vermögens, das derzeit an den Rohstoffbörsen bewegt wird, ist gigantisch. Im Jahr 2000 machte das Handelsvolumen an der Warenhandelsbörse in Chicago 10 Milliarden Dollar aus; im Mai 2008 lag der Wert bereits bei 178 Milliarden Dollar. Laut Experten der Weltbank dürfte mehr als ein Drittel der Kostensteigerung der Lebensmittel durch Spekulationen ausgelöst worden sein.[22]

## BIOTREIBSTOFFE

Die Hälfte der Nachfragesteigerung bei Getreide seit 2005 lässt sich auf den Einsatz von Biotreibstoffen zurückführen. Ein knappes Fünftel der weltweiten Getreideproduktion wurde 2007/2008 für die Herstellung von Biotreibstoffen verwendet, ein Wert, an dem sich allen Warnungen zum Trotz auch im folgenden Jahr kaum etwas änderte. Allein die USA verbrauchten in dieser Saison 138 Millionen Tonnen Mais fürs Tanken; ein Plus von einem Drittel im Vergleich zur vorhergehenden Saison. Schätzungen über den Anteil von Biotreibstoffen als Ursache für die plötzliche Preissteigerung driften weit auseinander. Laut Internationalem Währungsfonds sollen bis zu 40 Prozent des Preisanstieges bei Lebensmitteln durch Biodiesel verursacht worden sein.

## ABHÄNGIGKEITEN VOM ÖLPREIS

Düngemittel wurden im Schnitt seit 2006 um das Dreifache teurer, Transportkosten verdoppelten sich. Zusätzlich verbraucht die Bewässerung Energie. Gerade deswegen variiert die Verteuerung der Produktion durch hohe Ölpreise von Region zu Region. In China, Indien und Brasilien machen Treibstoffkosten bis zu einem Fünftel der Kosten von landwirtschaftlicher Produktion aus. Dazu darf man die »Atempause«, die uns durch ein kurzfristiges Sinken der Ölpreise infolge der Wirtschaftskrise beschert war, nicht als Entwarnung verstehen. Sobald die globale Wirtschaft wieder wächst, wird der Preis fossiler Rohstoffe mitziehen; laut Prognosen vieler Experten stärker als je zuvor.

## WOHLSTANDSZUWACHS UND VERSTÄDTERUNG

Als eine Globalisierung der westlichen Ernährungsgewohnheiten könnte man die derzeitige Veränderung in Asien beschreiben. Vereinfacht gesagt: weg von Reis und Gemüse, hin zu Fleisch und Milchprodukten. Diesen Wandel lösen zwei Faktoren aus: die wachsende Verstädterung, aber auch der Einkommenszuwachs, vor allem der Mittelschicht. So wird bis 2025 in Asien der Verbrauch von Reis um vier Prozent zurückgehen, während sich der Konsum von Milchprodukten und Fleisch um mindestens 70 Prozent steigern wird. Der Trend ist längst sichtbar. Während der vergangenen 15 Jahre hat sich der Fleischverbrauch in China verdoppelt, in Brasilien ist er um 70 Prozent und in Indien um ein Fünftel gestiegen.[23] Um ein Kilo Fleisch zu produzieren, braucht man als Futtermittel durchschnittlich (je nach Tier) fünf Kilo Getreide.

## GERINGE LAGERBESTÄNDE UND EXPORTSTOPPS

Das Verhältnis zwischen dem Konsum von Getreide und den Lagerbeständen erreichte 2008 ein historisches Ungleichgewicht: Nur knapp ein Fünftel (18,7 Prozent) war als Reserve gespeichert. Diese Menge reicht lediglich, um die Menschheit 54 Tage zu ernähren. Dazu kam nach dem ersten Preisschock, dass wichtige Exportländer ihre Ausfuhren stoppten. Elf Länder stoppten Mitte 2008 ihre Reisexporte, mehr als ein Dutzend Länder kappten oder halbierten ihre Weizenausfuhren und mehr als ein Dutzend Länder verhängten Exportstopps für Mais. »Es ist offensichtlich, dass diese Maßnahmen die Preisspirale deutlich nach oben trieben«, so Pascal Lamy, Generaldirektor der Welthandelsorganisation (WTO).[24]

## KLIMAWANDEL

Laut dem UN-Weltklimarat (IPCC) wird der Anstieg der globalen Temperaturen bis zum Ende dieses Jahrhunderts die Gefahr von Hunger dramatisch verschärfen: Bis zu 170 Millionen Menschen werden aufgrund von Ernteausfällen ihre Existenzgrundlage verlieren. Und ein globaler Temperaturanstieg um drei Grad Celsius wird einen Preisanstieg um bis zu 40 Prozent bei Lebensmitteln verursachen.[25] Noch ist der Einfluss eher gering, aber die Gefahr wird jetzt schon von den Märkten internalisiert. Doch schlechte Ernten aufgrund von extremen Wetterereignissen verringerten bereits 2005 die Produktivität der Landwirtschaft in den wichtigsten Erzeugerländern um 3,6 Prozent,

2006 um 6,9 Prozent. Vor allem Australien, normalerweise der zweitgrößte Getreidelieferant der Erde, kämpft derzeit mit einer Jahrhundertdürre. Seit 2007 ging die Produktion hier um mehr als ein Fünftel zurück. Flutkatastrophen, wie vor allem die Zerstörungen durch den Taifun Nargis in Myanmar, und das Hochwasser im Getreidegürtel der USA und Winterstürme in China führten 2008 zu Ernteausfällen.

## WASSER WIRD KNAPP

Während der vergangenen 50 Jahre hat sich der weltweite Verbrauch von Trinkwasser verdreifacht. Derzeit leben 500 Millionen Menschen in Ländern mit chronischem Wasserdefizit, 2050 werden es vier Milliarden sein. Vierzig Prozent aller globalen landwirtschaftlichen Erträge hängen derzeit direkt mit künstlicher Bewässerung zusammen, die vor allem in Nordamerika und Südostasien zu einer bedrohlichen Senkung des Grundwasserniveaus führt. Dazu wird das Verschwinden von Gletschern des Himalaja als Folge der steigenden Temperaturen voraussichtlich schon in zwanzig Jahren das Klima in den bevölkerungsreichsten Ländern der Erde, in China und in Indien, dramatisch verändern und vor allem auch die Wasserreserven bedrohen.

## VERNACHLÄSSIGTE LANDWIRTSCHAFT

Über ein Vierteljahrhundert wurde in den weniger entwickelten Ländern die Förderung von Bauern, aber auch die Entwicklungshilfe für Landwirtschaft, dies besonders in afrikanischen Ländern südlich der Sahara, vernachlässigt. Angesichts der Krise musste sogar die Weltbank einräumen, dass gerade in diesem Bereich die besten Chancen bestanden hätten, um Armut zu bekämpfen, was aber vernachlässigt wurde. Wirtschaftswachstum in der Landwirtschaft wäre demnach doppelt so effizient wie in anderen Branchen.[26] Mittlerweile sind sich Agrarexperten aller ideologischer Unterschiede zum Trotz einig: Die Rolle der Kleinbauern für die Ernährungssicherheit ist dramatisch unterschätzt worden und ihre Stärkung gilt derzeit als wesentlichster Ansatz zur Lösung der Ernährungskrise.

## GLOBALISIERTE UNGLEICHHEIT

Die Öffnung des Marktes, eine Liberalisierung des Agrarmarktes – davon könnten weniger entwickelte Länder, vor allem angesichts steigender Preise, am ehesten profitieren. Dieses Credo vertreten Weltbank, Internationaler Währungsfonds, aber auch Teile der Vereinten Nationen wie die FAO. Gleichzeitig wird diese Strategie massiv von Bauernvertretern, Hilfsorganisationen und zahlreichen globalisierungskritischen Experten abgelehnt. Ihre Argumente: Gerade die wachsende Liberalisierung des globalen Landwirtschafts- und Lebensmittelhandels bildet die eigentliche Ursache der derzeitigen Krise, zumal der internationale Wettbewerb durch Landwirtschaftsförderungen in der EU und den USA massiv verzerrt ist. Dies führt zu Billig-Importen in weniger entwickelte Länder und der sukzessiven Zerstörung der dortigen Märkte. 105 der 148 Entwicklungsländer sind heute Netto-Importeure von Nahrung. Indonesien, die Philippinen, Haiti oder Mexiko – allesamt Länder, die von der jüngsten Teuerung massiv betroffen sind – waren vor wenigen Jahrzehnten noch in der Lage, sich selbst zu versorgen. Zudem zeigten Untersuchungen, dass nur wenige Bevölkerungsschichten der ärmeren Länder von Exporterlösen profitieren.[27]

## APARTHEID DES WOHLSTANDS

»Die Segen der Erde und des Meeres«, lautete der Slogan des Dinners. Zum ersten Glas Champagner ein Gruß aus der Küche: junge Maiskölbchen mit Kaviar gefüllt, Räucherlachs, heiße Zwiebeltarte. Auf einem Tablett in Fächerform, dekoriert von Bambusgras, dann die Appetizer: kaltes Kyoto-Beef shabu-shabu mit Spargel und Sesamsauce, in Scheiben angerichtete Thunfischscheiben mit Avocado, eingedickter Sojasauce und japanischen Kräutern, gekochte Muscheln in einer Creme aus Tomaten, rosa Aal mit Vinaigrette, gekochte Tigergarnele. Krabben und gegrillter Fisch folgten als erster Gang, die Hauptspeise unter dem klangvollen Namen »die Süße vom Fleisch« war Milchkalb an Honig und Senf, in aromatischen Kräutern gegart, mit schwarzen Trüffeln und einer Sauce aus dem Öl der Pinienkerne. Zu der französischen Käseauswahl wurden karamellisierte Nüsse mit Lavendelhonig gereicht. Der krönende Abschluss war eine Kreation eigens zu Ehren des Anlasses: das G8-Überraschungs-Fantasie-Dessert. Über dessen

Ingredienzien schweigt der Menüplan, und da Fernsehkameras nicht in den Speisesaal vorgelassen wurden, wird dies wohl auch ein Geheimnis der eingeladenen Staatschefs der größten Industrieländer bleiben.

Das Dinner bildete den Abschluss des G8-Treffens im Juli 2008 auf der japanischen Nordinsel Hokkaido. Drei Tage dauerte der Gipfel. 300 Millionen Euro investierten die Gastgeber in das gesamte Treffen, mehr als dreimal so viel wie noch drei Jahre zuvor Großbritannien für den G8-Gipfel in Gleneagles. Auch damals waren die Staatschefs, so wie im Jahr 2008 auf Hokkaido, bereits übereingekommen, ihren Beitrag zur Entwicklungshilfe um 50 Milliarden Dollar zu erhöhen; realisiert wurden von dem Versprechen bis Herbst 2008 lediglich 11 Milliarden.[28]

Das zentrale Thema war zu diesem Zeitpunkt die grassierende Lebensmittelkrise, die von einer exorbitanten Teuerungsrate in den ersten Monaten des Jahres verursacht wurde. Kurz: Es ging um Hunger und den Kampf gegen Armut. Um den Preis der Veranstaltung hätte man hundert Millionen Moskitonetze kaufen können; eine der wesentlichsten Maßnahmen im Kampf gegen Malaria. Das Zehnfache der Kosten des G8-Gipfels wäre nötig, um die verheerenden Folgen der Teuerung für die Ärmsten der Welt so abzufedern, dass drohende Hungersnöte gebannt blieben: Zwischen 28 und 40 Milliarden Dollar, wie Thomas Stelzer, stellvertretender UN-Generalsekretär vorrechnet, würde es kosten, die Entwicklung abzufedern: »Die Folgen der Preisspirale drohen weitere verheerende Konsequenzen nach sich zu ziehen: So fehlt vielen armen Bauern im Teuerungsjahr 2008 Geld, um Saatgut kaufen zu können«, so Stelzer.[29]

Ein Jahr später, beim nächsten G8-Gipfel, lud der Vorsitzende, Italiens Premier Silvio Berlusconi, die Staats- und Regierungschefs in die von einem schweren Erdbeben zerstörte Stadt L'Aquila. In diesem Jahr stand die globale Finanz- und Wirtschaftskrise im Zentrum der Tagung, die nun wesentlich bescheidener ausfiel. Wieder wurde auch der Kampf gegen Hunger, nun brennender denn je, thematisiert. Wieder folgten Zusagen für Hilfszahlungen. Nunmehr habe man aus den Fehlern der Vergangenheit gelernt, hieß es, und die reichsten Länder der Erde wollten bis 2011 jeweils 20 Milliarden Dollar pro Jahr zusätzlich für den Aufbau von Landwirtschaft in den weniger entwickelten Ländern zur Verfügung stellen. Bis zum Spätherbst 2009 stand die Überweisung der Zahlungen allerdings noch aus.

Dass die Unterstützung der Landwirtschaft eine kluge Investition in die Zukunft ist, hat die zahlungskräftige Elite der globalen Gemeinschaft aber offensichtlich sehr genau begriffen. Während sich die Umsetzung der versprochenen Leistungen für die Ärmsten als äußerst zäh erwies, flossen zur Sicherstellung der eigenen Ernährungssicherheit massiv Mittel in diesen Sektor. Zahlungskräftigen Regierungen, vor allem die Golfstaaten und asiatische Wirtschaftsgroßmächte, überkam im Jahr 2008 eine regelrechte Kaufwut und sie pachteten und kauften mit einem Mal Ackerflächen in den ärmsten Ländern der Welt. Mit Jahresende 2009 besaßen reiche Lebensmittel-Importländer wie Saudi-Arabien, Kuwait, China oder Südkorea 20 Millionen Hektar der fruchtbarsten Zonen in Ländern wie dem Sudan, Äthiopien oder Madagaskar. Was im Falle einer prekären Zuspitzung der Ernährungssituation in den jeweiligen Ländern mit den hoch technisiert bewirtschafteten »Reichtumszonen« geschehen wird, ist jedoch völlig offen. Für die Versorgung der Bevölkerung vor Ort waren die Grundstücke auf jeden Fall nicht gedacht.

Die Mechanismen zur Sicherung des Wohlstandes der grünen Zonen der Erde liefen ab der Ernährungskrise auf Hochtouren an, wurden mit der Wirtschaftskrise verstärkt und bauten für die Folgen der Klimakrise vor. Ins Hintertreffen gerieten allen Warnungen und Versprechungen zum Trotz die Aufbauprogramme für die Ärmsten. Am deutlichsten lässt sich dies am Versagen der im Jahr 2000 von den Vereinten Nationen beschlossenen »Millenniumsziele« festmachen. Bis 2007 schien, wenn auch nicht so ambitioniert wie geplant, das Kernziel – die Halbierung von Hunger und Armut bis 2015 – in Reichweite. Doch beim Krisentreffen zu diesen Millenniumszielen der Staatschefs im Herbst 2008 in New York zeigte sich, dass die Teuerung vor allem in Afrika südlich der Sahara die Fortschritte zunichte machte, und ein Jahr später inmitten der Weltwirtschaftskrise nahm niemand mehr an, dass die Ziele je erreicht würden. Hätten wir sie erreicht, wäre das Leben von 2,8 Millionen Kindern gerettet worden.

## Warum Reichtum arm macht

Preise explodieren, Hungerepidemien drohen, selbst in den Industrieländern steigt die Armut bedrohlich. Dies geschieht, obwohl es genug zu essen gibt. Ein einziges Beispiel illustriert die Fehlstellung unseres Systems. Ein US-Bürger verschwendet täglich tausend Kalorien: weil zu viel eingekauft wird und Verdorbenes weggeworfen werden muss, weil die Portionen in Restaurants zu üppig bemessen sind, Früchte auf den Feldern verderben, weil es ökonomisch keinen Sinn macht, sie zu ernten. Die USA produzieren so viele Nahrungsmittel, dass jeder Bürger 4000 Kalorien pro Tag zu sich nehmen könnte. Trotzdem: In den USA steigen plötzlich, so wie überall auf dem Globus, die Nahrungsmittelpreise. Selbst in Afrika wäre eine Pro-Kopf-Versorgung von 2200 Kalorien möglich. Denn sogar hier gäbe es genug Reichtum: Trotzdem hungert jeder Dritte auf dem Kontinent.[30]

Jeder sechste Mensch hat mit Hunger zu kämpfen, gleichzeitig sind zirka eine Milliarde Menschen chronisch übergewichtig, ein beträchtlicher Anteil krankhaft adipös. Auch diese Rate ist nicht trotz der hohen Preise für Lebensmittel, sondern sehr wohl auch deswegen im Steigen begriffen. *Stuffed and Starved* – auf Deutsch leider weit weniger griffig,»vollgestopft und ausgehungert«, nennt der südafrikanische Autor Raj Patel sein Buch, in dem er die Situation des Lebensmittelmarktes analysiert. Seine These: Hunger und Übergewicht sind zwei Symptome von ein und demselben Phänomen – einer globalen Ernährungskrise.[31]

Es klingt beim ersten Hinhören geradezu zynisch, wenn Joachim von Braun, einer der führenden Wissenschaftler der internationalen Ernährungspolitik, die Gründe dieses Preisschocks am Lebensmittelmarkt erklärt.»Die Hauptursache ist der Anstieg von Wohlstand. Ich gehe davon aus, dass dies die halbe Geschichte erklärt.« Die Situation ist selbst im regionalen Blickwinkel nahezu bizarr. Von jenen 34 Ländern der Erde, deren Versorgungslage als besonders unsicher gilt, sind 22, deren Wirtschaftswachstum mit einem Plus zwischen 5 und 16 Prozent im Moment der Teuerung boomte. Selbst Länder südlich der Sahara erlebten bis 2008 Wachstumsraten von bis zu 6 Prozent.[32]

Das oben beschriebene veränderte Konsumverhalten der dort

lebenden Ober- und im Falle Asiens der Mittelschicht verstärkte die Nachfrage nach Produkten, die viel Ackerland im Erzeugungsprozess brauchen, wie zum Beispiel Kühe für die Rindfleischproduktion. Das Nebeneinander von Überfluss und Armut ist also nicht mehr einzig eine Frage der Geografie. 2008 zählten die Länder südlich der Sahara sogar zu wahren Boom-Staaten der Weltwirtschaft. »Allerdings haben diese Gewinne nur einen marginalen Einfluss auf die Situation des Gros der Bevölkerung«, so UNCTAD-Generalsekretär Supachi Panitchpakdi.[33]

Gerade dieses Phänomen erläutert die Anatomie dieser Krise wie im Bilderbuch: Reichtum macht arm, lautet die zugespitzte Bestandsaufnahme. Die Problematik orientiert sich längst nicht mehr an der vertrauten Frontstellung, »reicher Norden« versus »armer Süden«. Es wäre naiv, diese Grundachse der globalen Ungerechtigkeit zu leugnen. Doch Inseln des Nordens und des Südens existieren heute längst in fast jedem Land, in jeder Gesellschaft. Eine alleinerziehende Mutter, die in einer europäischen Großstadt mit einem Einkommen zwischen 700 und 800 Euro auskommen muss, steht vor einem existenziellen Problem, wenn die Lebenserhaltungspreise plötzlich dramatisch steigen oder sie in prekäre Arbeitsverhältnisse abrutscht. Sie und ihren Kindern droht nicht der Hungertod, dafür sorgen die Restbestände der solidarischen Institutionen in den Industriestaaten: Aber werden ihre Kinder noch in ausreichendem Maß mit Vitalstoffen versorgt?

Auch hier in Europa koexistieren Armuts- und Wohlstandsrekorde. In Deutschland erlebte nicht bloß Armut, sondern auch Reichtum im Jahr 2008 eine enorme Zunahme. Zirka 72 000 mehr Menschen als im Vorjahr galten 2008 als Millionäre. Weltweit nahm in diesem Zeitraum die Zahl der Privathaushalte, die sich US-Dollar-Millionäre nennen, um ein Fünftel zu. Trotz der Finanzkrise wuchs in diesem Jahr das weltweite Privatvermögen um fast fünf Prozent auf 109,5 Billionen Dollar; in den Jahren zuvor war es um ein Zehntel gestiegen. 18 Prozent aller privaten Haushalte haben mehr als 100 000 US-Dollar auf der hohen Kante oder in Wertpapieren angelegt. Damit verfügt ein Fünftel der Menschheit über 88 Prozent des weltweiten Vermögens: Sie sind die Gewinner der globalisierten Welt.[34]

Armut inmitten des Wohlstandes war immer vorhanden. Nur plötzlich, so zeigen globale Berechnungen, betreffen Existenzangst und Existenzgefährdung auch Schichten, die sich lange sicher fühlten. Die derzeitige Krise ist Folge eines dicht verwobenen Netzes aus Abhängigkeiten, das so lange recht und schlecht funktionieren konnte, bis ein Teil der Bevölkerung unseres Planeten begann, seinen gebührenden Teil am Wohlstand einzufordern. Und es funktionierte, zumindest solange das Schmieröl der Globalisierung reibungslos deren Abläufe regelte, der günstige Transport. Steigende Rohölpreise und der wachsende Wohlstand in Teilen Asiens und Afrikas führten dazu, dass das System der Ungerechtigkeit an seinen Kann-Bruchstellen morsch wurde, die darauf folgende Finanz- und Wirtschaftskrise sorgte dann für den endgültigen Crash.

## Menschenrecht auf Nahrung

Es gibt ein Menschenrecht auf Nahrung. Es ist sogar für alle EU-Staaten verbindlich, sie haben sich dazu verpflichtet, die von den Vereinten Nationen im November 2004 beschlossenen Richtlinien umzusetzen. Diese lauten: Jeder Mensch auf Erden hat das Recht, ausreichendes und nährstoffreiches Essen jederzeit zur Verfügung zu haben.[35] Formal betrachtet, ist dies kein Goodwill Act, sondern ein völkerrechtliches Muss. Wie wenig dieser Verpflichtung allerdings Rechnung getragen wird und auch von der Politik der EU nicht umgesetzt wird, illustriert folgendes Beispiel.

Ein Drittel der drei Millionen Einwohner Mauretaniens kämpft mit akuter Unterernährung – und dies, obwohl die Ernte 2007 ein passables Ergebnis brachte. Doch der Großteil der Nahrungsmittel muss importiert werden. Nachdem zahlreiche Exportländer zum Schutz der eigenen Konsumenten die Ausfuhren von Getreide und Reis massiv einschränkten, waren Importländer wie Mauretanien mit gigantischen Mehrkosten konfrontiert. Dazu lebt das Land seit Jahren vom Verkauf von Fischereilizenzen. Ein Drittel des Bruttoinlandsproduktes erwirtschaftet das Land dadurch.

Die harten Devisen wurden teuer erkauft, denn die Netze der

einheimischen Fischer blieben leer, während Hochseeflotten aus der EU mit ihren Hightechschiffen das Meer vor dem Land ausbeuteten. Ihr Fang wird noch auf See verpackt, tiefgefroren und sofort in die Verbraucherländer verschifft. »Wir müssen zusehen, wie die hoch qualitativen Fische vor unseren Augen verschwinden. Uns bleiben höchstens Sardinen«, sagte Mamae Kato Diop, die am Markt in der Hafenstadt Nouadhibou auf die Rückkehr der Fischer wartet: »Wir haben keine Chance gegen den Hunger der reichen Länder«, meint sie dann noch sehr verzweifelt. »Denn jene Sardinen, die sich noch in die Netze der einfachen Fischer verirren, sind heuer um die Hälfte teurer als im Vorjahr und somit unerschwinglich geworden.«[36]

Damit endet die Dynamik aber nicht. Just in jene EU drängen nun die brotlos gewordenen Fischer. Statt die kläglichen Reste aus dem Meer zu fischen, die jene Hochseeflotten aus der EU zurücklassen, nehmen sie eine neue, wesentlich lukrativere Ladung auf: meist junge Männer aus ganz Afrika, die nach Europa wollen. Just in jene EU, deren Hightechfischer die Meere vor Afrika ausbeuten. Zehntausende sind bei dem Versuch, auf diesen Pirogen nach Europa, meist deren Außenposten, zu gelangen, schon gestorben.

Wessen Verantwortung ist das nun? In Mauretanien werden unterernährte Kinder von den Nothelfern der Vereinten Nationen behandelt, weil sie sonst an Hunger sterben würden. In einem Akt der Verzweiflung begann die Regierung des Landes, die Ausfuhr von drei Fischgattungen zu verbieten, damit sie nur noch auf den heimischen Märkten verkauft werden. Nur mit einzelnen Maßnahmen wird sich das Desaster nicht bessern. Eine Kursänderung wird nötig sein.

Die Teuerungsrate hat die verheerende Dimension von Naturkatastrophen erreicht. Ist dies der Preis, den wir bereit sind zu bezahlen, damit jene Weltordnung weiter überlebt, die uns übersatt machte? Die Erde wäre in der Lage, bis zu zwölf Milliarden Menschen zu ernähren. Würden alle so leben wie wir in Europa und in den Industrieländern, dann würden nur 2,8 Milliarden überleben können.[37] Die reichsten zwanzig Prozent der Weltbevölkerung verschlingen derzeit 16-mal so viel Nahrung wie die ärmsten zwanzig Prozent. Die Hälfte der globalen Getreideernte wird für Tierfutter verwendet, ein immer größerer Anteil für Biotreibstoffe. In beiden Fällen wird Hunger gezielt und bewusst in Kauf genommen, damit der Lebensstil der Industrieländer aufrechterhalten bzw. gerettet werden kann.

Elmar Altvater, Professor an der Freien Universität Berlin, ortet derzeit vier globale fundamentale Krisen, die vor allem durch westliche Industriestaaten, dem Lebensstil ihrer Bevölkerung, die Entscheidungen ihrer Politiker und auch durch transnationale Konzerne bedingt sind: die Klima-, Energie-, Hunger- und die Finanzkrise, die sich gegenseitig hochschaukeln und vor allem der Bevölkerung in den weniger entwickelten Ländern schaden. Im Zentrum solle deshalb eine Stärkung der Position dieser Regionen stehen: »Entscheidend wäre die Durchsetzung des Konzeptes einer Ernährungssouveränität, die den Ländern des Südens die Chance gibt, ihre Landwirtschaftspolitik selbst zu gestalten.«[38]

# 2 Reich sein wird zu teuer: Europa im Preisschock

Bei dieser Frage bricht Margareta S. in Tränen aus. So heftig, dass ich mich über die eigene Gefühllosigkeit wundern muss, diese Frage noch dazu so nebenbei, im Plauderton, gestellt zu haben: »Was Sie sich am meisten wünschen würde?« – Die liebenswürdige Frau, die gerade noch ein wenig schüchtern, dann aber bereitwillig von ihrem schwierigen Leben mit 700 Euro im Monat berichtete, stockt und fängt leise an zu weinen: »Etwas Ordentliches zum Anziehen. Ich hätte so gerne wieder einmal etwas Neues, Schönes.«

Danach blickt sie zu Boden, nestelt verlegen an ihrem kirschroten Anorak, dessen Nähte sich langsam auflösen. Sie trägt Hausschuhe, und das draußen auf der Straße, obwohl es an diesem Vormittag in Strömen regnet. »Beim Gedanken an die ausgebeulten Sachen, die ich da anhabe, an meine Haare, einfach irgendwie von der Nachbarin geschnitten … da genier ich mich so sehr.« Es sei so eine tiefe Traurigkeit in ihr entstanden, darüber, dass sie an den Rand geraten sei, darüber, dass sie da nicht mithalten könne »bei dem, was euer Leben, ausmacht«, sagt sie, korrigiert sich dann gleich, »ich meine, was unser Leben hier in Österreich ausmacht. Es kostet so viel Kraft, jeden Tag in der Früh aufzuwachen und zu überlegen, wie sich heute wohl wieder alles ausgehen wird. Jeden Tag das Gleiche. In diesem Trott bin ich gefangen. Da sehe ich keinen Ausweg.«

Dabei sei ihr oft zum Weinen, »denn ich habe doch nichts falsch gemacht in meinem Leben«. 30 Jahre hat die Wienerin als Hausbesorgerin gearbeitet, dann zehn Jahre in einer Handelskette, wo Kaffee, ein wenig Kleidung und Geschirr verkauft wurde. So lange, bis ihr Job nach einer Konzernfusion wegrationalisiert worden ist. Da war sie schon weit über fünfzig. Heute, sagt sie, gehe sich eine Tasse Kaffee pro Tag aus. Auf die freue sie sich sehr, weil sie das an die Zeit erinnere, als sie noch den Job bei der Kaffeefirma hatte.

Die 60-Jährige lebt von knapp 700 Euro Rente. 370 Euro muss sie für ihre Miete in der kleinen Garçonnière bezahlen, 100 Euro für Strom und Heizung. Ein paar Anschaffungen – und schon sei das Geld weg. Sie lebt in einer wohlhabenden Gegend, dem Innenstadtbezirk Wien-Neubau, wo in trendigen Bars und Restaurants heute am liebsten teure Bio-Snacks vom Feinsten aufgetischt werden, Wein um ein paar Euro pro Glas über die Theke wandert. Auf den Gründerzeithäusern thronen schicke Penthäuser mit üppigen Dachgärten. Reichtum und Armut trennen hier ein paar Stockwerte. In die Wohnungen im Parterre dieser Häuser, wo der Verkehrslärm der beiden Durchzugsstraßen die Fensterscheiben klirren lässt, wo etwa Frau Maria S. lebt, sickerte der Wohlstand des siebtreichsten Landes der Welt nicht durch. Früher nicht und jetzt, wo das Wenige noch weniger wert ist, schon gar nicht mehr.

Es sind keine lauten, Mark und Bein durchdringenden Geschichten von blankem Elend, das ein Überleben nicht mehr möglich macht, die Sozialarbeiter aus ihrer Praxis schildern. Aber, es gibt sie, die Berichte von Menschen, die hier bei uns in Österreich und Deutschland hungrig zu Bett gehen. Etwa jene von einer alleinerziehenden Mutter mit dem schlecht bezahlten Job, die gerade bei der Beratung war und der ein wenig übel wurde in der Warteschlange. Letzten Abend habe sie im Supermarkt nur das absolut Notwendigste eingekauft, erzählte sie, weil eine teure Nachzahlung für die Heizung fällig war. Als sie die Portionen auf die Teller gab, merkte sie, dass es nicht wirklich reichen würde für sie und die beiden Kinder. Sie aß eben nichts und ging hungrig schlafen. Eine Ausnahme sei es leider nicht gewesen, sie müsse sich eben ein wenig zurückhalten, damit die Kleinen wirklich genug bekommen.

In einem Haushalt, in dem Armut regiert, ist der Spielraum äußerst gering: 40 Prozent werden – im Schnitt – für Miete ausgegeben, knapp ein Fünftel für Lebensmittel. Es ist die gleiche Falle, in die die Ärmsten rund um den Erdball geraten sind und die das tägliche Leben der Armen Europas bestimmt: Wer ohnehin einen proportional hohen Anteil seines Geldes für Lebensmittel ausgibt, den oder die trifft die Teuerungskrise am härtesten und so kann eine verwundbare Einkommenssituation schnell in die Katastrophe führen.

# 7 Euro für einen Laib Brot, 4 Euro für Nudeln

Weltweit betrachtet haben sich Lebensmittel laut Internationalem Währungsfond seit 2005 um 50 Prozent verteuert.[39] In Deutschland stiegen zwischen 2007 und 2008 die Preise für Topfen um die Hälfte, für Milch, Käse, Mehl oder Nudeln um ein Drittel[40], auch Fruchtsäfte legten deutlich zu. Im Jahresvergleich vom März lag die Teuerung bei 8,6 Prozent. In manchen Wochen jedoch mussten wahre Rekordpreise in den Supermärkten bezahlt werden. Eier, Milch und Brot waren plötzlich um ein Drittel teurer.

Ähnlich ist die Situation in Österreich, wo – mit Stand vom September 2008 – Nahrungsmittel und alkoholfreie Getränke gesamt betrachtet um 6,7 Prozent mehr kosteten als im Jahr zuvor und um 12 Prozent mehr als 2005. Was dies im Alltag bedeutet, ergibt sich aber erst beim Blick auf die Details: Ein Laib Brot kostet mancherorts 7 Euro und mehr, Salat und Teigwaren verteuerten sich um 36 bzw. 35 Prozent. Ähnlich hoch liegt das Plus auch bei Pflanzenölen und Zitronen, die in Rekordzeiten gar Teuerungsspitzen von 150 Prozent aufwiesen und bis zu 1,50 Euro kosteten; Brot wurde um ein Zehntel teurer.[41]

Noch dramatischer war die Lage in anderen EU-Staaten, etwa am Baltikum oder in Polen. Italien erfasste die Teuerungswelle schon im Jahr 2007 sehr heftig. Der Preisanstieg von Hartweizen schlug rasch über auf die Kosten für Pasta, nur eine Ankündigung von Pasta-Streiks konnte diesen Trend kurzfristig stoppen. Doch während des Preishochs 2008 kostete ein Kilo Nudeln in manchen Regionen bereits wieder 3,80 Euro pro Kilo. Auch Brot wurde in Italien rasch teurer. Italienische Verbraucherverbände rechneten nach und zeigten, dass die Preise seit 1985 um 750 Prozent gestiegen waren.[42]

Im gesamten Euro-Gebiet lag die Teuerung 2008 auf Rekordniveau. Die Kurve flachte zwar im Verlauf des Jahres leicht ab und im September lag die Inflationsrate im Euro-Raum bei 3,6 Prozent, doch der Anstieg bei Nahrungsmittelpreisen machte nach wie vor den Löwenanteil der Teuerung aus.[43] Dazu sagen diese Werte in Wahrheit wenig über die Realität der Konsumenten aus. Die »gefühlte« Inflation, also das Ausmaß der Teuerung, die Konsumenten wirklich spüren, ist seit Mitte 2007 von rund 5 auf 12,8 Prozent im März und 11,6 Prozent im April 2008 dramatisch in die Höhe geschossen. Das errechnete Statistik-Experte Hans Wolfgang Brachinger von der Universität Fribourg. Er erstellt den »Index der wahrgenommenen Inflation«, der die einzelnen Produktgruppen danach gewichtet, wie häufig sie gekauft werden, und nicht nach ihrem Anteil an den Gesamtausgaben.[44]

Verschärft wurde die Lage für Konsumenten durch die ebenfalls dramatisch gestiegenen Energiekosten, deren Anteil an der Teuerung bei 12 Prozent lag. In Österreich wurde zwischen 2007 und 2008 für Diesel um ein Viertel, für Benzin um 12 Prozent, für Heizöl gleich um ein Drittel mehr kassiert. In den letzten Monaten des Jahres zog dann der Preis für Gas noch empfindlich nach.

Betrachtet man das Preisniveau für Energie, aber auch für Lebensmittel im Vergleich über Jahrzehnte, zeigt sich, dass heute alle Produkte – in realer Kaufkraft gerechnet – billiger sind als etwa in den 1980er-Jahren. Doch gilt auch für Europas Schwache, was bereits über die Lage der Ärmsten der Welt gesagt wurde: Es war vor allem der plötzliche Schub der Verteuerung, der, gekoppelt mit der schon länger wachsenden Zahl von Menschen mit wenig Geld, zu einer neuen Epoche der Armut führte.

Diese Teuerungskrise macht vor niemandem und nirgendwo halt und mit der Eskalation der globalen Finanzkrise, die Vermögen im dreistelligen Milliardenbereich vernichtete, war ein Ruck zu spüren, der die Sicherheit und Garantie von stetig wachsendem Wohlstand aus den Angeln hob. Plötzlich platzten auch die Existenzen vieler Familien, die mit zuvor noch überschaubaren, nun aber hoch riskant gewordenen Krediten ihre Häuser und Wohnungen finanziert hatten. Die Konjunkturprognosen wurden nach unten revidiert und die Gefahr einer deutlichen Zunahme von Arbeitslosigkeit wurde eine Frage weniger Monate. Dazu forderten die Milliardenbeträge, die europaweit zur Rettung von Banken in Aussicht gestellt wurden, einen hohen Preis. Der wird sich nicht bloß in der Zinslast für wieder hoch verschuldete Staatsbudgets niederschlagen. Auch ein politischer Preis wird dafür zu zahlen sein, wenn sich immer mehr Menschen mit ihren privaten Finanz-Katastrophen allein gelassen fühlen, während diese Institutionen großzügig gestützt werden.

Entspannung ist nicht in Sicht. Die Europäische Zentralbank

rechnet damit, dass der aktuelle Preisanstieg – trotz mancher Wellentäler – möglicherweise Jahre anhalten könnte. Der Teuerungsdruck könnte in Wahrheit sogar noch zunehmen. Zum einen treiben Energiepreise die Lebenserhaltungskosten des Einzelnen in die Höhe und sie steigern indirekt die Kosten der Nahrungsmittelproduktion. Somit könnten die Preise im Supermarkt auch dann hoch bleiben, wenn die Rohstoffe am Weltmarkt, so wie Ende 2008, kurzfristig billiger werden. Angesichts der Inflation wird aber auch der Tarifdruck bei den Lohnverhandlungen steigen, da die hohen Preise – logischerweise – durch höhere Gehälter ausgeglichen werden sollten. Doch höhere Gehälter drohen sich wiederum in höhere Preise für Konsumgüter niederzuschlagen.

## Das neue Gesicht der Armut

»Also ich weiß wirklich nicht, wie das untere Drittel unserer Gesellschaft derzeit klarkommt«, so die knappe Bilanz des deutschen Armutsforscher Ernst-Ulrich Huster. »Aus meiner Erfahrung zeigt sich, dass die schwächsten Einkommensgruppen besonders mit den hohen Energiepreisen zu kämpfen haben. Wie die über den Winter kommen sollen, wie die ihre hohen Rechnungen für ihre Heizungen dann im Februar bezahlen sollen, das ist mir ein Rätsel. Eben erst kam ich an einer Tankstelle vorbei, da gab es den Liter Diesel um 1,23 Euro. Bei uns in Deutschland gab's so einen niedrigen Preis schon lange nicht mehr, muss ich dazu sagen. Und wissen Sie: Die Leute sind in langen Schlangen davor gestanden und haben gewartet. Wie im Krieg.«

Wie überall auf der Welt waren die Preissteigerungen für die ohnehin wachsende Gruppe sozial Schwacher quasi das letzte Quäntchen, das zwischen dem Gerade-noch-Schaffen und dem Zusammenbruch liegt. Wie reich jemand ist, entscheidet sich aus zwei Faktoren: Wie viel Geld habe ich zur Verfügung? Und wie viel kostet es, mein Leben zu führen? Letzteres wird gern übersehen. So sind, wie bereits zuvor erwähnt, die Daten über Armut und Not angesichts der derzeitigen Teuerungswelle Makulatur geworden sind. So verarmten auch bei uns Menschen, wenngleich sie von Statistiken nicht erfasst werden.

Dabei sind die offiziellen Zahlen alarmierend genug: Zwischen dem Jahr 2000 und 2008 hat sich die Zahl der Menschen, die in Österreich Sozialhilfe beziehen, auf 128 000 Menschen verdoppelt. Dies entspricht der Einwohnerzahl der Stadt Innsbruck. 5,6 Prozent, also 460 000 Menschen, sind von Armut und sozialer Ausgrenzung betroffen. 570 000 gelten als gefährdet, in Not zu geraten. Ein Drittel der Betroffenen leidet dauerhaft unter den Bedingungen von Armut und Ausgrenzung. Die ständige Frage, wie man den nächsten Tag finanzieren soll, bedeutet ein Leben unter Dauerstress. Menschen, die in Armut leben, sind doppelt so oft krank wie andere. Die angeblichen Managerkrankheiten wie Bluthochdruck oder eine Erhöhung des Infarktrisikos treten bei sozial Schwachen dreimal häufiger auf als bei wohlhabenden Bossen. 0,95 Prozent beträgt das Risiko einer Österreicherin, an Gastritis oder einem Magengeschwür zu erkranken, unter Frauen, die zu wenig Geld haben, um durchzukommen, liegt dieser Wert beim Zehnfachen.[45]

Als arm gilt, wer mit weniger als 60 Prozent des mittleren Einkommens des Landes sein Auskommen finden muss. In Österreich sind dies 893 Euro pro Monat. Allerdings ist dies lediglich eine Höchstgrenze. Tatsächlich müssen 250 000 Menschen mit deutlich weniger als 600 Euro im Monat leben. In Deutschland liegt aufgrund eines niedrigeren Durchschnittseinkommens die Armutsgrenze bei 781 Euro. Dies ist ein Indikator für die unterschiedliche Entwicklung der beiden Volkswirtschaften, die dazu führte, dass in Deutschland Armut schon länger und in wesentlich stärkerem Ausmaß Thema und Problem war und ist. Gleich ist in beiden Ländern derzeit aber die Gefahr, dass die Armut tief in die Mittelschichten dringt.

Zwischen 1998 und 2005 stieg in Deutschland der Anteil der Armen laut einer Statistik des Deutschen Institutes für Wirtschaftsforschung von 12 auf 18 Prozent. Dies bedeutet, dass fast jeder fünfte Deutsche von Armut bedroht ist. Im dritten Armuts- und Reichtumsbericht der deutschen Regierung wurde der Wert mit 13 Prozent beziffert, allerdings werden laut dem Bericht weitere 13 Prozent nur durch Unterstützungen des Staates vor dem Abgleiten bewahrt. Somit gilt, abzüglich der Transfers, jeder vierte Deutsche als arm.[46] Deutlich wird in dem Bericht zudem, dass die Umverteilung immer schlechter funktioniert und die Zahl der Menschen, die besonders niedrige Löhne bekommen, von einem Viertel Anfang der 1990er-Jahre auf ein Drittel gestiegen ist. Die Zahl der Einkommensschwachen ist im vergangenen Jahrzehnt somit um mehr als vier Millionen gestiegen. Das heißt nicht mehr und nicht weniger, als dass Armut trotz Arbeit zum neuen Leitmotiv wird.

In der Fachsprache wird der Zorn, den diese Menschen auf ihr Leben entwickeln, weil sie arbeiten bis zum Umfallen, aber nichts davon haben, Gratifikationskrise genannt. Und diese Krise verschärft sich bedrohlich, wenn dazu die Preise ins Unermessliche steigen. Die durch den angelsächsischen Begriff »working poor« charakterisierte Gruppe ist neben jenen, die gar keinen Job haben, am meisten gefährdet, an den Rand der Gesellschaft zu geraten. Jeder fünfte Deutsche lebt laut einem Bericht der OECD[47] in einem Haushalt, der über kein Erwerbseinkommen verfügt. 3,2 Millionen Deutsche waren im Herbst 2008 arbeitslos, deutlich weniger als in den Jahren zuvor. Doch der Lichtblick währte nur kurz, da die Finanzkrise zu massiven Wirtschaftsproblemen führte. Die Konjunkturprognosen wurden hektisch nach unten korrigiert und gleichzeitig die zu erwartenden Arbeitslosenzahlen nach oben. Eine Krise verschärfte die andere. In die Mangel genommen von hohen Preisen und einer implodierenden Wirtschaft, drohen nun noch mehr Menschen in Armut abzurutschen bzw. jene, die bereits arm sind, noch mehr zu kämpfen.

Im Jahr 2009 beziehen laut Berechnungen des deutschen Institutes für Arbeitsmarkt- und Berufsforschung 70 Prozent der deutschen Arbeitslosen Hartz IV; der derzeitige Regelsatz liegt bei 351 Euro. Was dieses Einkommen für die tägliche Realität bedeutet, wurde ebenfalls von diesem Institut erhoben: Urlaubsreisen sind für die Betroffenen unerschwinglich, zwei Drittel kommen nicht mehr ins Kino oder Theater. Doch dies ist nur der Anfang. Jeder Zweite ist nicht mehr imstande, sich neue Kleidung zu kaufen, fast ein Fünftel tut sich schwer damit, sich im Winter warm genug anzuziehen.[48]

Dazu kommt die soziale Dimension der Armut: »Die Furcht vor Bloßstellung und dem Verlust des Ansehens wiegt vielfach schwerer als rationale Überlegungen und blockiert die Lösungsstrategien, die Mobilisierung von Unterstützung«, so der Befund des Soziologen Kurt Salentin.[49] Dazu konzentrieren sich jetzt, da angesichts der Teuerung Engpässe noch dramatischer zutage treten, immer mehr Bedürftige auf die Hilfseinrichtungen. Der einzige Vorteil der aktuellen Verschärfung der Lage – darin sind viele Betroffen und jene, die mit ihnen arbeiten einig, – ist, dass das Tabu, das Stigma langsam wegfällt. Armut wird zur Normalität und die Klischees weichen auf.

## Immer weniger Spenden, immer mehr, die Spenden brauchen

Sie sind die Seismografen des Wandels: jene Menschen, die in Beratungsstellen für sozial Schwache Hilfe und Rat anbieten. Im Herbst des Jahres 2008 schlug der Präsident der österreichischen Caritas, Franz Küberl, dann auch als Erster Alarm: »Die Sozialberatungsstellen unserer Hilfsorganisation haben einen Andrang zu bewältigen, wie es sonst erst um die Weihnachtszeit üblich ist. Viel früher im Jahr als sonst üblich kommen viele Menschen nicht mehr zurecht.« Dazu sei das Budget für Nothilfe schon so gut wie aufgebraucht, bis zum Jahresende würde hier eine Million Euro fehlen, warnte Küberl. Man sei geradezu in einer Doppelmühle: Immer mehr brauchen Hilfe aus dem Topf, der nur von privaten Spendern gefüllt werde. Und diese Spenden haben sich, synchron zum Anstieg der Bedürftigkeit, nach unten bewegt, konkret sind sie um 10 Prozent zurückgegangen.

Vier Wochen musste man zu diesem Zeitpunkt bereits warten, um bei Caritas-Mitarbeiter Martin Litschauer oder seinen Kollegen in Wien einen Termin für ein persönliches Gespräch zu bekommen. Geradezu einen Ansturm erlebten nicht nur sie, erzählt er, sondern alle Hilfseinrichtungen, sei es das Sozialamt oder die Schuldnerberatung. Sie alle gelangten an die Grenzen ihrer Kapazität. Litschauer leitet die Wiener Sozialberatungsstellen der Caritas. Dort beobachtet er, wie sich die steigende Armut in der österreichischen Hauptstadt auch dadurch manifestiert, dass viele neue Gesichter in seiner Institution auftauchen würden. »Es gibt Anfragen von Menschen, bei denen man merkt, dass für sie das Thema Armut völlig neu ist. Sie brauchen eine grundsätzliche Orientierung. Dazu kommt, dass sich viel mehr Menschen als früher per Telefon melden, bis zu hundert pro Tag. Auch diese Scheu, erst einmal nicht persönlich vorstellig zu werden, weist darauf hin, dass Berührungsängste mit der neuen Lebenslage existieren.«

Litschauers tägliche Erfahrung bestätigt die Trends in den Statistiken: Alleinerzieher, Menschen, die nach Österreich eingewandert sind, sowie Bezieher von Mindestpensionen oder Invaliditätsrenten sind derzeit besonders gefährdet, ihr Auskommen nicht mehr bestreiten zu können. Ihre Unterstützungszahlungen konnten mit der explosionsartigen Teuerung nicht mithalten. Auch Familien mit mehreren Kindern gerieten zunehmend unter Existenzdruck. »Oft führen auch plötzliche Ereignisse im Leben dazu, dass es einfach nicht mehr reicht«, so Litschauer. »Das kann die spontane Trennung vom Partner sein, dass man von einem Tag auf den anderen den Job verliert oder krank wird. Problematisch ist hier, dass es leider oft viel zu lange dauert, bis staatliche Unterstützung bei den Betroffenen ankommt. Da können einige Wochen verstreichen, bis Arbeitslosengeld oder Sozialhilfe ausbezahlt werden. Nur, wenn jemand keine Reserven hat, sprichwörtlich von der Hand in dem Mund lebt, ist dies mitunter ein sehr großes Problem. Da muss die Miete beglichen werden, ein Rückstand bei den Heizkosten wird vielleicht fällig.« Und sobald jemand mit Zahlungen in Rückstand gerate, gewinne der Kreislauf hin zur Verarmung besonders rasch an Dynamik, so Litschauer.

Doch nicht erst seit dem Einsetzen der Teuerungswelle, schon seit 2000 ortet er einen Anstieg von Armut. Massiv dazu beigetragen habe, dass viele in prekäre Arbeitsverhältnisse geraten seien. Plötzlich muss die Sozial- und Krankenversicherung selbst bezahlt werden. Und wenn ein Vater, eine Mutter plötzlich entscheiden muss, ob das wenige vorhandene Geld eher in die Miete, die Schulsachen für die Kinder oder die anstehende Versicherung investiert wird, dann bleibt Letztere mitunter unbezahlt. Die Folge: Im Teuerungsjahr 2008 häuften sich Fälle wie jener eines 38-jährigen Vaters von zwei Kindern, der sich mit einem gebrochenen Fuß zu einer Wohltätigkeitsorganisation mitten in Wien schleppte. Er wusste nicht, wie und wo er sich behandeln lassen könnte, da er nicht mehr versichert war.

# LETZTER AUSWEG:
# SOZIALSUPERMARKT

Brot ist hier gratis: in allen köstlichen Variationen, mit Karotten, Nüssen, sogar kleine Briochezöpfe. »Magst etwas Süßes mitnehmen?«, fragt die Verkäuferin und reicht dem offensichtlich sehr schüchternen jungen Mann mit einem Augenzwinkern zwei kleine Wecken. Über dem Kühlregal klebt ein handgeschriebener Zettel: »Ware einwandfrei, aber abgelaufen.« Darin reihen sich die Vollmilchpackungen, ein Liter kostet 40 Cent, Joghurt um 20 Cent, dazu dominiert ein Molkegetränk mit Erdbeeraroma die Auswahl. Eine Tube Zahnpasta kostet 20 Cent, eine Waschmittelgroßpackung gibt es um 5 Euro, 30 Cent kostet ein Liter Fruchtsaft: Aus sonnengereiften Pflaumen und Ananas, verheißt das Etikett.

Die Eier, sechs Stück um 40 Cent, sind auch mit einem Schild versehen: »Nur eine Packung pro Person.« Frische Äpfel, Auberginen und Erdäpfel liegen in den Fächern der Gemüseabteilung. Unter einer leeren flaschengrünen Plastikbox steht zu lesen: »Fenchel: Heute zur freien Entnahme!« Auch Mehl ist sehr gefragt, ein paar Packungen sind im Regal noch übrig, das Zuckerangebot besteht lediglich aus vielen Kartons mit winzigen Mokkawürfeln. Aber sie versprechen laut Packung dafür »höchsten Kaffeegenuss«.

Nur ein paar Menschen kaufen in dem kleinen Geschäft ein, vergleichen, begutachten, fragen sehr interessiert nach den heute vorhandenen Käsesorten. Zwei Männer, einer älter, der andere sehr jung, eine Frau mit einem kleinen Kind, ein junges Pärchen. Die Beschaulichkeit zwischen den Regalen sagt aber nichts über den wahren Andrang aus. Draußen wartet eine Menschentraube am Gehsteig auf Einlass, viele schon seit einer kleinen Ewigkeit. Dabei ist es ein trüber Herbsttag, das nasskalte Wetter kriecht vom Asphalt in die Füße. Ein kleiner Automat gibt seit ein paar Tagen Nummern aus, um den Zugang gerecht zu regeln. »Es war ein Versuch, den Ansturm auf unseren Markt in Bahnen zu lenken. Leider beschweren sich die Anrainer hier, dass der Gehsteig nicht mehr zu passieren ist, weil so viele Leute hier sind«, sagt Angela Proksch, die diesen Sozialsupermarkt namens VinziMarkt leitet: »Das ist ein Problem. Wir arbeiten aber an einer besseren Regelung. Wenn erst einmal ein Großteil der Kunden registriert ist, wird es sicher leichter.«

Hier werden Produkte, die bisher einfach weggeworfen wurden, zu einem Maximalpreis von 30 Prozent des Normalwertes verkauft. Dazu gehören falsch verpackte oder etikettierte, leicht beschädigte oder sonstige Waren, die für den herkömmlichen Verkauf nicht geeignet sind, deren inhaltliche Qualität aber dennoch garantiert ist. Auch Produkte, deren Haltbarkeit bald abläuft, stehen in den Regalen. Es werden auch Stichproben gemacht, um die Genusstauglichkeit zu prüfen. Zur Verfügung gestellt werden die Produkte von der Industrie und von Supermarktketten, die diese Waren nicht mehr verkaufen könnten.

Einkaufsberechtigt ist man im VinziMarkt unter einem Einkommen von 800 Euro pro Monat bzw. auch jene, die zu zweit über weniger als 1150 Euro, zuzüglich 100 Euro pro Kind, verfügen. Pro Woche gibt es ein Einkaufslimit von 30 Euro. Um dies zu kontrollieren, gibt es Kundenkarten. Binnen der ersten vier Tage nach der Eröffnung dieses Marktes in der Wallgasse in Wien-Mariahilf wurden 400 solcher Ausweise ausgestellt, eine Woche später waren es bereits tausend. Und der Andrang ist hier, wie in allen zwanzig Sozialsupermärkten, die in Österreich von verschiedenen Trägervereinen seit 1999 eröffnet haben, gewaltig.

»Unser Verein betreibt ja schon länger zwei Standorte in Graz, aber die Situation hier in Wien ist wirklich anders. Es gibt Tage, da kommen bis zu 180 Kunden und bei Geschäftsschluss sind wir so gut wie ausverkauft«, so Marktleiterin Proksch. »Ich habe wirklich damit zu tun, dass wir von unseren Partnern genügend Ware zur Verfügung gestellt bekommen.« So hektisch wie im Büro der Geschäftsführerin geht es draußen in der wartenden Menge zu. Ungeduld macht sich breit, wenn der Sicherheitsbeamte kurz die Tür öffnet, um Kunden hinauszulassen. Da hilft auch die Nummernausgabe wenig. »Ich war zwar schon vor Stunden hier, lange bevor die aufgesperrt haben, aber es wird wohl noch ein wenig dauern«, seufzt Snezda Fassl. »Diese Mühe muss ich einfach auf mich nehmen, wir schaffen es nur dank der Einkäufe hier«, sagt die blonde, groß gewachsene Frau und zieht sich die schwarze Strickjacke enger um ihren Körper.

Dabei habe ihr Mann einen Job, doch mit den etwas mehr als tausend Euro, die er als Tankwart verdient, kämen sie und ihre fünfjährige Tochter heute einfach nicht mehr durch. »Es ist schon sehr knapp und wir sind so froh, dass wir hier zu anderen Preisen einkaufen können. Natürlich ist das Brot, das wir hier gratis kriegen, wichtig. Dazu nehme ich immer Margarine, die ist ja so teuer geworden, wie auch Obst und Gemüse.« So könne sie sich, seit dem einen Monat, in dem es diesen Markt gibt, auch ein wenig Geld sparen: »Dafür kauf ich heuer zum ersten Mal wieder ein Weihnachtsgeschenk für meine Tochter. Wir beide, mein Mann und ich, schenken uns ja schon lange nichts mehr. Und das wird sich nicht ändern.«

Der VinziMarkt wird von der Grazer Privatinitiative »Vinzenzgemeinschaft Eggenberg« betrieben. Am 1. April 2004 gründete der Grazer Pfarrer Wolfgang Pucher den ersten dieser Märkte. Heidi Anderhuber war von Anfang an mit dabei, deshalb kann sie gut erklären, welche Veränderungen das Teuerungsjahr 2008 brachte: »Die Nachfrage bei uns steigt schon sehr deutlich. Ich höre von immer mehr Leuten, die zu uns kommen, dass es sich einfach nicht mehr ausgeht. Noch vor kurzem war ja überall die Rede von einer angeblich so guten Wirtschaftslage, davon, dass es Arbeitslosigkeit bald nicht mehr geben wird. Da haben sich viele dazu verleiten lassen, sich mit Krediten und teuren Anschaffungen zu übernehmen. Und jetzt platzt auch in vielen Privathaushalten die Blase.«

Sie merke vor allem, dass immer mehr Familien mit Kindern in den Markt kommen. Außer den Großfamilien würden auch Mindestpensionisten und Asylwerber ihr Angebot dringend brauchen. Auch würde in letzter Zeit die Hemmschwelle, sich helfen zu lassen, für viele eindeutig sinken. »Früher hatte es etwas Anrüchiges, in unsere Märkte zu kommen, hier bei uns gesehen zu werden. Jetzt nehmen es die Leute offen an.«

Für Anderhuber, die sich als wohlhabend bezeichnet, veränderte die Arbeit im sozialen Supermarkt den Blick auf das, was man gemeinhin als »Normalität« verstehen würde. »Wenn ich jetzt in ein Geschäft gehe, da bin ich regelrecht erschlagen von dieser Überfülle: Wer braucht 200 Sorten Joghurt, wer braucht Dutzende verschiedene Brotaufstriche und zwölf verschiedene Brotsorten, selbst fünf Minuten vor Geschäftschluss? Das meiste muss deshalb weggeworfen werden, weil wir immer mit dem Gefühl leben müssen, dass wir in Hülle und Fülle leben.«

## Die neuen sozialen Bürgergesellschaften

Michael Bachler, Koordinator der »Vinzenzgemeinschaft Eggenberg« betont, »dass man niemandem das Gefühl geben will, in den Sozialmärkten zum Almosenempfänger abgestempelt zu werden, als Abnehmer von dem, was die Reichen übrig lassen. Es ist auch eine Möglichkeit, die Isolation zu durchbrechen.« Eine Hilfestellung, um mit ausreichend Nahrung durchzukommen, so will er Sozialsupermärkte in erster Linie verstanden wissen. Und als Chance, ein wenig Freiraum zu bekommen, um, wie er sagt, »die Nachbarin einmal zu Kaffee und Kuchen einladen zu können«. Und er sieht es auch als eine Möglichkeit für arme Menschen, aus ihrer Isolation auszubrechen, die Angst vor dem Tabu abzuschütteln. So haben in Graz die Sozial- und Wohnungsstadträtinnen der Stadt kurzerhand einen Teil ihrer Sprechstunden ins Geschäft verlegt. So würden nun auch Menschen von Angeboten der Gesellschaft profitieren, die bislang nicht um soziale Unterstützung angesucht hätten oder schlicht und ergreifend nicht wussten, dass sie im Notfall damit rechnen können, dass ihnen jemand unter die Arme greift.

Nur es will – oder kann – den reichen europäischen Staaten nicht gelingen, ihre sozialen Netze so eng zu knüpfen, dass sie ausreichend Sicherheit vor Not in der Bevölkerung bieten können. Ohne Hilfe von Privaten reicht das Netz längst nicht mehr aus. So wie bei den VinziMärkten, wo fast jeder, ob an der Kassa oder bei der Abholung der Ware, ehrenamtlich mitarbeitet, sind auch beim Dienst der »Tafeln« nur Freiwillige, die unentgeltlich und in ihrer Freizeit arbeiten. Auch hier werden Lebensmittel, die in Supermarktketten als unverkäuflich gelten, abgegeben. Die »Wiener Tafel« beliefert soziale Einrichtungen. In Deutschland hingegen haben sie auch den Charakter eines Sozialmarktes. Hier wird um einen symbolischen Wert, den »Obolus«, eingekauft. Oft handelt es sich hier um eine 2-Euro-Münze, in etwa der Hälfte der »Tafeln« in Deutschland reicht ein Euro.

In Deutschland gibt es bereits 800 000 solcher Stellen, mit dem Jahr 2009 werden sie bereits eine Million Menschen mit Nahrung zum Überleben versorgen. Ein Jahr zuvor waren es noch 800 000 und 2005 waren es rund 500 000 Menschen, die Hilfe von den »Tafeln« in Anspruch nahmen. Seit 1993 die ersten »Tafeln« gegründet wurden, stieg die Nachfrage rapide an. Von einem regelrechten Gründungsboom spricht der Verein, der die »Tafeln« betreibt. In 91 Prozent aller deutschen Städte, wo mehr als 50 000 Menschen leben, gibt es eine »Tafel«. Wie oben am Beispiel der Sozialsupermärkte in Österreich beschrieben, muss man mit Dokumenten die Bedürftigkeit belegen und erhält einen Ausweis, der dazu berechtigt, hier Lebensmittel zu beziehen.

32 000 Menschen arbeiten ehrenamtlich für die »Tafeln«. Und es stellt sich wie bei vielem die Frage, ob das Glas halb voll oder halb leer ist. Ist der hohe und steigende Andrang auf diese Einrichtungen ein Indiz für die grassierende Armut? Oder ist das wachsende Engagement der vielen Freiwilligen, die immer mehr »Tafeln« gründen, Indiz dafür, dass ein neuer Zusammenhalt in der Gesellschaft im Entstehen ist? Anke Assig, Sprecherin des Bundesverbandes der deutschen »Tafeln« ist skeptisch, ob die optimistische Interpretation die beste ist: »Der hohe Bedarf an unseren Leistungen zeigt, dass es politisch nicht gelingt, Menschen in Arbeitsverhältnisse zu bringen, die dafür sorgen, dass sie sich ihr Leben auch leisten können. Für mich sind die ›Tafeln‹ ein Gradmesser des Versagens der Politik bei der sozialen Sicherung der Bevölkerung. Dabei muss man natürlich sagen, dass es gleichzeitig bewundernswert ist, wie die Zivilgesellschaft auf die Beine kommt und eigenständig beginnt, Lösungen zu finden.«

Trotzdem: Eine gänzliche Versorgung für die Ärmsten ist schwer möglich, zumal derzeit die hohe Nachfrage kaum noch mit den Waren, die zum Großteil von der Rewe-Gruppe, den Penny-Märkten und Lidl gespendet werden, befriedigt werden kann. Und nur zirka ein Viertel des wöchentlichen Bedarfes eines armen Haushaltes kann über die »Tafeln« abgedeckt werden. »Was wir aber so besorgniserregend finden, ist, wie erschreckend hoch der Anteil der Kinder und Jungendlichen unter unseren Kunden ist«, betont Anke Assig. »Sie machen fast ein Viertel aus. Die Helferinnen und Helfer der ›Tafeln‹ erleben so tagtäglich, wie viele der Heranwachsenden ein Leben in Not führen. Wir haben jetzt darauf reagiert und eigene Kinder-›Tafeln‹ eingerichtet. Sie beliefern Schulen, Kindertagesstätten und Freizeitzentren, meist in sozialen Brennpunkten. In einigen Städten wurden Kinderrestaurants eingerichtet, um der Ernährungsarmut einer zunehmenden Zahl von Kindern entgegenzuwirken.«

## WENN KINDER VERARMEN UND PREISE LEUTE MACHEN

»Von den 60 Kindern an unserer Schule leiden 17 regelmäßig an Hunger. Die kommen ohne Frühstück in den Unterreicht, haben kein Pausenbrot und können das Essen in der Mensa nicht bezahlen. Und am Monatsende erzählen uns einige, dass es zu Hause kein Brot mehr gibt«, beschreibt Brigitta Kochansky, Leiterin der Sonderschule im Schulzentrum der Kleinstadt Reinfeld bei Hamburg, das Ausmaß an Armut, mit dem sie täglich konfrontiert ist. Viele der Eltern sind Hartz-IV-Empfänger, oft auch gestrandete »Teilfamilien«, wie sie es nennt, und ergänzt: »Arme Kinder gab es auch früher auch, aber heute sind es mehr.«[50]

Diese Kinder, von denen die Schulleiterin spricht und deren Existenzkampf sie miterlebt, sind die Gesichter zu den besorgniserregenden Statistiken, die aufliegen: Jedes sechste Kind in Deutschland lebt in Familien, wo Mangel den Alltag diktiert, jeder vierte Jugendliche zwischen 16 und 24 Jahren, insgesamt sind dies 2,4 Millionen, gilt als arm.[51] Kinder gerieten während der vergangenen fünfzehn Jahre mehr als jede andere Bevölkerungsgruppe in die Gefahr, in eine soziale Notlage zu geraten: So stieg laut Berechnungen der OECD in Deutschland die Kinderarmut in diesem Zeitraum von 7 auf 16 Prozent, während die Rate unter den Ältesten mit 7 Prozent gleich geblieben ist.[52]

In einem Bericht der »Frankfurter Allgemeinen Sonntagszeitung«[53] machten sich die Autoren auf die Suche nach den Pausenbroten an Deutschlands Schulen, die mehr und mehr zum Symbol der Kinderarmut Deutschlands geworden sind. Fazit: Auch wenn das Geld knapp ist, haben sie in den zahlreichen Schulen, die sie besuchten, kaum ein Kind entdeckt, das nichts zu essen hatte. Gleichzeitig zeigte sich, dass immer mehr Schulen mittels gemeinsamen Frühstücks oder ähnlicher Maßnahmen auf die Versorgung ihrer Schüler und Schülerinnen sehr genau achten. Und es verdeutlichte sich, dass Armut in Deutschland meist nicht Hunger im klassischen Sinn bedeutet. Modell »Nana« wird das Problem in der Zeitung genannt: Es verläuft nach jenem Muster, das beispielsweise ein Mädchen im Berliner Stadtteil Moabit erlebt. Sie heißt Nana, ist neun, ihre Mutter, sagt sie, »ist zu müde, um Frühstück zu machen«. Also stecke sie ihr ein wenig Geld zu und dafür kaufe sich das Mädchen ein paar Schokoriegel für den Tag.

Diese paar Euro, auch wenn sie schlecht investiert sind, bleiben für viele arme Kinder eine Ausnahme. Genauso mangle es auch am Geld für das gemeinsame Mittagessen in der Schule, auch für die Tagesbetreuung fehle es in den Familien, die mit sehr wenig Einkommen leben, an Ressourcen. Somit bleiben gerade jene Kinder, für die solche Einrichtungen eigentlich am wichtigsten wären, davon ausgeschlossen. Eine Konsequenz: Die Kinder dieser verarmten Familien essen eben nichts oder allein im Pausenhof. »Die sitzen dann bei ihrer Stulle oder ihrem Riegel und kriegen von klein auf das Gefühl, dass sie nicht dazugehören. Die anderen essen etwas Warmes, sitzen zusammen in der Mensa und die Armen sind allein«, erzählt Rita Hoppe, Mutter der neunjährigen Marlene, die in Berlin-Kreuzberg an die Grundschule geht.

Lange haben die Eltern an dieser Schule dafür gekämpft, dass alle Kinder gemeinsam essen können: Da wurden die Portionen ein wenig aufgeteilt, wenn es keine abgezählten Fleischstücke gab; auf Rückerstattung für Fehltage wurde verzichtet. Nun hat der Berliner Stadtsenat eingegriffen und den Betrag für das Schulmenü auf 20 Euro im Monat verringert. »Es geht dabei um mehr als bloß um die Frage, was ein Kind isst«, so Rita Hoppe, die für die Böll Stiftung arbeitet. »Es geht auch um die Frage, was das für das soziale Leben eines Kindes bedeutet, wenn es bereits in diesem Alter zu verstehen bekommt, dass es nicht mit den anderen gleichgestellt ist.«

Armut in Europa ist keine Kalorienfrage. Und doch besteht ein Zusammenhang, wenn auch umgekehrt. Wie zuerst am Modell »Nana« gezeigt wurde, grassiert die Gefahr, dass jene Kinder, die in armen Haushalten leben, zu viel vom Falschen zu essen. Übergewichtige Kinder genauso wie übergewichtige Erwachsene als Indikator für eine hungernde Gesellschaft? – So wie die Rate der Armen steigt, wächst auch die Zahl der Kinder, die zu dick sind; jedes vierte Kind in Europa ist betroffen.[54]

Laut der deutschen Verzehrstudie wird in Haushalten, wo wenig Geld vorhanden ist, weniger Obst, Wein und Fruchtsaft konsumiert, dafür eher Bier, Limonade und Süßes verzehrt. Überraschend ist dies wenig: Woher soll das Geld für die höherwertigen und jetzt auch sehr teuren Produkte kommen? Hier Schuld zuzuweisen, ist schlicht bösartig. »Wer nicht weiß, wie er seine nächste Stromrechnung bezahlen soll, hat andere Sorgen, als seinen Cholesterinspiegel oder den Vitaminhaushalt ins Lot zu bringen. Zudem sind die Ausgaben für Ernährung dehnbar und werden als Puffer eingesetzt«, empört sich Soziologe Friedrich Schorb von der Uni Bremen über die zynische Debatte, die da einsetzte.[55]

Die österreichische Ernährungsberaterin und Autorin Sasha Walleczek untersuchte für die Vorbereitung einer Fernsehsendung mit übergewichtigen Jugendlichen die Nährstoffversorgung ihrer »Klienten« penibel. Ihr überraschender Befund: »Kinder und Jugendliche haben quasi einen Instinkt, ausreichend Vitalstoffe zu sich zu nehmen. Bietet das Essen zu wenig davon, essen sie einfach mehr, und zwar so lange, bis sie genüg Nährwerte haben.« Bei armen Haushalten, die sie betreute, falle ihr zudem auf, dass viele kaum kochen würden. In der Situation einer generellen Überforderung mit dem Bestreiten des täglichen Lebens könne dies dazu führen, dass gemeinsame Mahlzeiten fehlen oder dass viel zu wenig frische Lebensmittel gegeben würden. »Ich habe bei einer Familie gesehen, dass zum Abendessen Nudeln mit einer Sauce aus Wasser, einem Brühwürfel und Schmelzkäse zubereitet wurden. Viele wissen einfach nicht, dass man mit Gemüse, sofern es in der richtigen Saison gekauft wird, oder mit Hülsenfrüchten billige und hochwertige Menüs zubereiten kann.« Und Walleczek betont, dass richtige Ernährung auch die psychische Verfassung von Kindern und Jugendlichen positiv beeinflussen könne und ihre Konzentrationsfähigkeit verbessern würde.

## Im Kreislauf der Armut gefangen

Doch was passiert, wenn Eltern, vor allem jenen, die ihre Kinder allein erziehen, nach vielen sozialen und beruflichen Niederlagen oder durch die Überforderung mehrerer schlecht bezahlter Jobs einfach die Kraft fehlt, ihren Nachwuchs zu unterstützen? Wenn das Geld auch für Kraut, Linsen und Bohnen nicht mehr reicht? Dass heute so viele in Armut aufwachsen, hängt mit dem immer höheren Anteil von Alleinerzieherinnen zusammen, die einfach zu wenig intakte Rahmenbedingungen – Stichwort Kinderbetreuung – vorfinden, um den Spagat zwischen Beruf und Erziehung zu bewältigen. Mehr als in Familien, wo beide Elternteile mit den Kindern leben, brauchen sie möglichst flexible und günstige Einrichtungen. Und die fehlen.

Seit 1996 ist die Zahl der Haushalte mit Alleinerziehern in Deutschland um 300 000 gestiegen, 35 bis 40 Prozent der Kinder in diesen Haushalten sind laut einer Studie des Kinderhilfswerks der Vereinten Nationen (UNICEF) arm. Außer ihnen zählen Kinder mit vielen Geschwistern oder jene aus Migrantenfamilien zu den Risikogruppen: Chronische Krankheiten, Übergewicht und Verhaltensauffälligkeiten haben bei diesen benachteiligten Kindern stark zugenommen, warnt ein Bericht der UNICEF: »In Deutschland wächst die Kluft zwischen den Kindern, die gesund, abgesichert und gefördert aufwachsen, und solchen, deren Alltag durch Hoffnungslosigkeit, Mangel und Ausgrenzung geprägt ist – mit weitreichenden Folgen für ihr ganzes Leben.« Arme Kinder müssten, so der Befund der UNICEF, viel mehr leisten, um ihre Lebenschancen zu nutzen, als ihre wohlhabenden Altersgenossen. Eltern, die selbst arbeitslos sind und manchmal sogar resigniert haben, vermitteln den Kindern kein positives Rollenmodell. Die Kinder lernen nicht, wie sie ihr Leben in die Hand nehmen können.[56]

In Österreich gelten 100 000 Kinder und Jugendlich als »manifest arm«, d. h. ihre finanzielle Lage beeinträchtigt ihr Leben. Zwei Drittel von ihnen wohnt in beengten Verhältnissen, wodurch sie mit großer Wahrscheinlichkeit zu wenig Platz zum Spielen und Arbeiten haben. »Gerade dieser Faktor, einen eigenen Schreibtisch zu haben, wo konzentriertes Lernen auch möglich ist, zählt laut den Experten der OECD zu den wesentlichen Faktoren, ob sich Schulerfolg einstellt oder nicht«, so Martin Schenk von der Diakonie Österreich, der sich seit Jahren intensiv mit dem Thema Armut und deren Folgen beschäftigt.

»Die Millionen der Armen bei uns verhungern nicht, sie sitzen nicht bettelnd in den Fußgängerzonen; sie sind aber trotzdem arm, weil sie ausgeschlossen sind aus einer Gesellschaft, die sich nur den Bessergestellten entfaltet«, schreibt Heribert Prantl in einem Leitartikel der »Süddeutschen Zeitung«.[57] Mehr als auf alle Teile der Gesellschaft trifft diese Analyse auf Kinder zu. Denn die Bildungswege der Heranwachsenden werden zu einem überproportionalen Anteil durch die Einkommenslage der Eltern bestimmt. Die frühzeitig selektiv agierende Schule wird zum sozialen Platzanweiser, Armut quasi vererbt. Eine Studie der Mainzer Gutenberg-Universität bestätigt dies: Aufs Gymnasium schaffen es in erster Linie die Privilegierten, nämlich Kinder gut betuchter Akademiker. Schüler aus einer niedrigen sozialen Schicht haben weitaus schlechtere Karten beim Schulübergang. Die Forscher vom Mainzer Institut für Soziologie sammelten Daten an allen 35 staatlichen Grundschulen in Wiesbaden, rund 2000 Schüler aus über hundert Klassen wurden befragt. Bei gleich guter Schulnote (2,0) erhielten nur drei von vier Kindern aus der niedrigsten Einkommens- und Bildungsgruppe eine Empfehlung für die höchste Schulausbildung. Dagegen schafften es von den Kindern mit wohlhabenden und gebildeten Eltern 97 Prozent aufs Gymnasium – also fast alle.

Dasselbe Bild ergibt sich für Österreich: 80 Prozent der Kinder aus armen Haushalten besuchen derzeit die Hauptschule, 63 Prozent ist der Wert in der allgemeinen Bevölkerung. Die mangelnde Durchlässigkeit des Bildungsaufstieges armer Kinder ist aber weniger ein institutionelles, sondern vielmehr ein gesellschaftliches Phänomen, wie eine Untersuchung in Hamburg zeigte. Ursel Becher hat analysiert, warum es den Kinder der Ärmsten so schwer fällt, sich aus dem Kontext ihrer Familien zu lösen: »Auch Mitschüler und Lehrer sind an der Ausgrenzung beteiligt. Schüler reagieren auf erlebte Diskriminierungen häufig mit Lernschwierigkeiten, aber auch mit Schulverweigerung.«[58]

# Endzeitstimmung in der Wohlstandsgesellschaft: Die Angst vor dem Absturz

Die Teuerung von Lebensmitteln bedeutet in Europa nicht den Tod von Menschen. Die Not schließt aber aus, führt zu einer Ausdünnung der Möglichkeiten, an der Gesellschaft teilzuhaben, und mit der Zeit beginnt auch der Wille zu brechen, dafür zu kämpfen, wieder in die Leistungsgesellschaft aufgenommen zu werden. Dazu kommt, dass die Angst abzurutschen, die Möglichkeit, künftig ausgeschlossen zu werden, epidemisch grassiert. Arm zu sein, mag angesichts der Teuerung kein Stigma mehr bedeuten, weil auf einmal ein Großteil der Bevölkerung dieses dumpfe Gefühl bekommt, dass die Schicht des Wohlstandes gefährlich dünn und verletzlich wurde. Die Preiskrise in Kombination mit der Finanzkrise stellte aber binnen weniger Monate die Weichen hin zu Verunsicherung, die in einer gravierenden gesellschaftlichen Krise münden könnte: dem Aufstand der Wohlstandsverlierer.

Der Bevölkerungswissenschaftler Rainer Münz geht davon aus, dass die jüngst wahrgenommenen Krisenphänomene zu einer politischen Umorientierung führen können: »Was Menschen derzeit erleben, ist so etwas wie ein Knick in ihrem Weltverständnis. Seit dem Zweiten Weltkrieg ging es stetig bergauf. Der Wohlstand wuchs. Dies ist nun vorbei, oder es wird von den Menschen so empfunden. Damit setzt Panik vor dem sozialen Abstieg ein.« Es sei eine diffuse Angst, die sich breit macht und beginnt, sich in Abschottungsfantasien gegen alles, was von außen kommt, zu entladen. So versteht Münz etwa die massive EU-Ablehnung der Österreicher in diesem Zusammenhang.

Ähnlich der Befund des deutschen Armutsforschers Ernst-Ulrich Huster: »Wir haben zunehmend Leute mit höheren Bildungsgraden, die hin zur Armut abrutschen können. Die vom Abstieg bedrohten Mittelschichten könnten nach irrationalen Strategien suchen und andere für ihre Gefährdung verantwortlich machen, Ausländer, die Europäische Union, wen auch immer. Gleichzeitig sind zwischen 7 und 9 Prozent der Menschen völlig abgekoppelt, haben keine Hoffnung mehr in die Gesellschaft zurückzukehren. Beides zusammen könnte eine sehr schwierige Stimmung verursachen.« Wer über die Weimarer Republik Bescheid wisse, sei sich natürlich im Klaren darüber, dass wir die Kirche im Dorf lassen sollten, ergänzt Huster. »Es gibt keine Randalierer vor unseren Regierungsgebäuden. Aber das Unwohlsein wächst, zumal die Schere zwischen arm und reich in Europa immer wieder auseinanderklafft.«

Die Reichen werden reicher, während eine wachsende Schicht von schlecht bezahlten und schlecht ausgebildeten Menschen immer mehr für immer weniger Einkommen arbeitet. Es ist eine Entwicklung, die in Deutschland bereits sehr ausgeprägt ist, zugleich aber alle Industriestaaten während der vergangenen fünfzehn Jahre erfasst hat. »Mehr Ungleichheit trotz Wachstum« lautet der Titel einer von der OECD im Oktober 2008 veröffentlichten Studie. Der Titel nimmt das Ergebnis vorweg, das mit einer dringlichen Warnung verknüpft wurde. »Dieses wachsende Ungleichgewicht spaltet und polarisiert die Gesellschaft. Für talentierte junge Menschen ist der Aufstieg immer schwieriger, hart arbeitende Menschen kommen nicht mehr in den Genuss, die Früchte für ihre Mühen zu ernten. Dieses Phänomen zu ignorieren, wäre sehr gefährlich«, so die sehr deutlichen Worte von Angel Gurria, dem OECD-Generalsekretär.[59]

Angst, irgendwann vor dem Nichts zu stehen, wird zum Leitmotiv der Befindlichkeit. Die materielle Sicherheit geriet auch bei jenen ins Wanken, die sich lange sicher fühlten. Die Arbeitslosenzahlen gingen zwar in den vergangenen Jahren – bevor die Finanzkrise die Fundamente unserer Wirtschaft erschütterte – deutlich zurück, allerdings ufert schon lange die Zahl von befristeten Arbeitsverträgen aus, Personal von Leihfirmen wird in der Industrie immer beliebter. Somit beginnt die Vertrauensbasis in die eigene Zukunft zu bröseln: Ob man den Kredit noch bezahlen kann, der auf die Wohnung oder das Haus läuft, oder ganz allgemein die Frage, ob man seinen Lebensstandard halten kann, rückt ins Zentrum des Bewusstseins. Der Kasseler Marktsoziologe Heinz Bude sagt etwa: »Die Mitte fängt selbst an, prekär zu werden. Wir haben eine armutsgefährdete Schicht, die wirklich wächst und bis in die Mitte hineinreicht.«[60]

Dazu kommt das Versagen der traditionellen Großparteien, der

Bevölkerung inmitten der vielfältigen Krise so etwas wie Orientierung zu bieten oder durchdachte Lösungskonzepte vorzulegen. »Ich spüre häufig große Ohnmacht bei jenen Menschen, die sich an soziale Beratungsstellen wenden«, so Armutsforscher Martin Schenk. »Es gibt kaum eine Möglichkeit, die Wut und auch die Angst loszuwerden, es gibt keine Plattform. So bleibt als letztes Zeichen des Protestes, das möglich ist, bei der Wahl ein Kreuz neben solche Parteien zu setzen, die sich als Anwalt dieser Protesthaltung inszenieren. Manchmal wird dann der Stimmzettel zu einer hilflosen Form, etwas auszudrücken.«

Dass die Angst vor Armut sich in politischen Veränderungen manifestiert, bewiesen zuletzt – auch – die Nationalratswahlen in Österreich im September 2008. Teuerung dominierte, wenigstens vordergründig, den Wahlkampf. Das Ergebnis brachte vor allem unter der jungen Bevölkerung einen Ruck hin zu den beiden rechten Parteien FPÖ und BZÖ. Laut dem Institut für Strategiefragen SORA, das die Wahlmotive der Österreicher untersuchte, wählten vor allem junge Männer die rechten Parteien, insgesamt mit 42 Prozent, und jene Menschen, die sich noch in Ausbildung befinden: Hier erlangten sie einen Anteil von 50 Prozent. Eine massive Rolle habe die Teuerung gespielt: 62 Prozent der Wähler dieser beiden Parteien gaben dies als Wahlmotiv an. Es waren somit nicht bloß Wohlstandsverlierer, die so wählten, sondern auch jene, die Angst hatten, nie Wohlstandsgewinner werden zu können.

Gleichzeitig schwindet, wie es sich in Deutschland zeigt, auch das Vertrauen in die soziale Marktwirtschaft. Fast drei Viertel der Deutschen empfinden die wirtschaftlichen Verhältnisse in ihrem Land als ungerecht. Nur jeder Achte, 13 Prozent, betrachtet die Verteilung von Einkommen und Vermögen im Großen und Ganzen als gerecht, ergab eine Umfrage der Bertelsmann Stiftung, die im Juni 2008 veröffentlicht wurde. Im Jahr 2005 hatte lediglich die Hälfte der Befragten die Situation in Deutschland als ungerecht bezeichnet, mehr als ein Viertel bewertete sie als gerecht. 1995 lagen die Befürworter und Kritiker der deutschen Verhältnisse sogar noch nahezu gleichauf.[61]

Die Kritik verteilt sich unter den Befürwortern aller deutschen Parteien gleichmäßig. Allerdings scheint die empfundene Ungerechtigkeit auch den Zulauf zur Linkspartei, der sich während den vergangenen Wahlen auch in den alten Bundesländern zeigte, zu erklären. In vielen Fällen ist das Wahlverhalten auch weniger Ausdruck der akuten Lage, sondern vielmehr einer latenten Sorge um Chancengleichheit und der Angst vor der Gefahr des Abstieges. »Die Sympathisanten der Linkspartei befinden sich in allen Einkommensgruppen – und nicht vorwiegend unter denjenigen, deren Lage tatsächlich prekär ist«, so die Analyse einer diesbezüglichen Untersuchung des Deutschen Institutes für Wirtschaft.[62]

Dieses Institut veröffentlichte im Oktober 2008, basierend auf der Umfrage des »sozio-ökonomischen Panels«, eine brisante Darstellung der Selbsteinschätzung der Deutschen. Demnach würde sich jeder Zehnte in den alten deutschen Bundesländern und bereits jeder Fünfte in den neuen Bundesländern zur Unterschicht zählen. »Die Zahlen zeigen deutlich die Ängste vor dem Absturz nach unten, vor der Armut. Denn obwohl sich ein Großteil der Westdeutschen zur Mittelschicht rechnet, wird besonders Hartz IV als Bedrohung gesehen«, so Studienleiter Gert Wagner.[63]

Die deutsche Wirtschaftsjournalistin Inge Kloepfer skizziert in ihrem Buch »Aufstand der Unterschicht« die problematischen Szenarien, die sich ergeben, wenn die Hilfe für jene Bevölkerungsschichten, die marginalisiert werden oder sich so fühlen, versagt. Wie schon zuvor erwähnt, bildet gerade für Kinder, die aus weniger betuchten Familien stammen, das derzeitige Schulsystem eine große Barriere. Kloepfer entwirft ein umstrittenes, schockierendes Zukunftsbild, wenn sie von 20 Prozent der Deutschen schreibt, die angesichts ihrer schlechten Ausbildung ein Leben lang von Sozialleistungen abhängig sein werden. Das Problem sei, dass viele dieser jungen Menschen, die heute die Hauptschulen besuchen, die Schule ohne Abschluss und ohne vernünftige Ausbildung beenden. Sie landen als junge Leute im Sozialsystem – praktisch ohne Chance, wieder herauszufinden, da Jobs für Schlechtausgebildete Mangelware wären. »Sie gehören vielleicht heute noch nicht zur Unterschicht, rutschen aber fast zwangsläufig hinein. Ich habe mir viele Schulen angeschaut und bin zum Teil völlig entsetzt wieder herausgekommen, entsetzt über die geballte Hoffnungslosigkeit«, so Kloepfer.[64]

# 3 ÖLSCHOCK IM EINKAUFSKORB

Ein klein wenig war es so, also würde man in den USA zu Beginn des 21. Jahrhunderts die Version 2.0 des Goldgräbermythos erleben. 35 Jahre lang führte Erwin Johnson seine Farm im Norden des Bundesstaates Iowa. Die gehört der Familie in dritter Generation und eigentlich wollte er vor kurzem endgültig aufgeben. Im Frühling 2008 rieb sich der 65-Jährige aber tatendurstig die Hände: »Nein. Jetzt hör ich sicher nicht auf. Es sind endlich großartige Zeiten für uns Bauern angebrochen.« Über 5 Dollar wurde ihm für ein Bushel Mais[65], den er im November ernten wollte, geboten; mehr als doppelt so viel wie noch vor einigen Jahren. Um seine Farm reihen sind heute Ethanol-Produktionsstätten, eine davon ist gerade drei Kilometer entfernt. Mit Genugtuung blickt er immer wieder dorthin, zu den zahlungskräftigen Abnehmern seiner Ernte. Sein Acker war zum Goldacker geworden.[66]

Der Aufschwung in den Getreidehochburgen, dem so genannten »Korngürtel« der USA, hatte viele Folgen. Unter anderem half er mit, den raketenhaften Aufstieg eines gewissen Barack Obamas zu zünden. Der demokratische Senator aus Illinois, ebenfalls ein wichtiger Getreidestaat, war nur für Insider der amerikanischen Polit-Szene ein Begriff, als er am 8. August 2007 in Charlesville, in Amerikas führendem Getreidestaat Iowa, der Stargast der feierlichen Eröffnung einer neuen Ethanol-Anlage war. Feierlich durchschnitt er das rote Band, Seite an Seite mit den Größen der prosperierenden Branche. Das kam gut an, in diesem Teil der USA.

Obama kehrte oft zurück nach Iowa. Und schlussendlich feierte er hier seinen vielleicht entscheidenden Durchbruch: Am 3. Januar 2008 siegte er im Caucus, der ersten Vorwahl der Demokraten für die US-Präsidentschaft, gegen Hillary Clinton. Es war allerdings nur für jene, die Barack Obama und Iowa wenig kannten, eine große Überraschung. Der Außenseiter war der Mann der Stunde. Auch für die Bauern Amerikas; oder wenigstens für beachtlich viele.

Die traditionell konservative Bastion der Republikaner kam

kräftig ins Schwanken, als Barack Obama dann begann, sich als 44. Präsident der USA zu empfehlen. Eine einflussreiche Bauernorganisation gab zum ersten Mal seit einem Vierteljahrhundert eine Wahlempfehlung ab; und zwar für Obama. Denn der junge Demokrat stand – wenigstens am Anfang seines Wahlkampfes – bedingungslos auf Seiten jener, die aus Mais und Weizen plötzlich sehr viel Geld machten. Der ehemalige Senator Tom Daschle, einer von Obamas wichtigsten Beratern im Wahlkampf und später sein Gesundheitsminister, führte ihn in diese Kreise ein. Daschle war seit Jahren als Anwalt in einer Lobby-Firma tätig, die sich auf die Förderung von Biotreibstoffen spezialisierte hatte, und saß im Aufsichtsrat einer Reihe von Firmen in dem Bereich.[67] Man könnte es so sagen: Barack Obamas Verankerung in dieser Sparte war ein gesundes Fundament für seinen Sieg: Viele wichtige Getreidestaaten fielen im November 2008 an den Demokraten und entschieden die Wahl mit.

Bereits seit 2005, dem Zeitpunkt, als Obama in den US-Senat eintrat, galt er als standfester Unterstützer von Biotreibstoffen. Er stimmte in diesem Jahr den Energiegesetzen zu, die von George W. Bush eingebracht wurden: Eindeutig förderten sie die Interessen der Öl-Lobby, doch Obama begründete sein »Ja« mit den Förderungen für Ethanol und alle anderen alternativen Energieformen, die darin vorgesehen waren. Sieht man sich das Spendenaufkommen der einzelnen Industriesparten während der Präsidentenwahlen genauer an, entdeckt man, dass die Branche es ihm dankte. Agrokonzerne, Getreideerzeuger und Vertreter alternativer Energieformen spendeten für die Demokraten, vorzüglich direkt für Barack Obama. Eher ungern unterstützten die Bauern dafür den Republikaner John McCain: Er galt als vehementer Kritiker des Ethanol-Booms.[68]

In den letzten Wochen des Wahlkampfes allerdings änderte sich die Windrichtung: Es hagelte Kritik an Biotreibstoffen und Obama vermied tunlichst, sich als Förderer des grünen Sprits hervorzutun, vielmehr bekannte er öffentlich, »sehr nachdenklich geworden zu sein«. Gleichzeitig stürzten die Getreidepreise jäh in den Keller. Der Goldrausch schien vorbei. Übrig blieben jene, die an den hohen Preisen für Grundnahrungsmittel zu verhungern begannen, an Preisen, die auch mit vom Biotreibstoff-Boom verursacht wurden.[69]

63

## Mit der Kraft der Erde

Wenn man der Spur der Energieressourcen auf der Erde folgt, gelangt man sehr bald zum grünen Acker. Zwei Drittel aller Rohstoffe, die wir zur Erzeugung aller erdenklichen Formen von Energie benötigen, entstehen durch Landwirtschaft. Neben fossilen Ressourcen ist Getreide die am stärksten verdichtete Form von Energie, die wir Verfügung haben, und somit die am meisten verdichtete Form von Reichtum. 40 Prozent der Energie, die durch das Wachstum von Pflanzen entsteht, wird vom Menschen konsumiert. Doch ein Konkurrent zur üblichen Nutzung der Pflanzen als Lebensmittel ist förmlich aus dem Boden geschossen: »biogene Kraftstoffe«, Biodiesel und Bioethanol. 62 Milliarden Liter wurden im Jahr 2007 erzeugt; dreimal so viel wie im Jahr 2000, mit weiter deutlich steigender Tendenz.

Bioethanol ist nichts anderes als Alkohol. Für die Treibstoffproduktion wird Gärung aus Biomasse eingesetzt. Die darin enthaltene Stärke wird in Glukose aufgespalten und diese anschließend mit Hefepilzen zu Ethanol vergoren. Basis dafür sind Weizen, Mais, Zuckerrohr oder Hirse, aber auch organischer Abfall oder Erdäpfel können eingesetzt werden. Die USA und Brasilien erzeugen mit 52 Milliarden Litern Ethanol derzeit den weltweiten Löwenanteil; das sind zusammen 80 Prozent. Dabei entfallen 48 Prozent auf die USA – hier wird Ethanol hauptsächlich aus Getreide gewonnen – und 31 Prozent auf Brasilien, wo fast ausschließlich auf Basis von Zuckerrohr produziert wird.

Biodiesel hat ähnliche Eigenschaften wie Dieselkraftstoff. Die korrekte chemische Bezeichnung ist Fettsäuremethylester. Pflanzenöl als Ausgangsprodukt für Biodiesel wird durch das Auspressen von ölhaltigen Pflanzen oder Samen – in der Regel wird in Europa dazu Raps verwendet – gewonnen. Weiters können und werden auch Palmöl, Soja, Sonnenblumen, Cavassa oder Jatropha eingesetzt. 60 Prozent, also zwei Drittel der Produktion, sind auf die EU, vor allem auf Deutschland und Frankreich, konzentriert. Mit 10,2 Milliarden Litern an jährlicher Produktion wird deutlich weniger Biodiesel als Ethanol eingesetzt, wobei die neue Biotreibstoff-Großmacht USA in diesem Bereich derzeit kräftig zulegt.[70]

Doch der Durst nach »grünem« Sprit fordert seinen Tribut.

Die Hälfte des Anstieges der weltweiten Getreidenachfrage zwischen 2005 und 2007 war durch den Einsatz von Biotreibstoffen bedingt. In diesem Zeitraum hat sich die Verwendung von essbaren Pflanzen als Ersatz für fossile Ressourcen um 47 Millionen Tonnen gesteigert. Mit Stand 2008 wurden weltweit fast 95 Millionen Tonnen Nahrungsmittel in Treibstoff umgewandelt.[71] Die Mengen waren gigantisch, der Erfolg jedoch bescheiden. Laut der Internationalen Energieagentur reichte die Menge lediglich für 1,5 Prozent des Treibstoffbedarfs für Autos und LKW[72], in Europa sind es 2 Prozent, in den USA 3 Prozent.

Der Boom mit den Produkten von Mutter Erde hatte zwei »Väter«: Zum einen die großzügigen Förderprogramme der USA und der EU als Teil der Maßnahmen zum Klimaschutz (bislang weitestgehend die europäische Motivation) und zur Förderung der Energieunabhängigkeit (tendenziell eher die amerikanische Triebfeder angesichts der Irak-Krieg-Traumas). Zweiter Motor des kräftigen Plus waren die Rekordpreise, die für Erdöl bezahlt werden mussten. Bereits ab einem Rohölpreis zwischen 60 und 70 Dollar pro Barrel ist die Produktion von Biotreibstoffen konkurrenzfähig. Da Rohöl im Lauf des Jahres 2008 kurzfristig – mit Preisen von 150 Dollar pro Barrel – über mehr als dem Doppelten dieses Werts lag, war es sehr profitabel, auf Weizen, Mais, Zuckerrohr, Raps und Palmöl als Energielieferanten umzusatteln. Allerdings waren auch diese Rohstoffe teurer denn je. Vor allem Weizen und Mais erreichten Rekordwerte und heizten so eine Spirale der Teuerung an. Kurz: Enger denn je verflochten sich die Preise von Öl und Nahrungsmitteln.

## TANKEN STATT ESSEN?

Die Relationen, die Prioritäten gerieten aus dem Gleichgewicht: Würde man einen der derzeit so beliebten Groß-PKW, genannt SUV, einzig mit Biotreibstoff volltanken, verbrauchte man so viel Mais, wie er nötig ist, um einen Menschen ein Jahr lang satt zu machen.[73] – Dies scheint widersinnig, solange noch Menschen auf dieser Erde hungern, denn der enorm gestiegene Bedarf nach grünen Ressourcen heizt die Preise und somit die Quote des Hungers noch mehr an. Die härtesten

Worte fand Jean Ziegler, bis Frühling 2008 langjähriger UN-Sonderbeauftragter für das Recht auf Nahrung:»Biotreibstoffe sind ein Verbrechen gegen die Menschlichkeit.«[74]

Die Debatte um den Anteil von Biotreibstoffen am Anstieg der Lebensmittelpreise und in weiterer Folge an der dramatischen Zunahme von Hunger und Elend in der Welt wurde zu einem Glaubenskrieg. Zehn große Studien wurden allein im Laufe des Jahres 2008 dazu veröffentlicht. Die Folgen des Anteils von Biotreibstoffen an den Preissteigerungen wurden zwischen 3 Prozent (eine Berechnung im Auftrag der US-Regierung) und 75 Prozent laut der Weltbank eruiert.[75] Das von vielen Experten in diesen Fragen sehr hoch geschätzte »International Food Policy Research Institute« geht davon aus, dass 30 Prozent des globalen Preisanstieges bei Lebensmitteln daraus resultieren. Bis zu 39 Prozent bei Mais, 22 Prozent bei Weizen und 21 Prozent bei Reis (weil die zuerst höheren Getreidepreise zu einer verstärkten Nachfrage führten).[76] Dem hielten Produzenten von Biotreibstoffen entgegen, dass die Rechnung nicht stimmen könne: Immerhin sei Eiweiß-Futter für die Tierhaltung ein wichtiges Nebenprodukt der Ethanol-Erzeugung und würde so die Nachfrage nach Soja in dem Bereich einbremsen.

Doch gleichgültig, welcher dieser Zahlen man vertraut oder vertrauen kann: Während der Expertenstreit tobte, wer und was in welchem Grad an dem Anstieg der Preise für die Grundnahrungsmittel seit 2006 verantwortlich sei, litten Millionen Menschen mehr als zuvor an Armut, verursacht durch die hohen Kosten für Lebensmittel. Dabei geben die Agrar-Experten der OECD zu bedenken, dass allein die Anreize durch die Förderung der Biospritproduktion seitens der USA und Europas Weizen um 5 Prozent, Mais um 7 Prozent und pflanzliche Öle um fast ein Fünftel verteuert hätten. Wohlgemerkt: Dies ist »nur« der Anteil des Plus, das durch die hohen Stützungszahlungen ausgelöst wurde. Laut OECD hätten sich 2006 die Gesamtkosten für Subventionen auf elf Milliarden Dollar belaufen. Im Jahr 2015 könnten sie eine Summe von 25 Milliarden Dollar erreichen.

Noch dazu trifft diese Preissteigerung die Bevölkerung in ärmeren Ländern stärker als jene in Industrieländern:»Lebensmittelpreise sind natürlich von den Rohstoffpreisen abhängig. Doch dazu kommen

Kosten für Verpackung, Transport, Produktion und anderes. Diese zusätzlichen Kosten schlagen sich eher in industrialisierten Ländern nieder als in weniger entwickelten. Dort bildet der direkte Verzehr von Getreide und Ölsaatpflanzen einen höheren Anteil an der Grundversorgung, deshalb sind die Menschen dort wesentlich verletzlicher, wenn Preissteigerungen bei den Rohstoffen eintreten«, heißt es in einer Analyse der OECD.[77]

Würde der Trend fortgesetzt und würden die Industrieländer an ihrem Ziel, binnen des nächsten Jahrzehntes noch mehr grünen Kraftstoff beizumengen, festhalten, wären massive Folgen für die Ernährungssituation der Ärmsten der Welt zu befürchten. Wenn auch derzeit andere Preistreiber noch eine sehr große Rolle spielen, käme dies spätestens mit dem weiteren Ausbau der Programme massiv zum Tragen. Dazu nur eine Zahl: Würden die Anfang des Jahres 2008 bestehenden ehrgeizigen Ausbauprogramme der Biotreibstoffe durchgesetzt, dann könnte sich allein deshalb die Verfügbarkeit von Kalorien, um sich zu ernähren, im Afrika südlich der Sahara um bedenkliche acht Prozent zurückgehen.[78]

Dabei gibt die Internationale Energieagentur zu bedenken, dass der Vormarsch der Spritpflanzen erst begonnen hat: Während der nächsten zwanzig Jahre könnten sich demnach die Ackerflächen, die dafür verwendet werden, verdreifachen. Die geplanten Maßnahmen von der EU und den USA würden bereits in wenigen Jahren ein Fünftel der weltweiten Getreideproduktion und 13 Prozent der Ölsaat-Ernte in Treibstoff umwandeln. Dies erhöht den Druck auf die Erde immens, denn gleichzeitig muss die Nahrungsmittelproduktion während der nächsten Jahrzehnte kräftig wachsen, um das Mehr an Bevölkerung ernähren zu können.

Allein 2008 wurde ein Viertel der US-amerikanischen Maisernte in Biosprit verwandelt. Bis 2016 wird dieser Wert auf ein Drittel anwachsen. Nach Jahren der Preisstagnation lockten die Bauern die hohen Gewinnmargen und sie verlagerten die Weizen- und auch die Sojaproduktion auf weniger ertragreiche Felder oder stellten sie gleich ganz ein. Die USA geben derzeit jährlich 7 Milliarden Dollar für Subventionen des Ethanol-Anbaus aus und planen laut dem im Dezember 2007 beschlossenen Gesetz, dem »Engery Independence and

Security Act«, bis 2022 mindestens 136 Millionen Liter Biotreibstoff pro Jahr zu verwenden.

In Österreich liegt der Anteil der Biotreibstoffe an der Gesamtspritmenge derzeit bei 5,75 Prozent. 2010 soll der Anteil von Biotreibstoffen bei 10 Prozent liegen. Die deutsche Regierung änderte im Herbst 2008 ihre Linie: Ein Jahr später als geplant, erst 2010, soll die Beimischungsquote auf 6,35 Prozent steigen und von da an bis 2014 eingefroren werden. Ab 2015 setzt das Gesetz auf grüne Kraftstoffe der zweiten Generation, deren Produktion das Klima stärker schon soll.[79]

Die Europäische Union wollte im Rahmen der »Richtlinie für erneuerbare Energie« ursprünglich bis 2020 10 Prozent des Treibstoffes für Transport durch Biosprit decken. Der Verbrauch wäre dieser ursprünglichen Regelung zufolge allein bis 2010 um 170 Prozent gestiegen. Der Einsatz von Weizen, Grundstoff für die Produktion von Ethanol, würde auf rund 18 Millionen Tonnen, also um das Zwölffache, steigen. Nicht ganz so dramatisch, aber immer noch kräftig fiele auch das Wachstum bei Raps und Mais aus.[80]

Das EU-Parlament entschloss sich allerdings, die Biospritziele nach Kritik von UNO, OECD, Verbraucher- und Umweltschützern sowie Menschenrechtsgruppen nochmals zu überdenken und nach unten zu revidieren. Das Ergebnis: Statt 10 sollten bis 2020 nur 6 Prozent des Treibstoffes aus »grünen Ressourcen« stammen. Die endgültige politische Entscheidung stand in dem Moment, als dieses Buch in Druck ging, noch aus, doch die Trendwende scheint nicht mehr aufzuhalten. Biotreibstoffe der sogenannten ersten Generation, vor allem ihr noch stärkerer Einsatz, waren nachhaltig in Verruf geraten. Ein untrügliches Zeichen des Umdenkprozesses war, dass sich auch ein neuer Name für das Produkt durchzusetzen begann: »Agrotreibstoffe«.

## Raubbau für Spritpflanzen

Zu all den anderen Problemen kam hinzu, dass sich Treibstoff aus Mais, Weizen und Raps höchstens als eine von vielen Möglichkeiten entpuppte, die klimaschädlichen Emissionen des Fahrzeugverkehrs zu senken. Lediglich um 0,8 Prozent wird die Treibhausgas-Belastung derzeit durch den Einsatz der Biotreibstoffe verringert. Dazu kritisieren zahlreiche Wissenschaftler, dass höchstens Zuckerrohr aus Brasilien, aufgrund seiner hohen Effizienz bei der Ethanol-Produktion, eine »echte« Entlastung der Kohlendioxidemissionen des Verkehrs bringen würde. Weizen, vor allem Mais, würde diese Werte nicht einmal im Ansatz erreichen. Berechnet man aber alle Faktoren mit ein, auch den hohen Einsatz von Düngemitteln, die massiv das Klima schädigen und den Verlust der Speicherkraft von Böden und die Abholzung des Regenwalds verursachen, scheint der Effekt umgekehrt.[81] Somit ist selbst der »Vorteil« des Zuckerrohrs schnell verpufft.

Welche Dimensionen das Projekt »Biotreibstoff« bislang schon erreicht hat, zeigt sich beispielsweise im indonesischen Teil der Insel Borneo. Urwälder wurden planiert, um schier endlos großen Palmölplantagen Platz zu machen, gleichzeitig verschwanden zusehends die Anbauflächen für Lebensmittel. Der Palmölverbrauch hat sich in den vergangenen zehn Jahren weltweit etwa verdoppelt. Bislang wurde das Öl vor allem zu Margarine oder auch zu Lippenstift weiterverarbeitet. Jetzt wird daraus Biosprit gewonnen. Um vom rasant steigenden Bedarf zu profitieren, will die indonesische Regierung 20 Millionen Hektar für Plantagen freigeben, das entspricht einer Fläche vom Fünffachen der Schweiz.

Dazu kommt, dass die Beimischungsziele der Europäischen Union selbst in der nunmehrigen schaumgebremsten Version ohne Importe aus den tropischen Ländern kaum zu schaffen sind. Die Felder reichen einfach nicht aus, weshalb der Anbau ausgelagert werden muss. Doch schon jetzt sind Länder wie Indonesien gezwungen, Reis, Zucker und Soja zu importieren, weil der eigene Anbau ungenügend ist. Palmöl, für viele Indonesier die einzige Fettquelle, ist um 50 Prozent teurer geworden. Doch statt die eigene Bevölkerung zu ernähren, setzt die Regierung schon jetzt auf den Export. Weil auch amerikanische Bauern darauf setzen und statt Soja nun Mais anbauen, verteuert sich das importierte Soja um 125 Prozent.[82]

Es sei eine bedrohliche Entwicklung, so die Analyse der Forschungsgruppe »Grain«, die bei weitem nicht auf Südostasien beschränkt ist. Auf den 23 Millionen Hektar Land, auf denen in Brasilien

Zuckerrohr für Bioethanol angebaut wird, könnten Nahrungsmittel für eine vegetarische Ernährung von bis zu 450 Millionen Menschen angebaut werden. Dazu geht der Ausbau der Rohstoffe für Biotreibstoffe, die begehrte Devisen bringen, zügig weiter. Die indische Regierung will 14 Millionen Hektar zur Kultivierung der Buschpflanze Jatropha investieren, welche für die Biodieselproduktion sehr geeignet ist. Selbst in den von Hunger besonders betroffenen Ländern der Sahara kursieren Überlegungen, auf den spärlichen Anbauflächen Raum für die Boom-Pflanzen für den Export zu schaffen.

Der Ökonom und Nobelpreisträger Paul Krugman warnt seit langem vor den katastrophalen Folgen dieses Schwenks: »Jedes Stück Land, das dazu verwendet wird, Biotreibstoffe anzubauen, ist Land, das bei der Lebensmittelproduktion fehlt. Förderungen und Steueranreize für ihren Einsatz sind ein wesentlicher Faktor, der zur Nahrungsmittelkrise beiträgt. Oder man könnte es auch so sagen: Man lässt Menschen in Afrika hungern, damit amerikanische Politiker in den Bundesstaaten mit einem hohen Anteil von Farmern ihre Wähler hofieren können.«[83]

## ÖLPREIS UND NAHRUNGSMITTELPREIS VERFLECHTEN SICH

Es ist in Wahrheit ein Kampf epischen Ausmaßes: zwischen den 800 Millionen Autofahrern, die ihre Mobilität um jeden Preis erhalten wollen, und jenen zwei Milliarden Menschen, die so wenig verdienen, dass sie kaum genug zu essen haben. Doch Hunger wurde – und wird – nicht bloß durch den Ersatz von fossiler Energie durch vermeintlich grüne Energie gemacht. Die historischen Preisschübe bei Erdöl und Erdgas schränkten den ohnehin bedrohlich knappen finanziellen Spielraum dieser Menschen zusätzlich ein. Ausgaben für Treibstoff stellen etwa unter den Ärmsten Asiens – und zwar sowohl bei der Stadt- wie auch bei der Landbevölkerung – den zweithöchsten Haushaltsbudgetposten dar.[84]

Doch die Dynamik, die durch die hohen Preise für Erdöl einsetzte, verlief auf vielen Ebenen, wurde zum Selbstläufer der Teuerung. Erdöl bewegt nicht bloß uns, es hält den Motor von fast allem, was wir brauchen, am Laufen; oder in den Worten von Claus Sauter, Boss des deutschen Bioenergiekonzerns »Verbio«: »Energie ist das Blut der Welt. Und wenn der Preis für Öl steigt, folgen dem Trend alle Waren.«[85]

Der Effekt wirkte bei den Grundnahrungsmitteln doppelt: Fast identisch begannen sich die Preiskurven jener Weizen- und Maissorten, die auch für die Treibstoffproduktion verwendet werden, an die Teuerungsrate von Erdöl anzupassen. Dazu verteuerten die hohen Energiepreise alle Bereiche der Lebensmittelproduktion. Von Januar 2004 bis August 2008 stieg der Preis für Rohöl um 339 Prozent – auf der Basis von Dollar gerechnet. Die energieintensiven Folgeprodukte zogen mit; vor allem wichtige Dünger, die in der Landwirtschaft eingesetzt werden.

Würde man lediglich die Energie, die Kraft, die es kostet, um Ackerbau zu betreiben, in die Kraft von Sprengstoff umrechnen – auch dies ist ja bloß gebündelte Energie –, wird allein auf den endlosen Feldern des US-Bundesstaates Iowa das Äquivalent von 4000 Atombomben der Stärke, wie sie über Nagasaki abgeworfen wurden, gebraucht, um Weizen, Soja und Mais wachsen zu lassen. Im Urzustand bestand die Landschaft hier aus Prärie, aus Weidegras. Heute ist der Bundesstaat, von den urbanen Zentren abgesehen, ein einziger goldener Acker. Nur jetzt ist die Farbe Gold gemeint, nicht der Wert.

Aus botanischer Sicht betrachtet, ist diese Form der Landwirtschaft Raubbau: Die Erosion verwandelt nicht bloß Iowa, sondern den gesamten Getreidegürtel der USA in den berüchtigten »dust bowl«, die Staubschüssel. Um die verlorene Fruchtbarkeit des Bodens auszugleichen, muss pro Acker so viel Dünger auf Basis von Erdöl eingesetzt werden, dass damit 20 Liter Benzin erzeugt werden könnten.[86]

Das Problem beschränkt sich nicht auf die USA: Da weltweit kaum neue Ackerflächen hinzukommen, sondern infolge des veränderten Klimas sogar verlorengehen, ist man vor allem mittels des Einsatzes von Düngern dazu übergegangen, aus fossilen Brennstoffen Ernähung zu machen. Der als »Grüne Revolution« bezeichnete Innovationsschub zur Verbesserung der landwirtschaftlichen Erträge während der 1950/60er-Jahre verbesserte vor allem in Asien die Versorgung der Bevölkerung mit Lebensmitteln. Weltweit steigerten sich die Erträge um 250 Prozent.

Diese Trendwende veränderte die Agrarproduktion von Grund auf. Kernstück dieser Entwicklung war der massive Einsatz fossiler Ressourcen. Freilich ist diese Gleichung in ihrer Gänze nicht so einfach, da wissenschaftliches Know-how speziell bei Bewässerungsfragen eine tragende Rolle spielte. Doch der Einsatz von motorisierten Geräten, von Düngern, die derzeit ein Drittel des Energieverbrauches in der Landwirtschaft ausmachen, und auch der Transport der neuen landwirtschaftlichen Zusatzerträge basiert maßgeblich auf dem Vorhandensein von ausreichend Energie, meist in Form von Erdöl. Im Vergleich zur traditionellen Landwirtschaft verbraucht ein industrialisierter Betrieb zwischen 50 und 100 Prozent mehr Energie. Ein Beispiel, errechnet vom US-Landwirtschaftsministerium, illustriert diese enge Verflechtung: Die Aufzucht eines Rindes in den USA bis zur Lieferung des Fleisches an die Konsumenten verschlingt 20 Liter Öl.[87]

Für jede einzelne Kalorie an Nahrungsmitteln, die wir zu uns nehmen, wird mindestens eine Kalorie aus fossilen Brennstoffen verwendet; im globalen Schnitt wohlgemerkt. Am Beispiel USA – freilich muss man ergänzen, dass es sich hier um jene Kultur handelt, die am meisten Energie verschwendet – zeigt sich, wie rasant dieser Wert während der vergangenen 50 Jahre zugenommen hat. 1943 lag die Ratio noch bei 2,3 Nahrungskalorien zu einer Erdölkalorie, derzeit liegt der Faktor bereits bei 1:10; der Treibstoff für Transport und Fahrten zu Einkaufszentren noch nicht mit eingerechnet. David Pimentel, Experte für Ernährungs- und Energiefragen der US-Universität Cornell, hat berechnet, dass die globalen Erdölreserven binnen sieben Jahren aufgebraucht wären, würde jeder Mensch auf der Erde Nahrung zu sich nehmen, die so energieintensiv wie jene in den Industrieländern produziert wird.[88] Dazu nur zwei Beispiele: Um eine Dose einer Limonade herzustellen, die zirka 200 Kalorien an verwertbarer Energie für einen Menschen beinhaltet, sind 2200 Kalorien an Erzeugungsenergie nötig – und zwar allein für Verpackung und Transport. Um aus Getreide die beliebten Frühstücks-Körner-Mischungen herzustellen ist 32-mal so viel Energie nötig wie für Mehl, das genauso viele Kalorien liefert.[89]

Einer der stärksten Effekte der Verteuerung von Erdöl zeigt sich so auch in den gestiegenen Transportkosten. Der Motor des globalen Handels mit Nahrungsmitteln ist Öl. Es ist ein empfindliches System: Zu teure oder angesichts der klimatischen Bedingungen zu aufwendige Produktionsstandorte wurden dorthin verlagert, wo gut und billig produziert werden konnte. Kurz: Die Agrarproduktion wurde zu einem der Hauptschauplätze der Globalisierung, mit Rohöl als Schmierstoff. Angesichts der Verteuerung gerät dieses System nun aus den Fugen. So sind beispielsweise die Frachtkosten eines 40-Fuss-Containers von Asien in die USA binnen eines Jahrzehntes von 3000 auf 8000 Dollar gestiegen.

Die Reedereien reagierten bereits: Das Tempo der Schiffe wurde um ein Fünftel reduziert, um Energie zu sparen. Doch damit läuft das System gleich doppelt aus dem Ruder. Zum einen wirken die erhöhten Transportkosten wie eine Ausfuhrsteuer und das »Just in Time«-Konzept des globalisierten Lebensmittelhandels funktioniert nicht mehr. Der US-amerikanische Ökonom Larry Rohter verfasste soeben eine Analyse der Folgen der hohen Treibstoffpreise. »Angesichts dieser Kosten wird es eben keine Heidelbeeren im Frühling oder Avocado-Salat im Januar mehr geben. Außer natürlich, wir wären bereit, für Obst außerhalb der Saison Preise wie für Rindsfilet zu bezahlen.«[90] – Diese Veränderung unserer klimaschädlichen Ernährungsgewohnheiten wäre freilich der einzig positive Effekt des Ölschocks in unseren Supermärkten.

# 4 GOLDGRÄBER AM GRÜNEN ACKER

»Wenn es schlimm kommt, läuft es wie im Horrorfilm: Der Wissenschaftler starrt auf seinen Bildschirm, sieht eine unerklärliche Kurve und merkt nicht, dass die Katastrophe ihm schon über die Schulter lugt«, schrieb Thomas Hanke, Kolumnist des deutschen »Handelsblattes« im Mai 2008: »Ganz ähnlich verhält es sich möglicherweise bei den Nahrungsmittelpreisen. Die Kurve steigt und die Fachleute fragen sich: Liegt das ganz einfach am Appetit der schnell wachsenden Mittelklasse in den Schwellenländern? Oder baut sich gerade eine monströse Spekulationsblase auf, die arme Länder bald in Hungerkatastrophen und später, nach dem Platzen, die Agrarproduzenten in den Ruin treibt?«[91]

Er dürfte mit seiner Vermutung richtig gelegen sein. Nur ein halbes Jahr, nachdem im Frühling 2008 an den wichtigsten Rohstoffbörsen der Welt Rekordpreise geboten wurden, verpuffte das schnelle Geld mit Weizen, Mais und Soja; bereits im August waren alle Zuwächse der Vormonate verloren gegangen.[92] Nur wo ist das Geld hingekommen? Wer hat an den Rekordkursen für Getreide, den hohen Preisen für Nudeln, Reis und Fladenbrote rund um den Erdball schlussendlich verdient? – Hohe, eigentlich gigantische Gewinne streiften vor allem multinationale Konzerne ein. Und es waren jene Produzenten, die an der Börse aktiv sind und bereits im Frühlingshoch der Kurse ihre Lieferungen der Erntesaison an den Börsen verkauften, die kräftig verdient haben. Doch dazu später.

Nur welche Rolle spielten die Spekulanten, die, als »gesichtslose Zocker« beschimpft, die internationalen Börsen in ein Casino verwandelt und mit den Grundnahrungsmitteln der Menschheit Roulette gespielt haben sollen? Die Kursrallye zwischen Anfang 2006 und Mitte 2008, wo Reis um 217, Weizen um 136, Mais um 125 und Sojabohnen um 107 Prozent zulegten, ist nicht nur mit der Verknappung des Angebots durch Biotreibstoffe und der Steigerung der Nachfrage zu erklären. Hedgefonds, Pensionskassen und Investmentbanken wurden durch die heftigen Kursbewegungen angelockt. Mit dem Auf und Ab der Kurse verdienten sie Geld, nicht mit dem Rohstoff selbst.[93]

## Die große Wette mit den Nahrungsmitteln

Ein Drittel der Preissteigerungen von Lebensmitteln zwischen 2007 und 2008 geht auf das Konto dieser Spekulanten, vermuten Experten der Weltbank, der Organisation für Ernährung und Landwirtschaft der Vereinten Nationen (FAO) sowie der Umweltorganisation UNEP. Eine Analyse des »International Food Policy Research Institute« legt aber auch nahe, in dem Börsenhoch ein Symptom eines Nahrungsmarktes zu sehen, »der gänzlich aus den Fugen geraten ist«. Sprich: Die Spekulationsblase war Symptom der Krise, verstärkte sie, war aber nicht ihre Wurzel.[94] »Die mystische Vorstellung, dass einzig Spekulation angeblich die Preise treibt, macht mich wahnsinnig«, versucht der US-Ökonom Paul Krugman, der im Jahr 2008 den Nobelpreis bekam, die Schuldzuweisungen zu relativieren. »Das Problem der Nahrungsmittelknappheit durch Spekulation wird erst verschärft, wenn es eindeutig wird, dass der Handel mit Termingeschäften dazu führt, dass Waren gehortet werden.«

Allerdings gibt es viele Indizien dafür, dass durch eine künstliche Verknappung am Markt an der Preisschraube gedreht worden ist. Und Spekulation an den Börsen beginnt auch dann die Märkte zu schädigen, wenn die Werte der Termingeschäfte, die an den Börsen gehandelt werden, völlig den Bezug zum Wert der Produkte am Markt verlieren. Auch das geschah; zumindest für kurze Zeit.

Investiert und spekuliert haben vor allem Hedgefonds. Das sind Anlegerfirmen, meist mit Sitz in Steueroasen, die gegen häufig höhere Risiken auch höhere Gewinne versprechen; dies hauptsächlich durch den Einsatz von Derivaten wie Termingeschäften, auch »Futures« und »Forwards« genannt, und Optionen. Das heißt, sie handeln nicht mit den Produkten selbst, sondern mit Verträgen darüber, dass diese Produkte zu einem bestimmten Zeitpunkt verfügbar sind, also mit Wetten auf die Kursbewegungen dieser Verträge. Ingesamt sind – oder waren – Hedgefonds das am schnellsten wachsende und sich verändernde

Segment des modernen Finanzwesens. Und sie sind, wie sich spätestens mit dem Einsetzen der Finanzkrise im Herbst zeigte, auch das problematischste Segment.

Nach Angaben der Bank für Internationalen Zahlungsausgleich betrug der Nominalwert aller weltweit ausstehenden Derivate-Kontrakte auf Rohstoffe und auf Finanzprodukte im ersten Halbjahr 2008 mehr als 638 Billionen Dollar. Allein in den ersten sechs Monaten stieg der Wert um 15 Prozent, seit 2006 nahm er um 250 Billionen Dollar zu. Im Rohstoffhandel steigerte sich das Anlagevermögen in Derivate im ersten Halbjahr 2008 um 56 Prozent.[95] Allerdings kam mit der frischen Jahreszeit und der einsetzenden Finanzkrise die mehr als herbe Ernüchterung. Bis zu einem Fünftel sackten manche Hedgefonds in den Keller, deren Geschäfte mit diesen Derivaten zu einem beträchtlichen Teil auf Kreditbasis liefen. Die Blase war geplatzt und Insider sprachen von der größten Krise dieser Branche seit es sie gibt.[96]

Auch das Lebensmittelpreis-Hoch war zu diesem Zeitpunkt passé, der Höhenflug Geschichte. Übrig blieben jene, die nicht von den Kursentwicklungen, von Wetten darauf leben, sondern vom Produkt selbst. Sie funkten SOS. Allerdings ergebnislos. Eine Analyse, gar eine Prognose, schien zu diesem Zeitpunkt nicht möglich. Der Handel mit Grundnahrungsmitteln geriet unter die Räder der gigantischen Krise. »Vielleicht steigen die Preise, vielleicht fallen sie: Unsere Märkten verhalten sich so verrückt wie niemals zuvor«, musste Sue Martin, Inhaberin der renommierten Beratungsfirma AgInvestors, die im »Getreidegürtel« Amerikas tätig ist, im Herbst 2008 eingestehen; und dies, obwohl sie seit 30 Jahren den Getreidehandel in den USA mitprägt und genau kennt. »Die klassische Markttheorie würde eigentlich nahe legen, dass bei schwachen Finanzmärkten die Anleger in Waren gehen. Doch ich bin geschockt, wie stark der Einbruch des Dow Jones Industrie-Index auch die Kurse für Mais und Soja mit nach unten gerissen hat. Das ist nicht oft so gewesen. Freilich sind Kurseinbrüche zur Erntezeit normal. Aber diesen Frühling und Sommer haben Hedgefonds erst eine enorme Kapitalmenge in Waren gepumpt und nun vollziehen sie einen wahren Exodus und unsere Märkte brechen zusammen.«

# Hungermacht der Börsen:
# Achterbahn der Krisen-Kurse

Ernst Gauhs blickt an diesem Oktobertag 2008 wie jeden Morgen mit stetig wachsender Sorge auf die aktuellen Börseberichte. Er ist Bereichsleiter für landwirtschaftliche Erzeugnisse der Raiffeisen Ware Austria AG, verwaltet die Erträge, die Österreichs Bauern ans Lagerhaus abliefern. Es war für ihn, gelinde gesagt, ein turbulentes Jahr. Dem Preishoch vom Frühjahr 2008 folgte ein regelrechter Absturz der Kurse: »Sehen Sie sich das an, was gestern in Chicago passiert ist: Die Termingeschäfte gehen talwärts. Mit 155 Euro pro Tonne wurde gestern eine Tonne Weizen gehandelt. Noch vor einer Woche lagen die Preise bei 175 Euro. Im März dieses Jahres waren es noch 300 Euro pro Tonne.«

Gauhs greift nach Block und Stift und skizziert die Kurssprünge des Jahres 2008: eine Linie, die steil nach oben führte, dann ebenso steil nach unten sackt. »Wissen Sie«, sagt er und deutet auf das soeben erreichte Wellental, »wissen Sie, was jetzt passiert? – Die Bauern, die jetzt ihr Getreide verkaufen, verlieren Geld. Die Kosten für Betriebsmittel, die gleichzeitig empfindlich gestiegen sind, liegen höher als das, was sie jetzt einnehmen. Mit einem Trend, sei es Richtung höhere oder niedrigere Preise, kann man ja irgendwie umgehen. Was uns aber derzeit zu schaffen macht, ist dieses Auf und Ab. Diese Volatilität.«

Gauhs setzt die Kurve ab dem Wellental fort. Es ist ein fast vertikaler gerader Strich nach oben: »Das wird jetzt passieren. Wenn Bauern kein Geld verdienen, sinkt die Produktion, sie legen Flächen still, investieren weniger in teure Produktionsmittel. Die Versorgung verknappt sich und die Preise steigen wieder nach oben. Noch höher, als es schon der Fall war, denn der globale Verbrauch nimmt zu. Deshalb habe ich eine Antwort für sie, was Hunger entstehen lässt: wenn die Preise zu niedrig, nicht wenn die Preise zu hoch sind.«

Kurzfristig könnten, so Gauhs, die Konsumenten durchaus profitieren: »Mit einiger Zeitverzögerung werden sie wieder Billigstangebote sehen. Dann können sie wieder zwanzig Semmeln zum Preis von zehn Stück kaufen, doch langfristig wird dies ein massives Problem geben. Denn eines wissen wir mit Bestimmtheit über die Zukunft: Die Weltbevölkerung nimmt zu, der Bedarf wird dramatisch steigen.«

2008 brachte eine Rekordernte. Laut Schätzungen des »International Grain Council«[97] wurde um 5 Prozent mehr an Getreide als im Vorjahr produziert. Nahrung in Hülle und Fülle, die durch das reichliche Angebot auch langfristig wieder billig wird, bedeutet dies allerdings nicht. Wie beim Boom sind auch jetzt beim Zusammenbruch die Regeln außer Kraft gesetzt. In dem Marktbericht des »Grain Council« im Krisenmonat Oktober 2008 wird betont: »Die heftigen Marktturbulenzen, ausgelöst durch die Finanzkrise, spiegelten sich auch in einem steilen Kursverfall der Termingeschäfte für Weizen in den USA. Sie erreichten ein Minus von 50 Prozent.« Selbiges passierte in Asien, wo die Reispreise an den Börsen bis Mitte November um 21 Prozent nachgaben, den niedrigsten Stand seit Jahresbeginn 2007 erreichten; allerdings noch immer auf deutlich hohem Niveau im Vergleich zu früher blieben.

Der Agrar-Investmentberater Dan Passe, Präsident der Firma AgInvest, warnt jedoch wie auch der Experte Gauhs davor, angesichts der niedrigen Kurse Preis-Entwarnung zu geben. »Die immer hungrigere Welt muss sich 2009 auf eine schwache Ernte einstellen«, befürchtet er. »Ich rechne mit einem deftigen Minus von etwa 4 Prozent bei der Weizenernte 2009 und denselbem Trend für Soja und Mais.« Auch er geht davon aus, dass der Preiszusammenbruch nach dem Höhenflug abermals zu einer Teuerungswelle führen kann. Bremsend wirkt auch in diesem Punkt die globale Finanzkrise. Für kleine Bauern wurde es schier unmöglich, Kredite für nötige Anschaffungen zu bekommen, die großen Betriebe haben mit Verzögerungen der Kapitalflüsse und wenigsten vorerst mit empfindlich höheren Zinsen zu rechen.

Dazu bedeuten niedrige Preise für Ernten auch weniger Investitionsspielraum für die neue Aussaat. Der Hungerkreislauf geht weiter. In Europa begannen Landwirte angesichts der trostlosen Erlöse laut darüber nachzudenken, ein Jahr mit der Produktion zu pausieren, weil angesichts der konstant hohen Preise für Betriebsmittel, für Dünger und Kraftstoff, die Rendite zu gering sei. Ähnliche Überlegungen kursieren in den USA. Der Preis für Saatgut stieg dort um 45 Prozent, Diesel für Traktoren um 51 Prozent. »Wir müssen derzeit das Doppelte bis zum Dreifachen der Investitionen tätigen, um den Ertrag von früher zu erzielen«, sagt Bo Stone, der in siebter Generation einen landwirtschaftlichen Familienbetrieb in North Carolina führt. »Wir tragen derzeit ein Risiko, das so groß ist wie nie. Es reicht eine Saison mit einer wirklich schlechten Ernte und wir verlieren alles: unser Land, unsere Existenz.«

Dazu überlegten die US-Farmer im Ernteherbst des Teuerungsjahres, ob es überhaupt Sinn macht, die Produkte auf den Markt zu bringen. »Niemand verkauft zu den Preisen, die jetzt geboten werden, da lassen die Bauern ihre Ernte lieber in Lagern und warten ab«, sagt Bill Northey, der Landwirtschaftsminister des US-Getreidebundesstaates Iowa.[98] In Summe ergeben diese Faktoren ein hohes Risiko einer noch größeren Preisexplosion, da dieser Trend auch in jenen Ländern zu beobachten ist, wo Lebensmittel sehr dringend gebraucht werden. »Wir befürchten, dass die Zahl der Hungrigen dramatisch zunimmt, weil die Produktion einbricht«, sagt Abdolreza Abbassion, Generalsekretär der »Intergovernmental Group on Grains«. So wird mangels Geld für den Kauf des teuren Düngers allein in Brasilien die Ernte 2009 um ein Fünftel zurückgehen.[99]

Angesichts dieser Entwicklung zeigten sich im Herbst 2008 auch die Experten der Organisation für Ernährung und Landwirtschaft der Vereinten Nationen (FAO) alarmiert. Wirtschaftsexperte Concepción Calpe warnte vor einer massiven Verteuerung nach den Ernten von 2009 und 2010, »die zu einer noch wesentlich schlimmeren Hungerkrise führen könnte, als wir sie bereits erlebt haben. Niedrigere Produktion und höhere Preise könnten für weniger entwickelte Länder zu einem großen Problem werden. Durch die Finanzkrise ist es äußerst schwierig, ausreichend Kredite für die wahrscheinlich nötigen, aber immer teureren Nahrungsmittelimporte zu bekommen. Hält das volatile Klima an den Börsen an, bleiben die Liquiditätsprobleme bestehen, dann wird dies die Produktion verringern, weil nicht genug Mittel für die nächste Saat vorhanden sind.«[100]

## Wie der Boom entstand

Die stark schwankenden Börsenkurse von Nahrungsmitteln führten zu Hunger, aber zuvor machten sie risikofreudigen Anlegern großen Appetit. Die globale Lebensmittelkrise begann im Sommer 2007 mit einem Blinken auf den Computerschirmen des »Chicago Board of Trade«. Es bot sich eine rätselhafte Kurve. Drei Jahre waren die Preise für Weizen, Mais und Soja auf hohem Niveau konstant verlaufen, plötzlich allerdings stiegen diese Kurse radikal nach oben. Der erste Impuls kam von der gestiegenen Getreidenachfrage in Indien und China, die plötzlich dafür sorgte, dass die Geschäfte in Chicago vom Trab in den Galopp wechselten.

Doch nicht alle, die zu diesem Zeitpunkt investierten, wollten tatsächlich Getreide oder Soja kaufen, um Hühner zu füttern. Das Termingeschäft am Papier war interessant geworden, die »Futures« auf die heiß begehrten Ernten wurde binnen weniger Monate wertvoller denn je. Angeheizt wurde ihr Handel durch gigantische Kapitalzuflüsse von Anlegern, in vielen Fällen jenen der Hedgefonds. 2007 ließ der Zusammenbruch fauler Immobilienkredite die Aktienkurse in den USA schon einmal purzeln. Spekulanten gerieten unter Druck, die Wertentwicklung ihrer Fonds zu garantieren. Die bereits boomenden Rohstoffmärkte am »Chicago Board of Trade« schienen angesichts der Stürme an der New Yorker Wall Street ein sicherer Hafen und ein guter Nährboden für die Erträge aus Wetten auf die Kursverläufe. »Niemand möchte mit Hunger reich werden, aber die möglichen Profite im Agrarsektor könnten als wirksamer Polster gegen andere Verluste sehr hilfreich sein«, empfahl zu diesem Zeitpunkt ein Newsletter der Branche, »Money and Market«, seinen Abonnenten.

Der Trend erstreckte sich rund um den Globus. Im März 2008 – so eine Analyse der Citygroup – handelten weltweit Investoren Termingeschäfte mit Rohstoffen im Wert von 400 Milliarden Dollar; das betraf Agrar-Rohstoffe ebenso wie metallische Rohstoffe und Öl. Dieser Wert war doppelt so hoch wie jener von 2005. Von einem »Super-cycle« der Branche war die Rede, den alle Rohstoffe gemeinsam hatten: einer Phase, wo die Gewinne erst so richtig anliefen. Ab spätestens diesem Zeitpunkt wurde die Goldgräberstimmung an der

Rohstoffbörse von Chicago zum Selbstläufer; der Handel mit Termingeschäften Motor einer Kursrallye. Das System, das ursprünglich als Preisstabilisierung für Bauern gedacht war, wurde spätestens ab 2007 zu einem Tummelplatz von Finanz-Glückspielern.

1848 wurde in den USA der »Chicago Board of Trade« gegründet. Die Termingeschäfte an der Börse sollten den Bauern helfen, ordentliche Preise für ihre Produkte zu erzielen und ihre Ernten abzusichern. Am Prinzip hat sich seither nichts geändert. Noch bevor es den Weizen oder Mais tatsächlich gibt, wird die Lieferung des Rohstoffes zu einem bestimmten Preis verkauft. Für Bauern kann dies einen wichtigen Baustein zur Sicherung ihrer Existenz bedeuten, weil nicht mehr alle alles gleichzeitig verkaufen. Indem sie ihre Produktion im Voraus weitergaben, also lange vor der Ernte, wurden die Preise abgesichert. Daher rühren auch die Begriffe »Future« bzw. »Termingeschäft«. Verkäufer der Ware auf Termin sind meist Großbauern, Produktionsgenossenschaften oder Händler. Auf der Käuferseite stehen die Abnehmer wie große Bäcker und andere Verarbeiter. Damit der Markt liquide ist und weil sich damit Geld verdienen lässt, engagieren sich auf beiden Seiten auch Spekulanten. »Ohne sie kann der Terminmarkt nicht funktionieren«, sagt Glen Hollender, Chef des Brokerhauses »Hollander & Feuerhaken«. Spekulanten gehörten also von Anfang an dazu, auch noch zu Zeiten, als die Börse von Chicago zwar längst der weltweit entscheidende Marktplatz für Mais, Weizen, Soja und Hafer war, sich Händler, Lieferanten und Abnehmer aber noch persönlich kannten.

Lange belächelten die smarten Broker der New Yorker Wall Street dieses bäuerlich geprägte Finanzzentrum im Mittleren Westen, bis es 2006 mit der Einführung des elektronischen Handels erst zu vibrieren und dann zu kochen begann. Von 55 000 Transaktionen zu diesem Zeitpunkt schnellte der Wert mit Anfang 2008 auf 130 000 hoch. Die Terminbörse wurde zum großen Geschäft, ohne dafür gerüstet zu sein. Um etwa die komplette Getreideernte der USA zu kaufen, braucht man 120 Milliarden Dollar. Die Devisenmärkte an der Wall Street machen drei Billionen Dollar aus. Es war also kein Wunder, dass der Markt in Chicago völlig aus den Fugen geriet, als sich plötzlich eine Kapitalflut von bis zu 2 Milliarden Dollar auf etwa ein Dutzend an der Börse gehandelter Agrarprodukte ergoss.[101]

So etwas habe man noch nie erlebt, stöhnten die Broker in Chicago. Lange galten Geschäfte mit Rohstoff-Spekulationen als Sache von bestinformierten Experten. Plötzlich brach jedoch eine Flut von Kapital in den Markt ein. Im April 2008 schritt sogar die Aufsichtsbehörde, die »Commodity Future Trading Commission«, ein und veranlasste eine Anhörung über die Rolle der vielen neuen Spekulanten. »Das hat eine neue, sehr besorgniserregende Dimension angenommen«, bilanzierte David Lehman, Chefökonom der Börse in Chicago, bereits im Mai.[102]

Es waren tatsächlich neue Dimensionen. Das Vermögen, das im Jahr 2008 hier bewegt wurde, war gigantisch. Im Jahr 2000 machte das Handelsvolumen an der Warenhandelsbörse in Chicago 10 Milliarden Dollar aus; im Mai 2008 lag der Wert bereits bei 178 Milliarden Dollar. Bislang konnte man davon ausgehen, dass Spekulationen mit der Entwicklung des Weizenpreises des »Chicago Board of Trade« zirka das Zwanzigfache des Umfanges der jährlichen US-Ernte ausmachen. 2008 war es die 80-fache Menge. David King, Generalsekretär der »International Federation of Agricultural Producers«, gibt vorsichtig zu: »Man muss einräumen, dass Finanzspekulationen einen sehr großen Einfluss auf den Anstieg der Lebensmittelpreise hatten, wenn es auch schwer ist, zu sagen, in welchem Umfang dies geschah.«[103]

## Heftige Systemkritik

»Kriminell«, nennt dies Martin Schulz, Fraktionsführer der Sozialdemokraten im Europaparlament. »Es ist eine Perversion, dass es heute möglich ist, dass Leute auf den Anstieg von Kursen setzen und damit sie Gewinn machen können, die Preise durch künstliche Verknappung hochtreiben. Das bedeutet Hunger für die einen und Profit für die anderen.«[104] Die enormen Kursschwankungen für Getreide schickten die Produzenten, also die Bauern, und gleichzeitig die Konsumenten auf eine schwindelerregende Achterbahnfahrt der Preise. Mit, wie schon aufgezeigt wurde, tödlichen Folgen für die Ärmsten der Welt. »Ob wir von Hungerprotesten, verlorenen Pensionen oder destabilisierten Regierungen sprechen, egal wie verschieden die Problemkreise auch sein mögen, handelt es sich doch um das gleiche Problem, vor dem wir heute stehen: das Versagen der Politik, die das Wohlergehen auf fundamentalistischen Kapitalismus gesetzt hat«, so Annie Shattuck, Expertin der globalisierungskritischen Organisation »Food First«.[105]

Es sind aber auch Vertreter des Systems selbst, die sich ob der Zerstörungskraft des völlig frei marodierenden Kapitalflusses ernsthaft sorgen. Etwa der 78-jährige US-Milliardär George Soros, der bekannteste Spekulant der Welt. Er geht hart ins Gericht mit jenen, die so wie er Milliarden an den Börsen scheffelten: »Spekulanten haben eine riesige Blase geschaffen, die über allem steht. Ihre Glücksspielermentalität hat die Preise verzerrt, vor allem am Rohstoffmarkt. Was sie getan haben, war so, als würde man inmitten einer Hungersnot Lebensmittel horten, nur um von den Preisen zu profitieren, weil sie auf die steigenden Kurse gewettet haben. Das darf einfach nicht erlaubt sein. Es darf vor allem den großen US-Pensionsfonds nicht erlaubt sein, in Rohstoffe zu investieren.«[106]

So hat im Februar »Calpers«, der 242 Milliarden Dollar schwere Pensionsfonds der öffentlichen Angestellten Kaliforniens, angekündigt, sein Engagement in Rohstoffen auf 7 Milliarden Dollar zu erhöhen. Die Lehrerpensionskasse Pennsylvanias investierte 2,3 Milliarden Dollar in Rohstoffe, auch die größten Pensionskassen Europas, etwa die niederländischen ABO und PGGM, folgten dem Trend. Die gesichtslosen Anleger, die wie gesagt als Zocker tituliert wurden, werden aber mit der Zeit selbst zu Menschen, die an den hohen Preisen in den Supermärkten leiden. Es sind auch jene, die ihre Altersvorsorge oder die Tilgung ihres Hauskredites durch Fondsgeschäfte ein wenig lukrativer machen wollten.

## Supermärkte und Bauern: Was sie wirklich verdien(t)en

Freilich konnten auch jene Erzeuger, also Bauern, die mittels Termingeschäften ihre Ernte schon im Mai verkauft haben, am Ende des turbulenten Jahres 2008 mit Gewinn aussteigen und von der Spekulationsblase profitieren. Derzeit sichern bereits einige der österreichischen und zirka 10 Prozent der deutschen Bauern ihr Getreide direkt an den Terminbörsen ab; allerdings kann hier nur einsteigen, wer mehr als 50 Tonnen produziert. Und die oben schon ausführlich beschriebenen Turbulenzen machten den Produzenten zu schaffen. Weizen-»Futures« an der europäischen Leitbörse, der Euronext.Liffe in Paris, standen in den späten Herbstmonaten bei zirka 140 Euro pro Tonne. Diese Schwelle war jedoch kaum zu halten, geschweige denn zu überwinden. Wer also zu spät dran war oder auf einen noch höheren Preisanstieg gepokert hatte, musste massive Verluste hinnehmen.

Bis zum Einbruch dieser Kurse haben viele Bauern in Österreich und Deutschland so gut verdient wie schon lange nicht mehr; wenigstens bis zu diesen kritischen Wintermonaten 2008. Gerd Sonnleitner, Präsident des deutschen Bauernverbands, geriet im Sommer des Teuerungsjahres geradezu ins Schwärmen: »Das ist die wahre Agrarwende, die Nachfrage ist größer als das Angebot.« Einkommenszuwächse von 5 bis 10 Prozent verzeichneten die deutschen Bauern. Ihre Exporte erreichten dazu Rekorde: Sie stiegen schon 2006 um 10,6 Prozent auf mehr als 40 Milliarden Euro und wuchsen 2008 ebenfalls zweistellig auf 46 Milliarden Euro an. An den EU-Subventionen, die zwar von der Produktion abgelöst und einem »Gesundheitscheck« unterzogen wurden, änderte sich trotzdem wenig. Ein deutscher Bauer, eine deutsche Bäuerin konnte noch immer mit durchschnittlich 25 000 Euro Hilfe aus Brüssel rechnen.[107]

Und wie sich im Jahresverlauf zeigte, brauchten sie diese Unterstützung auch dringend. Der Getreideexperte der deutschen Bauernvertretung, Jürgen Kliem, zeigte sich im Herbst 2008 alarmiert: »Es ist eine sehr prekäre Lage.« Der noch eben so prosperierende Exportmarkt geriet angesichts der internationalen Kreditkrise ins Wanken, Produktionsmittel wurden rapide teurer. Dazu sanken die Abnehmerpreise auf den niedrigsten Stand seit zwei Jahren.[108]

Ähnlich verlief es in Österreich. Laut dem »Grünen Bericht« des Landwirtschaftsministeriums steigerte sich der Gewinn der Bauern 2007 um über 14 Prozent; das Plus erklärte sich wie schon im Vorjahr zu einem beträchtlichen Teil aus dem steigenden Profit der Getreidebauern. Die Bilanz der österreichischen Interessenvertretung

»Land&Forst Betriebe« las sich aber schon im Spätsommer 2008 äußerst pessimistisch. Mit Verlusten von 500 bis 600 Euro pro Hektar wäre demnach zu rechnen; vor allem aufgrund von Qualitätsverlusten durch schlechtes Wetter. Fallende Preise und hohe Kosten sorgten zudem für eine problematische Lücke zwischen Input und Output: Bei Schwefeldünger hätte man beispielsweise eine Preissteigerung von 1000 Prozent verkraften müssen. Laut Statistik Austria sind die Preise für Düngemittel und agrochemische Erzeugnisse zwischen September 2007 und 2008 mit 93,2 Prozent um das Doppelte gestiegen.[109]

»Ich bin mir nicht sicher, ob sich hier in Österreich jemand eine goldene Nase mit den hohen Lebensmittelpreisen verdient hat. Wir sind in einer, international betrachtet, sehr abhängigen Situation«, so Franz Sinabell vom Österreichischen Wirtschaftsforschungsinstitut WIFO. Auf die Frage, wer von der Teuerung profitiert habe, nennt er erst einmal zu einem Teil die Bauern: »Allerdings eher im Jahr 2007, und da würde es sich vor allem um Getreidebauern handeln. Ob das 2008 noch der Fall sein wird, ist sehr fraglich.« Auf die Frage, ob auch Handelsketten das Klima der Teuerung nutzten, um ihre Preise anzuheben, verweist er auf noch laufende Analysen der Experten: »Wir müssen uns das noch im Detail ansehen.«

Der Vorwurf stand in Österreich das gesamte Jahr über im Raum: Zu hohe Preisspannen des Lebensmittelhandels seien an der Verteuerung der Lebensmittel schuld und nicht die Erzeugerpreise – behaupteten jedenfalls die Bauern. Sie illustrierten anhand von Rechenbeispielen, dass die hohen Preise an der Supermarktkasse nur wenig mit den Rekordtarifen für die Rohstoffe zu tun haben können. Zum Beispiel anhand einer Semmel. Sie kostete 2008 30 Cent, im Jahr zuvor waren es noch 25 Cent. Der Landwirt verdient laut dem deutschen Bauernverband an einer Semmel nur etwa 0,6 Cent. Durchschnittlich 29,4 Cent des Verkaufspreises und mehr als 4 Cent der Preiserhöhung gingen beim Kauf einer Semmel an Herstellung, Personal, Vertrieb und Werbung. Oder anders gerechnet: Beim Kauf von einem Kilo Brot entfallen laut der österreichischen Landwirtschaftskammer auf Getreide nur 7 Prozent, bei Semmeln sind es 3 Cent. So oder so: Die hohen Rohstoffpreise waren ein Problem für die ärmsten Länder, die große Importmengen auf einmal zu sehr hohen Preisen erstehen mussten. An den europäischen Supermarktkassen müssen noch andere Faktoren eine Rolle spielen.[110]

Haben die Handelsketten das Klima der Verteuerung also genützt, um stillschweigend ihre Gewinn-Margen zu erhöhen? Nicole Berkmann, Sprecherin von Spar Österreich, weist diese Möglichkeit dezidiert zurück: »Der Lebensmittelhandel hat überhaupt nichts an den höheren Preisen verdient, sogar im Gegenteil: Wir haben merkbar an Spanne verloren, weil wir in vielen Fällen die Preiserhöhungen, die wir von der Industrie erhalten haben, gar nicht in dem Ausmaß an die Konsumenten weitergeben konnten.« Anfragen bei der Rewe Group sowohl in Deutschland als auch in Österreich im Zuge der Recherchen für dieses Buch blieben unbeantwortet. In einer Aussendung vom Februar 2008 betonte die Rewe Group Austria, dass man die Preise aller 8500 Produkte kontrolliert und »lediglich ein Plus von 1,8 Prozent festgestellt habe«. Als Ursache der Teuerung geben Rewe wie auch die Sprecher der österreichischen Lebensmittelindustrie die um ein Drittel gestiegenen Energiekosten, etwa für den Transport, aber auch den Betrieb der Standorte, an.

Gleichzeitig zeigte sich aber, dass die Preise in Österreichs Supermärkten kräftiger anzogen als in den deutschen. Höhere Rohstoff- und Energiepreise betrafen aber beide Länder. Also gibt es hier doch eine Verzerrung durch den Handel? Ein Gutachten der Wettbewerbskommission im Juli 2008 hielt fest, dass bei Brot und Getreideerzeugnissen, bei Milch, Käse und Eiern und bei Säften der »österreichische« Beitrag zur Preissteigerung bei zirka der Hälfte des Plus lag. Die Experten empfahlen in dem Bericht den Aufbau eines Monitoring des Wettbewerbes und eine Überprüfung der Marktsituation.[111] Drei Handelsketten kontrollieren in Österreich den Großteil des Marktes. Nach der Übernahme von 75 Prozent der Kette ADEG verfügt die Rewe Group über 35 Prozent des Marktes. Die Nummer zwei, Spar, kommt auf 27,7 Prozent. Die gemeinsame Marktmacht der großen drei Handelsketten Rewe, Spar und Hofer beträgt knapp 83 Prozent. Markführer Rewe erfreut sich auch eines beträchtlichen Wachstums. Bereits 2007 wurde der Umsatz der Kette immerhin um 10 Prozent erhöht. Laut dem Beratungsunternehmen AC Nielsen haben steigende Lebensmittelpreise aber allen Handelsketten in Österreich auch im Jahr 2008 ein deutlich gestiegenes Wachstum beschert, übers Jahr gerechnet wird mit einem Plus von zirka 3 Prozent gerechnet.

In Deutschland hat die Ernährungsindustrie noch 2007 eine positive Entwicklung genommen. Plus 6 Prozent stieg der Umsatz der Handelsketten auf 146,8 Milliarden Euro. Im Jahr 2008 begann sich die Kurve ins Minus zu bewegen. Der deutsche Einzelhandel hatte für September 2,5 Prozent weniger Umsatz als noch im August 2008 verzeichnet – das ist der stärkste Rückgang seit über einem Jahr. Konzerne wie Rewe, Nummer zwei am deutschen Markt, wollen aber keinen Pessimismus aufkommen lassen und auch nicht an den hohen Preisen schuld sein. Er könne das Gejammere über die Einkaufsmacht des Handels nicht mehr hören, es sei »absoluter Quatsch«, sagt etwa Alain Caparros, Rewe-Chef in Deutschland: Die großen Lebensmittelhersteller hätten, auf den Umsatz bezogen, deutlich höhere Gewinne, so etwa Unilever mit 14 Prozent. »Schrumpft die Rendite noch mehr, werde es für den Einzelhandel immer schwieriger, mit Gehalt und Arbeitszeit im Wettbewerb um gute Arbeitskräfte zu bestehen.«[112]

Abermals wird der Ball also weitergespielt. Dieses Mal an die Erzeuger der Produkte. Doch die Großen der Branche hatten ebenfalls mit dem Teuerungsklima zu kämpfen. Hohe Preise bedrohten den Absatz der Produkte von Unilever, Danone, Nestlé, Kraft Foods & Co. Doch von einer Flaute konnte keine Rede sein. Weltmarkführer Nestlé freute sich über ein organisches Wachstum von fast 9 Prozent. Zweistellige Zuwächse vor allem beim Absatz in Asien halfen hierbei.[113] Nestlé steigerte seinen Umsatz in den ersten neun Monaten 2008 um 6 Prozent auf 2,56 Milliarden Euro und erwartet für das Gesamtjahr noch ein Plus von 5,5 Prozent. Das Umsatzplus rühre allerdings in erster Linie von den Preissteigerungen her, so der Deutschland-Konzernchef Gerhard Berssenbrügge. Es wird immer schwieriger, den Kunden in den klassischen Supermärkten noch mehr zu verkaufen als bisher. Die jüngste Krise haben auch bei Lebensmitteln zu einer leichten Zurückhaltung geführt«, so der Deutschland-Chef des Weltmarktführers, dem Marken wie Maggi, Thomi, Nescafé, Dolce Gusto, Hertha oder Mövenpick-Eis gehören. Mit rund 2,1 Prozent liegt die Handelsbranche beim Umsatz aber bereits im Minus. »Da sind wir mit unseren Zahlen noch ganz zufrieden«, sagte Berssenbrügge.[114]

# Pralle Gewinne der Multis

Wirklich großes Geld scheffelten im Teuerungsjahr aber Konzerne, deren Namen in Europa kaum einer breiten Öffentlichkeit bekannt sind. US-Konzerne wie Archer Daniels Midland, Bunge oder Cargill. »Wir kaufen, handeln, transportieren, verarbeiten, verfeinern und würzen alles, was Sie essen, rund um die Uhr. Wir sind das Mehl in Ihrem Brot, in Ihren Nudeln, der Mais in Ihren Tortillas, die Schokolade in Ihren Desserts«, heißt es in der Firmen-Borschüre Cargills. Und das stimmt tatsächlich. Auch hier, in Österreich und Deutschland. Ein kleines Beispiel gefällig? Ein Drittel des in Europa eingesetzten Glukosesirups für die industrielle Fertigung von Lebensmitteln wird von dem Konzern erzeugt.[115]

Die drei Konzerne kontrollieren heute 90 Prozent des weltweiten Getreidehandels; in jeder Stufe der Produktverarbeitung sind sie präsent. Noch 1988 lag dieser Wert lediglich bei einem Drittel. Erst die globale Liberalisierung der Märkte und der Abbau von Handelsbarrieren ermöglichten diese Konzentration.[116] Diese Monopolstellung erlaubt es nun, die erhöhten Preise in unvorstellbar hohe Gewinne ummünzen.

Der US-Konzern Cargill, der größte unter ihnen mit Sitz in Minneapolis, steigerte im ersten Quartal 2008 seinen Nettogewinn um 86 Prozent auf knapp über eine Milliarde Dollar. Der Konzern mit 158 000 Beschäftigten ist weltweit in 66 Ländern aktiv. Der Konzern gehört zu den weltweit führenden Herstellern von Phosphat- und Kali-Düngern, doch auch Getreide-, Fleisch- und Eierproduktion gehörten zu den insgesamt fünf Geschäftsfeldern.[117] Im Geschäftsjahr 2007/2008 steigerte der Konzern laut eigenen Angaben den Gewinn um 55 Prozent auf 4 Milliarden Dollar. Im ersten Quartal des Geschäftsjahres 2008/2009 lag dieser gar um 62 Prozent über jenem des Vorjahres.[118]

Auch die Nummer zwei, Archer Daniels Midland, einer der weltweit größten Produzenten von Soja, Mais und Weizen, profitierte gigantisch. Im selben Quartal, dem ersten des anbrechenden Geschäftsjahres, berichtet der Konzern von einem sprunghaften Gewinnanstieg von 138 Prozent. Interessant ist hier ein Satz aus der diesbezüglichen

Jubel-Pressemeldung: »Unsere landwirtschaftlichen Dienstleistungen konnten ihren Profit vor allem dank der hohen Volatilität der Märkte und der sich daraus ergebenden Gewinnspannen erzielen.« Von 229 Millionen auf 438 Millionen Dollar stiegen hier die Gewinne. »Unser beeindruckendes Ergebnis ließ sich vor allem deshalb verwirklichen, weil wir Zugang zu sehr günstigen Krediten haben. Dies ermöglicht uns, die derzeitige Marktlage optimal auszunutzen«, freute sich ADM-Chairman Patricia Woertz.[119]

Am lautesten klingelten aber die Kassen der Düngemittelerzeuger. Mosaic, das zu zwei Drittel vom Großkonzern Cargill einverleibt wurde, einem der weltweit führenden Erzeuger von agrochemischen Produkten, erhöhte im ersten Quartal 2008 seinen Umsatz im Vergleichzeitraum zum Vorjahr um das Zwölffache: von 42,2 Millionen auf 520,8 Millionen Dollar. Hintergrund: Der eilige Versuch, angesichts der Verteuerung die Produktivität zu erhöhen, führte zu einem dramatischen Anstieg der Nachfrage nach Dünger. Dies kurbelte neben dem Rohölpreis die Verteuerung des Produktes zusätzlich an.[120] Im ersten Quartal 2008/2009 jubelte man mit 1,2 Milliarden Dollar über den fast vierfachen Gewinn im Vergleich zum selben Quartal ein Jahr zuvor.[121] Kräftigen Profit aus dem Agrarboom hat auch der deutsche Düngemittelerzeuger K+S, der weltweit viertgrößte Kali-Erzeuger, geschlagen. Etwa 1,4 Milliarden Euro dürfte der Konzern 2008 erwirtschaftet haben: Im Jahr zuvor waren es 286 Millionen Euro; ein Fünftel.[122]

Große Gewinne verschaffte der Agrarboom auch dem Weltmarktführer der Saatguterzeugung, dem US-Konzern Monsanto, der drei Fünftel der Produktion kontrolliert. Drei Jahre lang bewegte sich der Multi bereits auf Erfolgskurs. Die Gewinne im ersten Quartal 2008 verdreifachten sich auf 258 Millionen US-Dollar. Im Vergleichszeitraum des Vorjahrs lagen sie bei 91 Millionen Dollar. Gleichzeitig schossen die Verkäufe allein von Saatgut um ein Drittel in die Höhe. Der US-Hersteller verdiente dank des Agrarbooms und hoher Lebensmittelpreise im Ende August abgeschlossenen Geschäftsjahr 2 Milliarden Dollar. Im laufenden Geschäftsjahr soll der Gewinn um bis zu 20 Prozent zulegen, kündigte Monsanto im August 2008 am Sitz in St. Louis im US-Bundesstaat Missouri an.[123] An den Aktienbörsen rieben sich die Anleger die Hände: Schon 2007 zählte die Monsanto-

Aktie mit einem Plus von 115 Prozent zu den Papieren, die sich am besten entwickelten. Besonders beachtenswert war und ist dabei die äußerst enge Korrelation von 0,94 Punkten des Kursanstieges mit jenem des Ölpreises. Interessant ist dabei, dass der Zusammenhang des Kursverlaufs zwischen den Rohölpreisen und der Monsanto-Aktie gleichlaufender war als etwa jener von Ölkonzernen wie Exxon.[124]

Maßgeblich beteiligt am guten Geschäft ist die stark steigende Nachfrage nach gentechnisch verändertem Saatgut und den dazu passenden Düngemitteln von Monsanto. Konzernchef Hugh Grant fühlt sich regelrecht als Goldgräber: »Bis 2012 werden wir uns als einziger Konzern im Lebensmittelbereich unabhängig von Markt-Fluktuationen kontinuierlich steigern. Während andere noch über die Entscheidung debattieren, ob wir Nahrungsmittel oder Treibstoffe produzieren sollen, sind wir längst einen Schritt weiter: Wir sagen, wir produzieren Nahrungsmittel und Treibstoffe. Wir sind deshalb Teil der Lösung und nicht des Problems.«[125]

Dieser kurze Auszug aus den Büchern der Multis illustriert aber die Quasi-Monopolstellungen, bisweilen sogar echte Monopolstellung, transnationaler Konzerne. Die entscheidende Frage »Wer profitiert von dem Boom?« führt schlussendlich zu diesen Konzernen. Der südafrikanische Autor Raj Patel kommt zu einem Schluss, den zahlreiche Experten teilen: »Das freie Spiel des Marktes sollte der Logik des Wettbewerbes folgend zu verbesserter Effizienz und niedrigeren Preisen führen. Doch paradoxerweise war das Gegenteil der Fall: Dass der Handel mit Lebensmitteln und Agrarprodukten dem freien Spiel der Märkte überlassen wurde, führte zu einer Verringerung von Wettbewerb und mehr Macht für die einzelnen Konzerne.«[126]

Und diese Konzerne beeinflussen vor allem die US-Agrarpolitik und so auch die internationalen Weichenstellungen. So kritisierte der ehemalige UN-Sonderbeauftragte für das Recht auf Nahrung, Jean Ziegler, das Ergebnis des Welternährungsgipfels Anfang Juni 2008 in Rom, der vieles, aber nicht die Monopolstellungen der Multis aufs Tapet brachte. »Dies war einzig ein Sieg der Großkonzerne, die zirka 80 Prozent des globalen Agrarhandels kontrollieren. Die individuellen Interessen triumphierten über die internationalen Interessen. Was hier in Rom beschlossen wurde, ändert nichts am System. Im Gegenteil: Es wird den Hunger weiter verschärfen.«

# 5 Die Verlierer: Wenn Preise töten

Plötzlich habe sie es gewusst, erzählt Safiá, dass ihre kleine Tochter Abualazig es nicht mehr schaffen würde. Seit Tagen hatte das eineinhalb Jahre alte Mädchen schwere Durchfälle. Ihr Bauch blähte sich auf, die Gelenke schwollen an. Die Beschwörungen der Ältesten im Dorf, hier im abgelegenen Süden des Niger, nützten ebenso wenig wie ihre Tinkturen. Der schwere Durchfall wollte nicht aufhören, dazu erbrach sie alles, was man ihr gab. Es war am späten Nachmittag, als Safiá ihre schwer kranke Tochter in ein Stofftuch um den Rücken schnürte. Federleicht und eiskalt war ihr Kind. In der Stadt Maradi, 50 Kilometer entfernt, würde man sich um solche Kinder kümmern, hatte sie gehört. Ohne Geld zu verlangen. Die 300 Francs – umgerechnet 50 Cent – für die Notaufnahme in einem Spital wären für die Familie unbezahlbar gewesen. »Zwei Tage bin ich gegangen. Mit einem einzigen Gedanken im Kopf: Mein Kind soll leben.«

Als sie die Klinik erreicht, war es fast zu spät: Statt der 11 Kilo, die für ein Kind in ihrem Alter normal wären, wog Abualazig gerade noch 6. »Sie hätte ohne unsere Hilfe nur noch 48 Stunden gelebt«, sagt die Krankenpflegerin bei der Aufnahme der Ernährungsklinik, die von der Hilfsorganisation »Ärzte ohne Grenzen« betrieben wird. »Die meisten kommen leider so spät wie Safiá.«

Auch Dodo entkam nur knapp dem Tod, wiegt auch jetzt mit seinen 7 Kilo viel zu wenig für einen Zweijährigen. Es scheint, als hätte die Erfahrung des drohenden Verhungerns die Seele des Buben aufgezehrt. Sie Blick bleibt leer, er reagiert kaum auf die Stimmen der Krankenschwestern. Dabei kommt der kleine Bub ohne Nasensonde aus, kann wieder Milch trinken und kriegt sogar die ersten Löffel mit nährstoffreicher Paste. Gemeinsam mit seiner Mutter wurde Dodo soeben von der Intensivstation in die Abteilung für jene Kinder verlegt, denen es schon besser geht. Sein Kampf ist gewonnen.

Ainoui hat ihn noch vor sich. Sie ist kaum noch bei Bewusstsein. Apathisch öffnet das Mädchen ab und zu ihre Augen für ein ausdrucksloses Blinzeln. Lose Haut liegt in Falten um ihre zerbrechlichen Arme und Beine. Rippen ragen aus dem winzigen Brustkorb. Das sechs Monate alte Baby wirkt unendlich müde. Nach wochenlangem Hungern ist sie auf knapp 3 Kilo abgemagert; sie wiegt so viel wie ein Neugeborenes. Über eine Sonde in ihrer Nase wird sie ernährt. Die Krankenschwester Amina flüstert ihre zärtliche Worte zu, streicht ihr über den Kopf. »Ainoui reagiert nicht mehr auf das Pieksen der Nadelstiche, auf lästige Fliegen oder unsere Worte«, erzählt sie mit leiser Stimme. »Es ist schwer zu sagen, ob sie überleben wird.« Fünfzig Babys in einem ähnlichen Zustand wie die Kleine liegen auf der Station. »Pro Woche sterben hier 14 Kinder. Es ist schwer, dies ansehen zu müssen«, so der Arzt Tersian Mego, Einsatzleiter der Hilfsorganisation in Maradi, »sehr schwer.«

Vor einer Woche fand ein Team von »Ärzte ohne Grenzen« die kleine Ainoui in einer Hütte in dem abgelegenen Dorf Bakako, wo sich keiner der Bewohner mehr daran erinnern kann, wann es zuletzt etwas Ordentliches zu essen gegeben hat. Ein so ausgehungertes Kind zu haben, empfand die Familie trotzdem als Schande. Selbst wenn der Willen bestanden hätte, sie zum Arzt zu bringen: Es fehlte allen an der Kraft dazu. In den umliegenden Dörfern diktiert Mangel den Alltag. Jeder Moment im Leben der Bevölkerung hier ist durchdrungen vom Gedanken zu essen. Darauf hat sich alles reduziert. Die Frage, wann sie zum letzten Mal Fleisch bekommen hätte, beantwortet die junge Frau Hardouna mit einem Lächeln und dann einem knappen Satz: »Fleisch essen wir nicht. Das verkaufen wir. Früher wenigstens.« Seit Monaten hat hier in der Hungerregion niemand mehr etwas anderes als Wasser, Salz oder Hirse zu sich genommen. Hardouna kämpft sich mit einer Mahlzeit pro Tag durch. Sie und ihr kleiner Sohn Damien rühren sich kaum noch aus der Lehmhütte in dem kleinen Dorf nahe der Stadt Maradi. Brütend heiß ist es, fürchterlich staubig. Gerade zehn Monate ist ihr Bub alt. Die Muttermilch, ihre letzte Chance, den Buben zu ernähren, schwindet täglich. »Wenn nur mein Mann endlich etwas Geld schicken würde«, sagt sie. »Er ist schon vor Wochen nach Nigeria gegangen, um irgendwo einen Job zu finden. Manche der anderen Männer sind nie mehr gekommen.«

Irgendwann wird sich Hardouna zu dem Ernährungszentrum in

Maradi aufmachen. Um ihren Sohn zu retten. Oder auch nicht, weil sie selbst längst zu schwach dafür ist. Wird der Sohn Damien überleben, erwartet ihn eine Zukunft, die Experten in düsteren Worten skizzieren. Wahrscheinlich wird er versuchen, als Bauer zu arbeiten; neun von zehn Menschen im Niger leben von und am Land. Die Perioden dramatischer Dürre, die ihm als Kleinkind fast das Leben gekostet hätten, dürften infolge des Klimawandels seine Heimat aber noch viel härter treffen: dies, obwohl sich schon jetzt die Wüste mit einem Tempo von 120 000 Hektar pro Jahr ins Land frist. »Bis 2050 wird sich die Lage aufgrund des Klimawandels dramatisch zuspitzen. Die jetzt schon katastrophalen Werte der Kindersterblichkeit von heute werden horrende Ausmaße annehmen«, befürchtet UN-Experte Jan Egeland.[127]

Doch bevor die Natur die dürren Lebensadern des Landes noch stärker abklemmt, werden Damian und seine Mutter eine andere Krise bewältigen müssen: Sprunghaft sind die Kosten für Lebensmittel gestiegen. Da es selten reicht, was die Bauern hier ernten, müssen sie selbst das Notwendigste kaufen. Nur, von welchem Geld – und zu diesen Preisen? 250 Francs kostet ein Kilo Hirse, das sind umgerechnet etwa 40 Cent, allerdings ist das enorm viel Geld in einem Land, in dem die meisten höchstens 80 Cent pro Tag zum Leben haben. Dazu stiegen die Preise um 12 Prozent; in den Hungerzonen noch stärker. Zwei Drittel der Haushalte des Niger leiden massiv unter der Teuerungswelle, 55 Prozent aller Familien essen noch weniger als sonst schon. Die Folgen sind ebenso absehbar wie und tragisch. Fast 160 000 Fälle von Mangelernährung wurden während des Jahres 2008 registriert, deutlich mehr als im Vorjahr. 18 000 Menschen, vorwiegend Kinder, waren nahe dem Hungertod. 400 starben. Und dies sind nur jene »Fälle«, die von den Behörden registriert wurden.[128]

Weltweit geschieht es 16 000 Mal pro Tag, 5 Millionen Mal im Jahr: dass Hunger ein Kind tötet.[129] Jeder zweite Mensch, der stirbt, bevor er oder sie das sechste Lebensjahr erreicht, erliegt den Folgen von Unterernährung, 5 Millionen sind es insgesamt. Fast die Hälfte – 41 Prozent – dieser Kinder lebte in Afrika südlich der Sahara; jedes dritte der betroffenen Kinder stirbt im ersten Lebensmonat. Am schlimmsten sind die Todesraten in der Demokratischen Republik Kongo, in Äthiopien, an zehnter Stelle rangiert der Niger. – »Mord«, nennt dies, wie schon eingangs erwähnt, Jean Ziegler. Sein Argument für die harte Anklage: Es gebe genug Nahrung für alle, nur der Wohlstand der Menschheit ist ungerecht verteilt. Eine Diskrepanz, die sich durch die Teuerungsspiral dramatisch verschärfte; mit katastrophalen Folgen für die »Armenviertel« unseres globalen Dorfes.

Eine Saison vom Hungertod entfernt, diese Wahrnehmung charakterisiert das Leben in großen Teilen Afrikas. Von jenen 33 Ländern, die laut der deutschen Welthungerhilfe im Laufe des Teuerungsjahres 2008 in »eine alarmierende oder extrem alarmierende Hungerkrise« geschlittert sind, befindet sich der überwiegende Großteil, so wie der Niger, in Afrika südlich der Sahara.[130] Simultan zu den Höhenflügen der Getreide-Börsenkurse in Chicago und Paris schnellt hier die Rate der Hungernden in die Höhe. Hier töten Preise. Nirgendwo auf der Welt – mit Ausnahme von Haiti, Bangladesch, dem Jemen oder Afghanistan – verursachte die Teuerung so viel an zusätzlichem Elend wie in Afrika. Es war, als hätte man Öl in einen schon bestehenden Flächenbrand gegossen. Allein eine Zahl illustriert, was an Not dazukam: Im Krisengebiet Somalia schossen die Weizenpreise um 300 Prozent in die Höhe, damit stieg die Zahl der Hungernden auf 4 Millionen.

## Der qualvolle Tod der Kinder

»Wir kennen sie, diese Großaufnahmen sterbender Kinder. Ihren leeren Blick, die ausgehöhlten Gesichter«, sagt die Kinderärztin Susan Shepherd von »Ärzte ohne Grenzen«, die viele Jahre im Niger und in vielen anderen afrikanischen Staaten arbeitete. Hilfe, die von der internationalen Gemeinschaft geleistet werde, sei, obwohl wir doch genau über die Lage Bescheid wüssten, wie Shepherd meint, nicht nur nicht ausreichend, sondern in vielen Fällen sei es auch die falsche Hilfe: »Wir könnten zahlreiche Kinder retten, wenn wir sie mit genügend nährstoffreicher Paste versorgen könnten. Unsere Organisation erzielt mit solchen Produkten sehr gute Erfolge. Man braucht kein Wasser und keine Kühlung, um sie zuzubereiten: Die Paste besteht aus Milchpulver, zerstoßenen Erdnüssen, Öl, Zucker, Mineralstoffen und Vitaminen.« 178 Millionen Kinder würden laut Schätzungen der

Weltgesundheitsorganisation weltweit hungern, 20 Millionen von ihnen seien deswegen in Lebensgefahr: Doch nur 3 Prozent bekämen laut Shephard die richtige Hilfe in Form dieser Paste.[131]

Was die Kinderärztin hier beschreibt, ist eine Facette des mehrfachen Mangels, der diese Kinder tötet. Zu wenig Nahrung, zu wenig Hilfe – und auch zu wenig Know-how und zu viel Ignoranz. Die hohen Kosten für Lebensmittel multiplizieren diese Bedrohung. In einem Hintergrundpapier der Organisation für Ernährung und Landwirtschaft der Vereinten Nationen (FAO) sind die grausamen Etappen des bedrohlichen Kreislaufes der Teuerung in den ärmsten Regionen der Welt beschrieben. Es liest sich wie die Anatomie der Verzweiflung: »Wenn steigende Preise in den Haushalten spürbar werden, setzt ein Kreislauf des Versuches einer Anpassung ein. Erst werden die Mahlzeiten verkleinert, manche gestrichen. Die Menschen werden müde, haben keine Kraft mehr, schaffen nur noch ein geringes Arbeitspensum. Dadurch verringert sich das niedrige Einkommen noch mehr und in der Folge haben sie noch weniger zu essen. Ab diesem Moment drohen irreversible Schäden für Mütter, ungeborene Kinder und die Heranwachsenden.«[132] – Oder es droht der Tod, müsste man hinzufügen.

Soziale Sicherheit wie in Europa, ein Auffangnetz an Unterstützungszahlungen für jene, die nichts haben, ist für 80 Prozent aller Menschen auf der Erde nicht einmal im Ansatz vorhanden. Wenn ihr Einkommen nicht mehr reicht, passen sie sich auf die brutalste Form, die man sich vorstellen kann, an die neue Lage an: Sie hören auf zu essen. »Hungernde sind sehr still, sie sterben sehr still, ohne laute Proteste.« Dieser kurze Nebensatz in der Bestandsaufnahme der Task Force der Vereinten Nationen bringt das Problem auf einen sehr klaren Punkt.[133]

Vom täglichen Überlebenskampf ausgezehrte Menschen sind zu lethargisch, um aufzubegehren. Mütter, die Verzweiflung erfasst, wenn sie merken, dass ihre Säuglinge, ihre Kleinkinder vor ihren Augen Tag für Tag ein wenig mehr an Kraft verlieren, greifen nicht zu Sprengstoffgürteln. Sie sehen hilflos zu, schleppen ihre Kinder, wenn es irgendwie geht, zu Kliniken. Und sie warten geduldig, wenn die Ärmchen abgemessen werden – der wichtigste Indikator für den Grad der Unterernährung –, die Kleinen in den Waagen baumeln, ihre Werte in eine lange Zahlenreihe eingetragen werden. Manche können nur noch auf Intensivstationen gerettet werden. Man wagt diese zarten, geschundenen Wesen nicht mehr zu berühren. Alles tut den Kleinen nur noch höllisch weh. Doch der große Aufschrei bleibt aus. Vor allem von jenen, die nicht einmal diese Hilfe bekommen. Nur jedes vierte Kind, das in den Ländern Afrikas südlich der Sahara krank wird, bekommt irgendeine Form medizinischer Betreuung.

Unsere Fähigkeit, mit wenig oder keiner Nahrung durchzukommen, ist sehr begrenzt. Fehlen Nährstoffe, vor allem Kohlehydrate und Eiweiß, wechselt unser Organismus in den Notbetrieb. Die Energieversorgung reduziert sich auf die zentralen Körperfunktionen: auf die Organe und das Gehirn. Bleibt es beim Mangel, gibt es einen Punkt, ab dem der Körper zum Kannibalen wird: Muskelfasern werden in Energie umgewandelt. Alle Funktionen, die nicht dem unmittelbaren Überleben dienen, verlangsamen sich. Der Tod tritt langsam und qualvoll ein und beginnt mit dem Zusammenbruch des Immunsystems. Parasiten befallen den geschwächten Körper, oft in der Mundregion, heftige Durchfälle setzen ein. Eine Lawine an Infektionen breitet sich im Organismus aus.

Nicht jedes hungernde Kind stirbt an Entkräftung, wie hier beschrieben. Viele sterben an eigentlich »harmlosen« Krankheiten: Bekommt ein mangelhaft ernährtes Kind Durchfall, erhöht sich die Gefahr, daran zu sterben, um 61 Prozent, bei Lungenentzündung um das Doppelte, wie auch bei Masern. Ein Fünftel aller Todesfälle bei Kindern unter fünf Jahren wird auch durch Lungenentzündung und ein weiteres Fünftel durch Durchfall verursacht; der Großteil der kleinen Opfer dieser Krankheiten war zum Todeszeitpunkt schwer unterernährt. Oft ist die Schwäche der Kinder, die zu deren frühem Tod führt, Folge der Unterernährung der Mutter.[134] Laut dem Bericht des Kinderhilfswerks der Vereinten Nationen (UNICEF) stirbt jedes vierte Kind im südlichen Afrika aufgrund pränataler Mängel, weil die Mutter zu wenig zu essen hatte, es ihr an Vitalstoffen fehlte. All diese Todesfälle könnten binnen eines Jahres um ein Drittel reduziert werden, zu Kosten, die lächerlich gering erscheinen: Pro Kind müsste die internationale Gemeinschaft nur zehn Dollar für dessen Vorsorgung investieren.[135] Multipliziert man diese Summe mit dem oben erwähnten Wert von 178 Millionen Kindern, die weltweit unterernährt sind, ergibt dies stattliche 1,78 Milliarden Dollar. Im Vergleich ist das aber immer noch ein Bruchteil der Summe von 17 Milliarden Dollar, die in den USA und Europa jährlich an Tierfutter für Hunde, Katzen und Kaninchen ausgegeben wird.[136]

Diese Zahlen der aktualisierten Statistiken von Not, Mangel und Unternährung klingen nüchtern und sachlich. Die Gedanken verheddern sich nicht an Gesichtern, in denen sich die Verzweiflung ob der völlig aussichtslosen Lebenssituation spiegelt. Nacht für Nacht mit dem Gefühl ins Bett zu gehen, dass der Magen knurrt, die Schwäche nach dem Aufstehen. All das ist uns fremd. Hier in Europa. Die Qualen der Betroffenen lassen sich nur erahnen. »Es fühlt sich an, als ob man die Säure eine Autobatterie trinken würde«, so versuchte ein Mann in Haiti sein stetiges Gefühl von nagendem Hunger im Gespräch mit den Vertretern einer Hilfsorganisation zu beschreiben.

## Warnungen vor globaler Hungersnot

Ungleichheit, unfassbare Ungleichheit dominiert unsere Welt. Die Ärmsten 40 Prozent der Weltbevölkerung verfügen über 5 Prozent des globalen Einkommens; die reichsten 20 Prozent hingegen verfügen über drei Viertel des Geldes und des Wohlstands. Laut Zahlen der Weltbank müssen 2,6 Milliarden Menschen – also jeder dritte Weltbürger – mit zwei oder weniger Dollar pro Tag auskommen. 1,4 Milliarden von ihnen haben etwas mehr als einen Dollar zu Verfügung: Dies ist die Demarkationslinie des Elends. 2006 galten weltweit 842 Millionen Menschen als arm, Anfang 2008 waren es bereits 925 Millionen; 2009 waren es über eine Milliarde Menschen. Angesichts der Teuerung erhöhte sich diese Zahl sprunghaft. Dazu befürchtet die britische Hilfsorganisation Oxfam, dass dies erst der Anfang ist und dass weitere 290 Millionen Menschen in den Ländern, die am stärksten von der Krise betroffen sind, langfristig verarmen werden.[137]

Die globale Ernährungskrise traf die Menschen in der weniger entwickelten Welt wesentlich härter als jene in den Industrieländern. Bis zu 80 Prozent ihres verfügbaren Einkommens fließen mittlerweile in den Kauf von Nahrungsmitteln. Vor allem für jene, die mit 50 Cent oder weniger auskommen müssen, ist die Situation schier untragbar. Ihr Alltag ist von der sehr greifbaren Gefahr zu verhungern geprägt. Weltweit betrifft das 162 Millionen Menschen. Wie in der Einleitung bereits erwähnt: Wären diese Menschen auf einen Staat konzentriert, wäre es der siebtgrößte der Welt.[138] Drei Viertel der Hungernden leben in Afrika südlich der Sahara. Auch wenn es sie am härtesten trifft, sterben hier nicht bloß Kinder: 10 Millionen Menschen werden hier pro Jahr durch die Folgen des Hungers getötet, ein Drittel der Bevölkerung ist chronisch unterernährt. Weltweit sind dies über 700 Millionen Menschen; oder waren es, bevor die Teuerungskrise diesen Wert abermals ansteigen ließ.

Welchen Anstieg an Leid die Teuerungskrise tatsächlich bringt, das wagen Experten derzeit nicht einmal zu schätzen. Eine Hungersnot von gigantischem Ausmaß befürchten Experten der Vereinten Nationen. Ähnlich besorgt reagieren nichtstaatliche Hilfsorganisationen, betont Lisa Kuennen-Asfaw, die für eine der größten Hilfsorganisationen der Welt, »Catholic Relief Services«, den Bereich Nahrungsmittelhilfe verantwortet. »Wir könnten, so nicht umgehend dem Trend gegengesteuert wird, bald eine sehr weitreichende Hungersnot erleben, Dimensionen, die wir uns gar nicht vorstellen können.«[139] Ähnlich dramatisch klingen die Prognosen des Internationalen Komitees des Roten Kreuzes: »Der sich gegenseitig verstärkende Effekt von bewaffneten Konflikten, hohen Nahrungsmittelpreisen, der Finanzkrise und den gravierenden Folgen des Klimawandels wie Dürreperioden trifft die ärmsten und verletzlichsten Menschen auf der Erde besonders hart«, so Rot-Kreuz-Präsident Jakob Kellermann. Um 12 Prozent stockte die Organisation ihr Budget für Nahrungsmittelhilfe, das Gesundheits- und Sanitätsprogramm auf. Fast eine Milliarde Dollar wird allein diese Hilfsorganisation im Jahr 2009 brauchen.[140]

## Der hohe Preis des Mangels

Hunger rückt ins Zentrum der Aufmerksamkeit der westlichen Medienwelt, wenn es sich um eine Krise handelt; um apokalyptische

Hungersnöte, die sich in entsprechenden Filmaufnahmen und Fotos gnadenlos offenbaren. Es wäre zynisch, dieses Interesse zu bemängeln, weil die hohen Summen, die rasche Hilfe in solchen Situationen kostet, ohne markerschütternde Appelle für Spenden nicht aufzutreiben wären. Nur wenn der derzeit akute Engpass endet oder wenn der Nahrungsmangel chronisch, aber ohne dramatische Krisen verläuft, fehlt diese Aufmerksamkeit. Dabei verläuft ein Leben geprägt von chronischem Hunger nicht minder dramatisch. Man sieht es bei den eigenen Kindern oder jenen von Verwandten und Freunden, wie rasch die Entwicklung vom Baby bis zum Kleinkind verläuft, welche enormen Wachstumsprozesse der kleine Körper schaffen muss. Mangelt es den Kleinen in dieser Phase längerfristig gravierend an Kalorien, an Vitaminen und Mineralstoffen, geraten diese fundamentalen Entwicklungsprozesse, die die Weichen für das gesamte Leben stellen, bedrohlich ins Stocken. Die Kinder erben die Not der Eltern.

Zwei Milliarden Menschen weltweit leiden zudem unter »verstecktem« Hunger. Sie nehmen genug Kalorien zu sich, dennoch verfügen sie über so wenig Geld, dass nur das Nötigste gekauft werden kann, einfachste Nahrung, die viel zu wenig Nährstoffe enthält. Diese Menschen haben keine aufgeschwemmten Bäuche, keine ausgezehrten Körper, aber der Mangel an den lebenswichtigen Stoffen zerstört ihre Vitalität und Kraft.

In Afrika südlich der Sahara wachsen 33 Millionen Kinder unter diesen Bedingungen auf. Untersuchungen der Vereinten Nationen zeigten, dass die Hälfte der unter Fünfjährigen hier viel zu langsam wächst; wahrscheinlich immer viel zu klein bleiben wird. Es sind katastrophale Startbedingungen für ein Leben in Regionen, wo die Landwirtschaft die wichtigste Einnahmequelle ist. Diese Menschen können die knochenharte körperliche Arbeit, sei es als Bauer oder Tagelöhner, einfach nicht bewältigen. Und es sind eben keine Einzelfälle. Chronischer Nahrungsmittelmangel macht ganze Nationen mürbe, sorgt dafür, dass Hunger zur Falle wird, die Generation für Generation erneut zuschnappt. »Dies ist die größte Hürde, an der wir immer wieder scheitern. Unser Land kommt nicht vom Fleck, weil das Gros der Menschen schwach ist«, sagt Girma Akalu, die führende Ernährungsexpertin Äthiopiens.[141]

Die Lehrerin Eteafraw Baro unterrichtet in dem äthiopischen Dorf Shiminder. Ihre Schützlinge haben die ersten fünf kritischen Lebensjahre überstanden. Doch viele, sie schätzt, es sind sechs von zehn, sind für immer von den Entbehrungen ihrer Kindheit geprägt. »Sie schlafen einfach während des Unterrichts ein. Sie denken sehr langsam, haben große Schwierigkeiten den Unterrichtsstoff zu begreifen. Zehnjährige sind so klein, dass sie nicht einmal bis zur Gürtelschnalle der Erwachsenen reichen.« Der Hunger, den diese Kinder erlitten haben, war kein vorübergehender Engpass, es gab nie ausreichend zu essen, es war eben gerade so viel da, um nicht zu sterben.

Ihr Leben ist verändert. Nachhaltig. Fast 800 Kinder gehen in Eteafraw Baros Schule, dem Großteil fällt das Lernen schwer, die entbehrungsreichen Jahre während des Wachstums beeinträchtigten die Entwicklung ihres Gehirns, ihres Körpers und auch des Immunsystems. Oft beutelt chronischer Husten die klein gewachsenen Kinder, die so geschwächt sind, dass an ein Leben, wie es üblich ist, kaum zu denken ist.

Die kanadische Hilfsorganisation »Micronutrient Initiative« hat die Details des Mangels erhoben: Demnach mangelt es der Hälfte der Kinder im südlichen Afrika an Eisen, welches notwendig wäre, um ein funktionstüchtiges Nervensystem zu entwickeln. In der Folge sind die Kinder konzentrationsschwach und haben Schwierigkeiten bei der Feinmotorik. 3,5 Millionen Kinder bekommen zu wenig Jod, was die Entwicklung ihrer Intelligenz bremst. Ähnlich dramatisch sind die Mängel bei Vitamin A und Folsäure. Laut UNICEF schlägt sich dieser Mangel in beträchtlichen Kosten nieder. Weil die hungrige, heranwachsende Generation viel zu wenig Kraft entwickelt, fehlen der Wirtschaft Arbeitskräfte: Die Verluste lassen sich bemessen. Sie liegen bei 2,3 Milliarden Dollar jährlich.[142]

Diese Zahl zeigt nicht einmal im Ansatz, weil Geldbeträge dies auch gar nicht vermögen, wie viel Leid millionenfach entsteht, weil die Weltgemeinschaft zu wenig darauf achtet, dass alle Kinder gesund aufwachsen können, sondern die Sorge oft beim Tellerrand der Nationalgrenze endet. Wenn ein kleines Kind länger als zwei Jahr unterernährt bleibt, verzögert sich sein Wachstum. Dabei handelt es sich nicht bloß um ein physisches Handicap. Sie sind nicht bloß kleiner, auch ihre intellektuellen Fähigkeiten können sich nicht voll entwickeln. Die Folgen sind irreversibel. Bleiben die Lebensmittelpreise also hoch und führt dies dazu, dass immer mehr Familien in den weniger entwickelten Ländern hungern, hat dies verheerende Konsequenzen für die Entwicklung ganzer Staaten.[143]

Verschlimmert wird der Effekt, da, wie immer mehr Studien zeigen, nicht bloß langfristige, sondern auch kurzfristige Phasen des Mangels schwere Probleme verursachen. »Wenn sich die Ernährungslage kurzfristig verschlimmert, Kindern nur eine Zeit lang lebenswichtige Nährstoffe und Vitamine fehlen, kann dies in ihrer Entwicklung bereits irreversible Narben verursachen, die nie wieder heilen«, warnt Andrew Thorne-Lynman, Ernährungsexperte des WFP. »Wir haben in Bangladesch entsprechende Daten erhoben, die eindeutig diesen Zusammenhang belegen: Je teurer Lebensmittel werden, desto dramatischer ist die Mangelernährung von Kindern.« So verringert eine Preissteigerung von 50 Prozent – ein gleichbleibendes Einkommen vorausgesetzt – die Eisenzufuhr im Essen von Kindern um ein Drittel.[144]

Auch Charles MacCormack, Präsident der britischen Hilfsorganisation »Save the Children«, warnt vor einer noch gröberen Verschlimmerung der Ernährungslage: »Hohe Preise für Lebensmittel stellen arme Familien vor schwere Entscheidungen: Die Eltern kaufen weniger hochwertige Nahrung ein, sparen gerade bei Gemüse und Obst, sie nehmen ihre Kinder, vor allem die Mädchen, aus den Schulen und schicken sie zur Arbeit, verheiraten sie viel zu jung, zudem wird für Gesundheitsvorsorge oder Hygiene kaum noch Geld ausgegeben.«

Brutal ist der Alltag jener Eltern, die tagtäglich ihren Kindern erklären müssen, dass es wenig oder nichts zu essen geben wird. »Wir hängen jeden Abend einen leeren Topf über das offene Feuer. So merken es die Kinder lange nicht, dass wir wieder nichts kochen können. Das gibt ihnen Hoffnung. Wenn wir ihnen sagen würden, es gibt wieder nichts zu essen, hören sie nicht mehr auf zu weinen«, erzählt die junge Mutter Aliou, die in Mauretanien, einem der ärmsten Länder der Welt, lebt. Am anderen Ende Afrikas, in Äthiopien, verzweifelt der junge Vater Urmale an den Fragen seiner drei Buben: »Warum hast du uns zur Welt gebracht, wenn du uns nichts zu essen gibst?« – »Ich sagte Ihnen, es sei sehr traurig. Aber unsere Felder brachten keinen

Ertrag und die Preise am Markt sind unbezahlbar. Dann versuchte ich sie zu beruhigen und sagte ihnen, ich finde schon was, lasst mich nur suchen.«[145]

James T. Morris ist ehemaliger Direktor des Welternährungsprogramms der Vereinten Nationen. Nach einem Besuch in den Hungerzonen Afrikas schrieb er:»Ich hatte in einem kleinen Dorf in Kenia ein Mädchen im Arm. Sie war ein Jahr alt und fühlte sich so federleicht an, als würde man ein Neugeborenes halten. Das Gefühl, sie zu halten, hat sich tief in mir eingeprägt, auch meine Gedanken in dem Moment. Zum einen fühlte ich Mitleid, tiefes Mitleid mit dem, was sie durchmacht. Dann kam Schuld in mir hoch: Heute leben auf der Erde Millionen Kinder, die ihrem Schicksal überlassen bleiben. Wir haben berechnet, dass es 5 Milliarden Dollar kosten würde, sie und ihre Mütter mit so viel Nahrung zu versorgen, dass sie überleben können. – Sie sagen, es sei viel Geld. – Vielleicht.«[146]

## Wenn sich die Reichen selbst helfen müssen

Die unvorstellbare Summe von 2,8 Billionen Dollar wurde an den Finanzmärkten alleine im Herbst 2008 vernichtet, als die globale Kreditkrise sich mit voller zerstörerischer Wucht entfaltete. Weltweit gaben Regierungen gigantische Summen zur Rettung ihrer Finanzinstitute aus – 14 Billionen Dollar allein bis Herbst 2009. Binnen weniger Tage waren diese Hilfspakete für die Stabilität des Systems geschnürt. Jenen, die seit Jahrzehnten dringend Geld fordern, nicht für ein *System*, sondern für Menschen, die schlicht und ergreifend am Verhungern sind, stößt diese plötzliche Großzügigkeit sauer auf:»Alle hungrigen Menschen Afrikas hätten mit dieser Rettungssumme drei Jahre lang satt werden können«, so die Bilanz von Stephen Muchiri, Vorsitzender der Vereinigung afrikanischer Bauern.»Doch die Realität ist, dass es uns noch schlechter geht als bisher. Schauen Sie, der Dünger, den ich brauche, ist binnen einer Woche um 50 Dollar teurer geworden. Ich muss weniger anbauen und all den kleinen Bauern in meinem Dorf geht es genauso. Wir werden angesichts der vielen weltweiten Krisen noch ärmer.«

Jeffrey Sachs, Direktor des »Earth Institute« der Columbia University, versucht die Dimensionen begreiflich zu machen: »Die USA und Europa haben in den Herbstmonaten des Jahres 2008 Billionen von Dollar für die Unterstützung ihrer gescheiterten Banken aufgebraucht. Sie haben es aber nicht geschafft, ein Tausendstel dieser Summe für die Ärmsten der Welt bereitzustellen, die angesichts der Ernähungskrise dringend Hilfe gebraucht hätten. Alle wesentlichen Geberstaaten, mit Ausnahme von Großbritannien, haben jetzt, auf halber Strecke hin zur Erreichung der Millenniumsziele, ihre Versprechungen nicht einmal im Ansatz eingelöst.«

Geld ist Mangelware geworden. Die dramatischen Folgen der Finanzkrise dynamisierten die globale Ernährungskrise. Laut den Vereinten Nationen wären zwischen 25 und 40 Milliarden Dollar nötig, um Armut und Hunger wirkungsvoll bekämpfen zu können. Die Hilfszusagen, die im Angesicht des Höhepunktes der Teuerungswelle getan wurden, liegen nicht einmal bei der Hälfte des Wertes. Zudem wurde von den beim Welternährungsgipfel in Rom im Sommer 2008 zugesagten 12 Milliarden Dollar bis zum Herbst lediglich eine Milliarde überwiesen. Weitere 1,3 Milliarden, die von der Europäischen Union für Bauern Afrikas zugesagt worden waren, blieben ausständig, weil viele Regierungen sich weigerten, die zugesagten Summen zu investieren. Ihr Argument: Wir brauchen das Geld jetzt selbst. Für Rettungspakete.[147]

Es sei ein historischer Irrtum mit katastrophalen Folgen, würde man in dieser Situation auf die weniger entwickelten Länder vergessen, gab zu diesem Zeitpunkt Weltbank-Präsident Robert Zoellick zu bedenken.[148] Deshalb müsse für die ausufernde Finanzkrise eine globale Lösung gefunden werden: »Ein Prozent weniger Wirtschaftswachstum bedeutet, dass 20 Millionen Menschen in den weniger entwickelten Ländern in Armut abdriften. Dies ist alarmierend, wenn man bedenkt, dass nach der Ernährungs- und Treibstoffkrise bereits hundert Millionen zusätzlich im Elend leben. So kurz nach diesen Krisen birgt jetzt die Finanzkrise ein enormes Risiko für diese Menschen«, so Zoellick. Experten der Weltbank rechnen damit, dass in diesen Ländern die guten Wachstumsraten sich von durchschnittlich 6 auf 4 Prozent verringern werden. Somit dürften 40 Millionen Menschen zusätzlich verarmen. 100 Milliarden Dollar für »billige« Kredite in diesen Ländern sollen den Effekt der Finanzkrise abfedern. Doch abermals bleibt die Frage offen: Ist dafür überhaupt Geld vorhanden, wenn die internationalen Finanzinstitutionen Billionen von Dollar für die Rettung von Volkswirtschaften innerhalb des Clubs der Reichen brauchen?[149]

»Von jenen Staaten, die chronische Probleme mit der Versorgung ihrer Bevölkerung haben, sind nun mindestens fünfzig in eine gravierende Krise geraten«, warnte Dominique Strauss-Kahn, Chef des Internationalen Währungsfonds. »Sie werden noch Jahre unter den Folgen der enormen Verteuerung leiden. Für die ärmsten 43 Staaten sind die Kosten von Lebensmittelexporten um 7 Milliarden Dollar angestiegen. Dazu galoppiert dort wie überall die Inflation, sie wird in den schwächsten Ländern bis zu 13 Prozent erreichen. Das alles ist ein großer Schock für die ohnehin sehr fragilen Staaten.«[150]

Doch schon 2007 gaben die Industrieländer 740 Millionen Dollar weniger als noch 2006 für Hilfe für die Ärmsten aus. Die öffentliche Entwicklungshilfe schrumpfte somit von 104,4 Milliarden auf 103,7 Milliarden Dollar. Deutschland zahlte demnach im vergangenen Jahr rund 7,6 Milliarden Dollar Entwicklungshilfe. Im Juni 2005 hatte der Europäische Rat beschlossen, die öffentliche Entwicklungszusammenarbeit der EU bis 2015 auf 0,7 Prozent des Bruttonationaleinkommens zu erhöhen. Davon ist Deutschland mit gerade 0,37 Prozent weit entfernt, in Österreich sind es derzeit 0,5 Prozent.[151]

## Unerreichbare Millenniumsziele

Der Kampf gegen den Hunger scheint schier endlos. 1974 wurden 500 Millionen hungrige Menschen registriert. Eine damals angesetzte Welternährungskonferenz beschloss internationale Anstrengungen, um binnen eines Jahrzehntes den Hunger von Kindern gänzlich auszulöschen. Mehr als 20 Jahre später, 1996, zählte die Welt bereits 830 Millionen Hungernde. Wieder fand ein internationales Gipfeltreffen statt, wieder wurden ehrgeizige Ziele beschlossen: Spätestens bis 2015 soll die Zahl der Hungernden halbiert werden.

Hunger ist vor allem eine Folge von Armut, somit war der Beschluss der Millenniumsziele wenigstens in der Theorie ein entscheidender Markstein im Kampf gegen diesen. Am 18. September 2000 verabschiedeten die 189 Mitgliedsstaaten der Vereinten Nationen mit der Millenniumserklärung einen Katalog grundsätzlicher, verpflichtender Zielsetzungen für alle UN-Mitgliedsstaaten im 21. Jahrhundert. Acht Ziele, die bis 2015 erreicht werden sollten, wurden daraus abgeleitet. Das Hauptaugenmerk lag hierbei auf dem Kampf gegen die extreme Armut. Bis 2015 soll die Zahl der Menschen, die in tiefster Armut leben – gerechnet auf den Zeitraum seit 1990 –, halbiert werden.

Im Herbst 2008 trafen sich die Staatschefs wieder: um die Errungenschaften zur Halbzeit der Periode zu bilanzieren. Ernüchternder hätte ihre Analyse kaum ausfallen können. Soeben wurden die aktuellen Zahlen zu den Ärmsten der Welt veröffentlicht: plus hundert Millionen im Vergleich zum Vorjahr. Während in Südasien Erfolge im Kampf gegen absolutes Elend verzeichnet wurden, war den Millenniums-Zielen in Afrika südlich der Sahara der geringste Erfolg beschieden. In Prozenten gerechnet, gab es zwar eine sanfte Abnahme von 5 Prozent der Ärmsten, im Vergleich zu einem Minus von 33 Prozent in Asien. In ganzen Zahlen liest sich die Bilanz aber schon anders: Seit 1990 hat die Zahl der extrem armen Menschen um 58 Millionen Menschen zugenommen. Das Fatale an dieser Rechnung: Die jüngsten Folgen der Preisentwicklung wurden noch nicht mit einberechnet.

Zudem schienen die ersten positiven Bilanzen, die schon vor dem massiven Preisanstieg gezogen worden sind, verfrüht. »Unsere korrigierten Schätzungen zeigen, dass wir sehr wohl dabei sind, diese Ziele zu erreichen, wir müssen aber unser Messverfahren anpassen«, heißt es in einer Zwischenbilanz der Weltbank. Darin wird, wie schon erwähnt, die Grenze, ab der jemand als »sehr arm« gilt, seit August 2008 nicht mehr bei einem, sondern bei 1,25 US-Dollar an Einkommen pro Tag gezogen. Davon sind 1,4 Milliarden Menschen betroffen: um eine halbe Million mehr als 1981. Die Autoren räumen jedoch ein: »Wir wären zwar in der Lage, trotz der neuen Berechnungen diese Millenniumsziele zu erreichen, allerdings ist die Tiefe der Armut in Afrika besorgniserregend und auch die Entwicklung der Preissituation seit 2005.«[152]

Und viel wird sich daran wohl nicht ändern. Beim Gipfeltreffen der Staatschefs zur Halbzeit-Bilanz dieser Ziele wurde wieder mehr Geld zugesagt: dieses Mal rund 16 Milliarden Dollar, um diese Ziele doch noch erreichen zu können. Doch die Geste dürfte wohl eher symbolisch zu verstehen sein. Bernard Kouchner, Frankreichs Außenminister und Gründer der Hilfsorganisation »Ärzte ohne Grenzen«, gab nach dem Treffen frank und frei zu: »Zu versprechen, dass mehr Geld in die Entwicklungshilfe fließt, ist eine Lüge. Was da gesagt wurde, stimmt in Wahrheit nicht.«[153]

# Das neue Gesicht des Hungers

Nur in dem Krisenstaat Simbabwe war die Lage während der Lebensmittelkrise schlimmer als in Äthiopien. Um 75 Prozent stieg die Inflation, hauptsächlich getrieben von den hohen Preisen für Nahrung. Um 91 Prozent wurden Lebensmittel hier teurer; für Getreide mussten manche binnen weniger Monate um 171 Prozent mehr bezahlen. Erstmals betraf eine Nahrungskrise in Äthiopien nicht bloß die armen Bauern vom Land. Sie erschütterte die Hauptstadt Addis Abeba. Die Lage ist neu für Menschen wie Messret Esfay, die bislang das Gefühl hatte, mit ihrem Leben, wenn auch nur äußerst bescheiden, so doch irgendwie zurechtzukommen. Sie sei Verkäuferin und müsse sich selbst durchbringen, ihr Mann habe sie verlassen, erzählt die 27-Jährige. Sie lebt in einem Lehmhaus mit Wellblechdach. Alte Zeitungen hat sie wie Tapeten an die Wände geklebt. Doch das Brot, Injera, wie die schwammigen Fladen mit dem typischen Geschmack nach Eisen hier genannt werden, konnte sie sich immer leisten. Bis zum Sommer 2008.[154]

»Das Getreide dafür, Teff, kostet mittlerweile das Doppelte. Das schaffe ich nicht mehr«, sagt sie und berichtet von zahlreichen anderen Indizien dafür, dass das Leben in der Hauptstadt zum Stocken kommt: »Hochzeiten werden abgesagt, die meisten versuchen mit Frühstück und Abendessen zurechtzukommen. Am schlimmsten aber ist die Isolation. Du gehst nicht mehr raus, weil du so arm bist. Es macht dich so müde«, sagt sie. Im Vergleich zu dem, was sich in dem Krisenjahr, das neben extrem gestiegenen Preisen eine dramatische

Dürre brachte, am Land abspielte, könnte das Leben in der Hauptstadt aber fast als Luxus durchgehen. Trotzdem bedeutet die städtische Not eine dramatische Wende.

In den südlichen Provinzen Äthiopiens begannen Menschen Kakteen und Wurzeln zu essen, 12 Prozent der Menschen waren abhängig von Hilfe, doch die Regierung musste angesichts leerer Reserven die Notrationen auf ein Drittel reduzieren. Dabei schossen in manchen der am schlimmsten betroffenen Regionen die Preise um bis zu 500 Prozent in die Höhe. »Die Menschen, die hier Dürre nach Dürre erlebt haben, sind schlicht und ergreifend verzweifelt«, sagt Rob McNeil von der britischen Hilfsorganisation Oxfam. »Ich habe in einigen Dörfern gesehen, dass die Eltern den Kindern Tierfutter in den Brei mischen.« – 75 000 Kinder hätten im Krisenjahr 2008 in Äthiopien dringend Hilfe in therapeutischen Ernährungszentren gebraucht, so krank wurden sie vor Hunger; insgesamt galten drei Millionen als extrem unterernährt.

»Wir sind so etwas wie die Kanarienvögel in den Kohleminen«, sagt Josette Sheeran, Chefin des Welternährungsprogramms der Vereinten Nationen (WFP), das den größten Anteil an der globalen Hungerhilfe verzeichnet. »Normalerweise sind Krisen bei der Versorgung mit Nahrungsmitteln regional und auch zeitlich klar abgegrenzt. Eine Ernte fällt aus, ein Konflikt bricht aus. Und normalerweise geraten in solchen Situationen die Ärmsten unter den größten Druck. Doch diese Krise, die wir gerade erleben, ist anders. Sie bricht in vielen Ländern gleichzeitig aus, das ist das erste Mal seit 1970. Dazu sind Bevölkerungsschichten betroffen, die normalerweise nicht unter Hungersnöten leiden.«[155]

Das neue Gesicht des Hungers, von dem nun vielfach die Rede ist, meint dabei vor allem die Stadtbevölkerung, die von der Krise fast ebenso dramatisch wie die Menschen am Land betroffen war. Menschen wurden krank vor Hunger, obwohl ringsum die Läden voll waren. Und diese Krisenstruktur wird sich in den kommenden Jahren zuspitzen. Um 2030 wird Afrika kein ländlicher Kontinent mehr sein, 784 Millionen Menschen werden dann in den Städten leben. Doch schon jetzt kommen die Staaten mit der Versorgung ihrer urbanen Bevölkerung nicht zurecht. Die meisten Felder sind zu klein und werden von verarmten Bauern bewirtschaftet, denen es an allem fehlt, was für eine Steigerung des Ertrages nötig wäre: Dünger, Infrastruktur für den Transport wie Straßen oder Bahnlinien.[156]

Viele der neuen Megastädte liegen in Hafennähe. Das heißt, die Preise der Produkte, die dort angeliefert werden, sind, anders als in ländlichen Gegenden, wo isolierte, lokale Märkte bestehen, von jenen der Weltmärkte diktiert. Eine Alternative zum Kauf gibt es nicht. Hier gibt es keinen Platz, um selbst etwas anzubauen. Zugleich sind diese Städte die Brutstätten von Revolten, wie die Geschichte oft gezeigt hat. Die Slumbevölkerung ist ab einem gewissen Punkt nicht mehr bereit, ihre Verelendung hinzunehmen: Sie erklärt den Regierungen den Brotkrieg, wie sich an vielen Schauplätzen weltweit bereits gezeigt hat.[157]

Verschärft wird die Hungerkrise in den Städten Afrikas zusätzlich durch die Folgen der HIV- und AIDS-Epidemie: 16 Millionen Kinder haben durch die Krankheit einen oder beide Elternteile verloren, während der nächsten zehn Jahre werden weitere 40 Millionen aus diesem Grund zu Waisen.[158] Sie sind der Not gänzlich schutzlos ausgesetzt.

Noch dramatischer ist allerdings der Zusammenhang zwischen dem Risiko einer beschleunigten Ausbreitung von AIDS und der grassierenden Nahrungsmittelunsicherheit. Salfiye Cagar, Direktorin des UN-Bevölkerungsprogramms, sieht darin eines der größten Risiken: »Eine große Gefahr der hohen Preise stellt die Bedrohung von Frauen dar, vor allem von jenen, die ihren Haushalt allein führen müssen. Sie könnten dazu gezwungen werden, ihren Körper für Nahrung verkaufen zu müssen. Und um ihre Kinder satt zu bekommen, sind sie bereit, sehr, sehr viel zu tun.«[159] Eine Studie, die in Botswana und Swaziland durchgeführt wurde, zeigte, dass Frauen, die ums Überleben kämpfen, bereit sind, für ein wenig Nahrung alles zu tun. Auch sich zu prostituieren. 70 Prozent der befragten Frauen sagten, sie würden auch ungeschützt Sex haben; es tun um jeden Preis, nur um Lebensmittel kaufen zu können.[160]

Prostitution, Sex für Essen, dieses Problem tauchte nicht erst mit der Lebensmittelkrise 2008 auf. Allerdings zählt es – trotz einiger bekannt gewordener Skandale – zu den großen Tabus. Das Risiko für

Frauen, sich für Nahrungsmittel verkaufen zu müssen, besteht auch dann, wenn Hilfslieferungen ohne genügend Kontrolle verteilt werden. Ein mutiger Bericht der Hilfsorganisation CARE beleuchtet die Gefahr, die auch dann entsteht, wenn – gleich von welchem Geber – Nahrungsmittelhilfe einsetzt.[161] Die Dokumentation dazu beginnt mit einem Zitat einer verzweifelten Flüchtlingsfrau: »Mehr als einmal habe ich nachts vom Chef meines Lagers Besuch erhalten. Er wurde zudringlich und ich gab nach. Ich musste ja meine Kinder ernähren. Es ist schwierig zu entkommen, wenn man um sein Überleben kämpft.« In den untersuchten Gebieten zeigte sich, dass jene lokalen Verantwortlichen, die von den Helfern mit der Erstellung der Liste von Hilfsbedürftigen ihrer Dörfer beauftragt waren, Frauen, vor allem Witwen, zu nahe traten. Eine Frau gab etwa zu Protokoll: »Der Administrator in meinem Dorf sagte ungeniert, er wolle mit mir Sex. Ich verweigerte und er strich ab diesem Zeitpunkt meinen Namen von der Liste der Empfänger der Not-Rationen der internationalen Helfer, die an ihn die Verteilung delegiert hatten.«

## Hilfe für hilflose Helfer

Ja, es gibt sie: enorme Probleme dabei, wie bereits oben kurz skizziert wurde, die richtige Form der Hilfe zu finden, ganz abgesehen davon, die nötigen Summen dafür aufzutreiben. Und es gibt auch sie: hochbezahlte Funktionäre internationaler Organisationen, die in ärmsten Ländern in Luxushotels logieren und hier unter feudalen Verhältnissen den Mangel der anderen verwalten. Doch jede pauschale Verurteilung von humanitärer Hilfe ist schlicht und ergreifend bösartig. Denn wer ist wirklich dazu bereit, in einer abgelegenen Region ein, zwei Jahre seines Lebens zu verbringen, für ein Gehalt – und im überwiegenden Großteil ist dies der Fall –, das höchstens die allernötigsten Ausgaben deckt? – Ohne Menschen, die dazu bereit sind, hätten Kinder wie Damien, der kleine Bub aus dem Niger, nicht einmal den Funken einer Chance.

Doch das Krisenjahr 2008 verstärkte auch die Stimmen jener, die seit Jahren Kritik an Details der internationalen Hilfe oder auch am gesamten System der so genannten »Hilfsindustrie« üben. Der ugandische Journalist Andrew Mwenda etwa gab in einer britischen Zeitung zu bedenken: »Die Hunderten Milliarden Dollar an Hilfe für Afrika, die während der vergangenen Jahrzehnte bezahlt wurden, haben kein Wachstum hinterlassen. Der Fluss von Hilfe aus dem Ausland hat verhindert, dass wir, die Bürger, unsere inkompetenten und oft korrupten Führer zur Rechenschaft ziehen.«[162]

Afrika erhielt seit 1970 etwa 400 Milliarden Dollar, die OECD-Staaten stellten den Entwicklungsländern öffentliche Finanzmittel in Höhe von mehr als 100 Milliarden Euro jährlich zur Verfügung. Westliche Regierungen beauftragen allein 280 Agenturen, sie zahlen in 242 multilaterale Fonds ein. 40 UN-Organisationen sind in das Hilfsgeschäft integriert und fördern derzeit nach Schätzungen der Weltbank rund 340 000 Projekte. Hinzu kommen millionenschwere Investitionen privater Stiftungen bzw. einer Vielzahl großer Nicht-Regierungsorganisationen. »Das gesamte System ist unüberschaubar geworden und nicht mehr zu steuern«, sagt Eckhard Deutscher, Vorsitzender des OECD-Entwicklungsausschusses.[163] Bereits 2005 versuchte die OECD, festgelegt durch die Pariser Erklärung, die Effizienz der Hilfe zu erhöhen. 2008 wurde dies bei einer Tagung im Ghana bekräftigt.

Fest steht: Ein sinnvoller Aufbau nachhaltiger Strukturen zur Armutsbekämpfung gelingt nur, wenn die Hilfsstrukturen schonungslos hinterfragt werden. Aus Deutschland fließt zum Beispiel laut einem Bericht der Welthungerhilfe nur ein Fünftel der Entwicklungshilfe in die Länder, die Hilfe benötigen: Ein großer Teil wird unter dem Posten Verwaltungskosten verbucht. Zudem werden die Kosten, die für die Aufnahme ausländischer Studenten in Deutschland anfallen, als Entwicklungshilfe verbucht. So wie in Österreich wurden hier auch die Schuldenerlasse für arme Länder mit eingerechnet.

Brisant ist aber nicht nur die »Etikettierung« von Hilfe und die Frage der globalen Koordination. Auch welche Form von Hilfe nachhaltig Chancen zur Entwicklung bietet und welche diese sogar stört, gehört zu den strittigen Themen. Während die Staaten der EU und Kanada die Struktur ihrer Hilfprogramme verändert haben und bei Nahrungsmittelkrisen Geldbeträge zum lokalen Kauf von Lebensmitteln zur Verfügung stellen, besteht der größte Geberstaat, die USA, immer noch auf zahlreichen Auflagen. Dazu gehört, dass Lebensmittelhilfe durch die USA immer noch aus Beständen der eigenen Bauern zu erfolgen hat und deshalb nicht auf den lokalen Märkten gekauft wird, sondern durch Schiffe im US-Besitz transportiert werden muss. Allein dadurch verteuert sich eine Tonne Hilfsgetreide um 70 Dollar.

Über Generationen dauernde Hilfslieferungen schufen auch tief sitzende Strukturen von Abhängigkeiten, die nun angesichts sinkender Budgets die Verletzbarkeit der Länder erhöhen. »Aufgrund struktureller Probleme bei der Ernährungssicherheit wurden weite Teile Afrikas stark von Lebensmittelhilfe abhängig. Jede Veränderung der Bereitschaft der Geberstaaten, hierher zu liefern, wird fatale Konsequenzen haben«, so die Analyse des Ökonomen Christopher Barrett, Professor für Landwirtschaft an der Universität Corell. Die Lösung, die von vielen Experten gerade im Teuerungsjahr 2008 vorgeschlagen wurde, lautet: Stützt die lokalen Bauern. Statt den Menschen Getreide zu geben, sollte ihnen geholfen werden, es selbst anbauen zu können.[164]

Dass diese Ansätze funktionieren, beweist die Initiative für Mikro-Kredite. Muhammad Yunus bekam 2006 den Friedensnobelpreis für die Arbeit, die er in seiner 1982 gegründeten »Grameen Bank« geleistet hat. Seither vergab die Bank an 7,4 Millionen Menschen, meist Frauen, Kleinstkredite für die Schaffung unabhängiger Existenzen: Von Milchkühen bis zu Nähmaschinen reichten die Investitionen. 98 Prozent der Gelder wurden zurückbezahlt, weil die Mini-Unternehmen prosperierten. Das Geld fließt zurück in die Hilfe für andere. Das System gilt als Beweis dafür, dass Hilfe, die sich an der Schaffung von Existenzen orientiert, wirkt.

Dies ist möglich, weil diese Form der Unterstützung lokale Märkte stärkt. Dieses Prinzip sollte, so die Empfehlung zahlreicher Organisationen, auch die Struktur von Nahrungshilfe verändern.[165] So könnten Lebensmittel-Voucher oder sogar Bargeld-Zahlungen an die Ärmsten dazu führen, dass mit dem Kapitalfluss auch die regionale Wirtschaft und vor allem die Bauern durch die erhöhte Kaufkraft gestärkt werden. Das Welternährungsprogramm der Vereinten Nationen (WFP) versucht derzeit mit Pilot-Programmen, etwa in Bangladesch oder Malawi, dieses neue System zu testen.

Doch diese neuen Ansätze brauchen vor allem einen Stützpfeiler: Geld, genügend Geld für die Ärmsten ist nötig, um die mehrfachen Krisen zu bewältigen. Mit Beginn 2008 klaffte im Budget des WFP angesichts der hohen Weltmarktpreise plötzlich eine Finanzierungslücke von 500 Millionen Dollar. Eine großzügige Spende Saudi Arabiens ermöglichte quasi in letzter Minute die Fortsetzung der Arbeit des Programms. Doch mittel- und auch langfristig wird eine neue Strukturierung von Hilfe nötig werden, weil steigende Rohstoffkosten, aber auch die Zunahme der Treibstoffkosten diese so sehr verteuern, dass freiwillige Zuwendungen der Regierungen nicht mehr ausreichen werden. Noch im Jahr 2007 gab das WFP als führende Hilfsorganisation im Ernährungsbereich jährlich 3,1 Milliarden Dollar meist für Notrationen in Krisengebieten aus. 2008 war mit über 6 Milliarden Dollar doppelt so viel Geld nötig, um die 90 Millionen Menschen, die direkt von den Nahrungshilfe des WFP abhängig sind, versorgen so können. Angesichts der steigenden Preise wird sich diese Summe in den nächsten Jahren verdoppeln müssen.[166]

Gleichzeitig betonte eine Gruppe von 27 Experten, die im Auftrag der Europäischen Union ein Studie zur Effizienz von Hilfe durchführte dass es dringend nötig sei, die von den Industrieländern zugesagten Mittel an die weniger entwickelten Länder freizugeben und diese nicht im Stich zu lassen. »Wir müssen den Kampf gegen die Armut angesichts der derzeitigen Lage dringend beschleunigen. Sonst droht in den weniger entwickelten Ländern ein massives Problem«, so der Vorsitzende dieser Experten, François Bourguignon, von der Pariser »School of Economics«. Auch der Generalsekretär der Vereinten Nationen, Ban Ki-Moon, schloss sich diesem Appell an: »Wir erleben derzeit eine dramatische Zunahme von Hunger und Mangelernährung. Die Kapazitäten der Hilfsorganisationen sind an ihrem Limit angelangt.«

Denn selbst wenn Kritiker behaupten, die Gelder für Hilfe würden falsch ausgegeben, die falschen Strukturen stärken und seien möglicherweise Teil des Problems und nicht Teil der Lösung des globalen Hungers, wird wohl niemand ernsthaft versuchen wollen, den Gegenbeweis anzutreten. Solange 16 000 Kinder pro Tag an den Folgen von Hunger und laut UNICEF 25 000 an den Folgen von Armut sterben, ist Kritik an Hilfe nötig. Und zwar vor allem in dem einen Punkt, dass die Gelder, die dafür bereitstehen, bei weitem nicht ausreichen.

# 6 REICHT'S NICHT MEHR FÜR ALLE?

Nachts schliefen Thailands Bauern gleich auf ihren Reisfeldern mit Schusswaffen, die griffbereit neben ihnen lagen, oder sie organisierten abwechselnd Wachdienste. Die Polizei erließ ein Nachtfahrverbot für Erntefahrzeuge, um den besonders unverschämten Dieben, die gleich mit großem Gerät kamen, das Handwerk zu legen. Reis war plötzlich so viel wert, dass es sich auszahlte, zu stehlen. Die 37-jährige Bäuerin Samniang Ketia ist ein wenig verwirrt. Die Frühlingsmonate 2008 brachten ihre abgeschiedene Welt in dem kleinen Dorf Samblong im Zentralraum Thailands durcheinander. Kopfschüttelnd erzählt sie Anekdoten über die neue »Reislandschaft«, manchmal lachend. Es sind Geschichten von Reisbauern, die ob ihrer Knochenarbeit in brütender Hitze lange als die Underdogs der Gesellschaft galten, bettelarm, fast ausgegrenzt, und die nun um ihr kleines Vermögen beneidet wurden. Knietief steht die Frau im modrigen Wasser, doch in den goldenen Frühlingsmonaten 2008 scheint sich ihre Plage auszuzahlen. Um sich vor der Sonne zu schützen, trägt sie einen fast flachen, breiten Hut, hat Sandelholzpaste auf die Haut aufgetragen. »Es ist unfassbar. Die Preise für Reis steigen in die Höhe, sie steigen und steigen.« Gut gelaunt geht sie an die Arbeit, sie will rasch fertig sein, denn ihrem Nachbarn wurde über Nacht die ganze Ernte geklaut. »Am Morgen war sein Feld leer. Reis ist Gold. Das zieht die Diebe an.«[167]

Wie eine Rakete schossen zu diesem Zeitpunkt die Weltmarktpreise für Reis in die Höhe. Kostete im Januar eine Tonne »Thai« – jene Sorte, die als Messlatte des Marktwertes gilt – 400 Dollar, waren es im März bereits 760 Dollar, im Juni wurden historische Rekordwerte um 1100 Dollar erreicht, selbst in den Herbstmonaten sank der Wert nur knapp unter 500 Dollar. Diese Teuerungsdynamik könnte als Vorzeigestück einer Psycho-Krise des Marktes in die Geschichte eingehen. »Der Anstieg der Reispreise war nichts als eine große Blase«, so die knappe Analyse von Rosario Bella Guzman, Direktorin der »IBON Foundation«. Schuld hätten die politischen Führer, die sich in diesen Teufelskreis

115

treiben lassen hätten. Denn diese Blase war lediglich mit Angst gefüllt: mit der Angst davor, dass Reis noch teurer werden könnte. Dies führte dazu, dass einige Bauern ein kurzes Strohfeuer eines Wirtschaftswunders erlebten, da alle, von Regierungen bis hin zu kleinen Haushalten, wie wild Reis kauften. Doch die Rechnung bezahlten die Preistreiber selbst: Lebensmittel mussten mit Milliarden subventioniert werden, um Reisrevolten von New Delhi bis Jakarta zu verhindern.

Sehr drastisch wurde klar: Reis ist nicht bloß ein Gericht. Reis ist Politik. Für fast die Hälfte der Weltbevölkerung, drei Milliarden Menschen in Asien, ist er die Grundlage der Existenz. Das Verb »essen« wird im Thai mit »Reis essen« übersetzt. Im Mandarin-Chinesisch ist der Begriff für Reis synonym für jenen von Nahrung. »Reis ist in Asien nicht irgendein Produkt, irgendeine Ware«, betont Robert Zeigler, Generaldirektor des Internationalen Reis-Institutes in der philippinischen Hauptstadt Manila. »Hier hat Reis eine große kulturelle, soziale und in vielen Orten sogar eine religiöse Bedeutung. Das Nahrungsmittel birgt eine tief psychische Komponente. Ein Mangel bei Reis lässt Panik aufkommen.«

Gleichzeitig sei diese Basis der Existenz geradezu sträflich vernachlässigt worden. »Die Menschen dachten, die Ernährungsprobleme der Welt hätten sich gelöst, und hörten auf, in die Forschung zu investieren«, so Zeigler, der so etwas wie der Gralshüter dieses fundamentalen Rohstoffes ist. Im Reis-Institut in Manila sind alle Informationen über das Grundnahrungsmittel gespeichert; hier sollte auch intensiv an der Weiterentwicklung der Gattungen gearbeitet, sollten die Konsequenzen der Veränderungen des Weltklimas auf den Reisanbau erforscht werden. Doch es fehlen die Forschungsgelder. So wurde der Etat im vergangenen Jahrzehnt um die Hälfte gekürzt, was zu einem dramatischen Exodus der Mitarbeiter geführt hat.[168] Schon allein deshalb will Zeigler keine Entwarnung angesichts der sinkenden Preise Ende 2008 geben. »Wir könnten weitere Rekorde erleben.« Trotz der kurzfristigen Reisschwemme infolge der Hamsterkäufe und Ausdehnung des Anbaus sei die Balance zwischen Produktion und Nachfrage sehr fragil und noch lange störanfällig für Schocks.[169]

Mangelwirtschaft bei der Reisversorgung grassiert an allen Ecken und Enden; nicht bloß in der Forschung. Ein Drittel der Engpässe

könnten verhindert werden, wenn Bauern besser an den Markt ange-
schlossen wären. 225 Millionen Menschen, dies entspricht ungefähr
der Bevölkerung Indonesiens, könnte jährlich zusätzlich mit Reis versorgt werden, sofern es gelänge, durch bessere Lagerung die Schäden
durch Ratten in den Griff zu bekommen.[170] Doch die Reiskrise hätte
so nie stattgefunden, wenn die betroffenen Länder darauf geachtet
hätten, ihre Bevölkerung selbst versorgen zu können. Dies räumt auch
die philippinische Präsidentin Gloria Macapagal-Arroyo ein, die unter
großen politischen Druck geraten war: »Angesichts der aktuellen Dy-
namiken des Weltmarktes ist es für uns ein Imperativ, das Ziel zu ver-
folgen, bis 2013 wieder genug Reis selbst zu produzieren.«[171]

## Die Reiskrise

Berichte, dass Imbissstuben in der philippinischen Hauptstadt Manila ihre Reisportionen halbierten, sorgten im April 2008 für internationale Schlagzeilen. Dazu wurden Fotos von nach oben korrigierten
Preisschildern, Menschen, die sich ihren Mund zuklebten und so
schweigend ihren Hunger demonstrierten, gezeigt. Noch bevor die
humanitären Nothelfer der Vereinten Nationen mit ihren Warnungen
vor der einsetzenden Hungerkatastrophe aufgrund der Teuerungsrate
die Weltöffentlichkeit wachrüttelten, hatte diese Meldung aus Asien
den Beginn der Lebensmittelkrise markiert. Dass sich Manila als Epizentrum herauskristallisierte, war kein Zufall. Die Verteuerung von
Reis traf die Philippinen an ihrer empfindlichsten Stelle: Das 91-Mil-
lionen-Einwohnerland ist der größte Reisimporteur der Welt und war
dem Preisschock fast ungeschützt ausgesetzt. Mit spektakulären Maßnahmen versuchte die Regierung, der Krise Herr zu werden. Auf Horten von Reis stand plötzlich eine Anklage wegen Wirtschaftssabotage,
ein Delikt, das mit lebenslanger Haft bestraft wird. Spezialkräfte der
Polizei, sonst im Einsatz gegen die Drogenmafia, filzten Lagerhäuser
auf ihrer Suche nach gebunkertem Reis. Die Armee wurde eingesetzt,
um die staatlichen Reisreserven zu bewachen, Soldaten kontrollierten
in voller Kampfmontur die Verteilung von kostenlosen Hilfsrationen
an die Ärmsten des Landes.

Unterdessen begann die Bevölkerung zu revoltieren, Massenproteste setzten ein: »Meine Erfahrungen als Sozialarbeiterin zeigen, dass viele Menschen in den Städten, aber auch am Land massiv damit zu kämpfen haben, genug zu essen. Es gibt sogar ein neues Wort für die einzige Mahlzeit pro Tag, auf die sich viele neuerdings beschränken: ›Altanghap‹ nennen sie es. Es ist eine Kurzform für die Wörter Almusal, Tanghalian und Hapunan, die Frühstück, Mittagessen und Abendessen bedeuten«, berichtet Maria Isabel Lanada, die Direktorin des Netzwerkes für Nahrungssicherheit der Philippinen. »Es ist schockierend, dass mein Land, das eigentlich eine Agrarnation ist, heute zu den Top-Fünf der hungrigsten Staaten der Welt zählt.« Die Bilanz des Teuerungsjahres war tatsächlich verheerend. Siebzig Millionen schlitterten auch angesichts der hohen Lebensmittelkosten unter die Armutsgrenze, zwölf Millionen waren von Nahrungsmittelhilfe abhängig. Noch dramatischer war die Lage in den Reis-Importländern Westafrikas, aber auch in einem der bevölkerungsreichsten Länder der Welt, in Bangladesch, wo die Hälfte der 140 Millionen Einwohner als sehr arm gilt und wo zusätzlich katastrophale Unwetter die eigene Produktion vernichteten. Plötzlich war der Weltmarkt wegen Preisrekorden geschlossen bzw. waren Notkäufe dieser bettelarmen Staaten wegen Überteuerung schier nicht mehr möglich.

Begonnen hatte die Krise zu Beginn 2008 mit kurzeitigen Ernteeinbrüchen infolge extrem kalter Witterung in vielen Regionen Asiens und einer Schädlingsplage in Vietnam, dem zweitgrößten Reislieferanten der Welt. Dazu fielen die Reisexporte aus dem Dürreland Australien aus. Das Problem spitzte sich aber erst in dem Moment zu, als Indien Anfang 2008 die geplanten 4 Millionen Tonnen Reislieferungen ins Ausland stoppte. Lediglich die Marke »Basmati Premium« blieb am Markt, da diese Sorte hauptsächlich in Industrieländer verkauft wird und so den Devisenstrom am Laufen hält. Gähnend leere Lager hatten zuvor die indische Regierung auf den Plan gerufen. Gleichzeitig war der Markt sukzessive geöffnet worden und die Bauern verkauften angesichts der steigenden Preise lieber ans Ausland und nicht an die Regierung. Dies sollte unterbunden werden, nur geholfen hat es nicht viel: Um 20 Prozent legten während des ersten Halbjahres 2008 die

Reispreise in Indien zu; die Lebensmittelsubventionen trieben die Regierung fast in den Staatsbankrott.

Dafür sorgte Indien für eine Welle von Nachahmungstätern. Im März verhängte Ägypten ein Reis-Ausfuhrverbot, später folgten Pakistan und Kambodscha, die mit dem Argument, die Ernährungssicherheit der eigenen Bevölkerung garantieren zu müssen, die Importländer im Regen stehen ließen. Im April des Jahres stoppte Vietnam alle Exporte. Die Folge: Im Juni kostete Reis 1100 Dollar pro Tonne, dreimal so viel wie noch im November zuvor.[172] Die Reis-Exportstopps von schlussendlich elf Ländern beeinflussten massiv den Markt. So wurde Hunger gemacht; nicht bloß woanders, sondern auch zu Hause.

»Das ist ein entscheidender Moment, den wir jetzt erleben«, sagte Vichai Sriprasert, ein großer thailändischer Reisexporteur am Zenit der Krise. »Was ab jetzt passiert, stellt die Weichen für jene, die überleben werden, und jene, die nicht überleben werden.«[173] 30 Millionen Tonnen Reis werden in Thailand jährlich produziert; knapp ein Drittel davon geht in den Export. Schon in den ersten vier Monaten 2008 war aber bereits die Hälfte der sonstigen jährlichen Ausfuhr verkauft; dies bedeutete einen Anstieg von fast drei Viertel im Vergleich zum Vorjahr. »Wir haben derzeit mit einer echten Reisknappheit am Markt zu kämpfen«, erklärt Prasert Kosalwit, Generaldirektor der Reisabteilung der thailändischen Regierung, das Phänomen. Verschärft wurde die Knappheit durch das Verhalten der Konsumenten. »Im Januar und Februar brach förmlich Panik aus und Familien deckten sich mit dem Reisvorrat für ein halbes Jahr ein. Das war eine signifikante Größe«, so der Politikwissenschaftler Robert Paarlberg. »Millionen von Menschen agierten synchron, ahmten das Verhalten ihrer Regierung nach und plötzlich war eine künstliche Verknappung geschaffen.«[174]

## Wenn Reichtum arm macht

Die Verteuerung bei Reis – das macht das Phänomen so entscheidend für die Analyse der Hungerfrage – hat kaum etwas mit Rohstoff-Spekulationen an den Nahrungsmittelbörsen zu tun. Termingeschäfte mit

Reis werden in keinem mit Mais oder Weizen vergleichbaren Ausmaß getätigt. Nur 5 Prozent der Ernte werden an den Börsen gehandelt. Und aus Reis wird – im Gegensatz zu Mais und Weizen – kein Treibstoff erzeugt. Und es ist kein Tierfutter wie Soja, das für den steigenden Fleischkonsum gebraucht wird. Ist also die plötzliche Preisexplosion dieses Lebensmittels ein Indiz dafür, dass ein weiterer, sehr gravierender Faktor im Teuerungsjahr 2008 erstmals zum Tragen kam? Reicht unsere Lebensmittelproduktion schlicht und ergreifend nicht mehr für alle Menschen, die auf der Erde leben?

Ein wenig stimmt es, allerdings auch genauso wenig nicht. Es gäbe genug zu essen, wenn unsere Ressourcen fair verteilt wären. Nur sie sind es nicht. So genügt es, wenn sich bloß die Gefahr einer Verknappung in hohen Preisen spiegelt, und der Markt läuft aus dem Ruder. 666 Millionen Tonnen Reis wurden 2008 produziert; es war ein Rekordjahr mit einem Plus von über 2 Prozent. In den Jahren zuvor wuchs die Nachfrage schneller – mit 0,9 Prozent pro Jahr – als die Produktion mit 0,7 Prozent. Der durchschnittliche Pro-Kopf-Verbrauch von Reis ist seit den frühen 1980er-Jahren um 40 Prozent gestiegen, parallel dazu schrumpften die globalen Reisvorräte auf den niedrigsten Stand seit 1976. Die Reiskrise war somit ein sehr deutliches Warnsignal dafür, wie fragil der globale Lebensmittelmarkt geworden ist und wie hoch auch die politische Sprengkraft von plötzlicher Versorgungsknappheit in jenen Regionen der Erde ist, wo die Bevölkerung derzeit am schnellsten wächst, aber auch am schnellsten mehr Wohlstand erreichen kann.

Oder auch nicht: Tödlicher Hunger, ein Leben in bitterster Armut wird meist zuerst mit Afrika assoziiert. Doch nach wie vor, gigantischen Entwicklungsschritten in Indien und in China zum Trotz, leben die meisten Menschen, die mit extremer Armut kämpfen, in Asien. Bei der Senkung der Zahlen der Ultraarmen, also jener, die lediglich 50 Cent zur Verfügung haben, gelangen hier – anders als in Afrika – große Fortschritte. Doch der Großteil der Menschen, die mit einem Einkommen zwischen einem Dollar und 75 Cent pro Tag auskommen müssen, lebt in Asien. Nirgendwo ist der Prozentsatz unterernährter Kinder so hoch wie im Süden des Kontinents: Und dies ist eine wesentliche Charakteristik von tiefer Armut.[175]

120

Auch wenn dies absurd klingen mag: Gleichzeitig lebt in Asien ein Großteil jener Menschen, die deutlich mehr Geld für Lebensmittel ausgeben können. Laut dem Internationalen Währungsfond gehen im Schnitt der Jahre 2007 und 2008 rund 60 Prozent des Anstieges der Getreidenachfrage auf das Konto der Entwicklungs- und Schwellenländer, davon entfallen allein 14 Prozent auf China.[176] Laut Berechnungen der Weltbank werden bereits 2030 dreimal so viele Menschen in diesen Ländern die Mittelschicht stellen, als es heute der Fall ist. 1,2 Milliarden werden sich zu diesem Zeitpunkt ein besseres Leben leisten können. Den größten Anteil wird dann China tragen, doch auch in Indien wird sich die Mittelschicht verzehnfachen.[177]

Die Korrelation zwischen wachsendem Vermögen und dem Mehrkauf von Lebensmitteln liegt bei 0,5. Hinter dieser statistischen Hieroglyphe verbirgt sich eines der Strukturprobleme, die der Ernährungskrise zugrunde liegen: die Veränderung des Menüplanes. Wenn das Einkommen beispielsweise um 20 Prozent wächst, wird um 10 Prozent mehr Geld für Ernährung ausgegeben. Umgekehrt ist dieser Wert wesentlich niedriger, liegt lediglich bei 0,1. Sinkt also das Einkommen oder bleibt es gleich und die Preise steigen, dann reagieren Menschen wesentlich weniger radikal. Das ist logisch: Menschen müssen essen. Solange es irgendwie geht, werden sie dabei nicht sparen. Anders aber, wenn sie reich werden: Dann fließt proportional viel mehr Geld in teurere Lebensmittel.[178]

# DER HUNGER NACH FLEISCH

Zhang Xiuwens Leben gleicht in keinem Moment jenem, das er in seiner Kindheit geführt hat. Er ist Tennislehrer in Peking, lebt mit seiner Frau und dem neugeborenen Baby so komfortabel, wie er es sich als Kind kaum erträumen konnte. »Früher«, erzählt er, »ist es vor allem in den Sommermonaten, vor der Ernte, vorgekommen, dass die Familie nicht mehr genug zu essen hatte. Ich erinnere mich an Tage, die ich hungrig, ohne Mahlzeiten hinter mich bringen musste.« Mit 18 Jahren verließ er sein Heimatdorf in der südwestlichen Provinz Yunnan, einer kargen Gebirgsregion Chinas, und begann in der Hauptstadt ein neues

Leben. Während er westlichen Reportern stolz sein Leben schildert, deckt er den Tisch fürs Abendessen: Schweinefleisch mit Knoblauch in Vinaigrette, frische Tomaten, Blumenkohl, gebratene Eier. »Solche Köstlichkeiten am Ende eines normalen Arbeitstages wären völlig undenkbar gewesen, als ich noch ein Bub war.« Heute kann er sich mit seinem Einkommen von zirka 500 Euro neben einem Fernseher, einem Kühlschrank und einem Mobiltelefon leisten »das zu essen, was ich will: Und, wenn ich es will, dann essen wir jeden Tag Fleisch.«

Zhan Xuiwens Aufbruch in dieses neue, reiche Leben vollzog sich binnen weniger Jahre. Solche Lebensgeschichten prägten Chinas Gesellschaft während der vergangenen Jahrzehnte. 300 Millionen der 1,3 Milliarden Chinesen schufen sich dank des gigantischen Wirtschaftswachstums ein völlig neues Leben. Noch vor 15 Jahren brachte sich der Großteil der Bevölkerung Pekings während der schwierigen Wintermonate hauptsächlich mit Kraut durch. Heute eröffnen westliche Konsumtempel jährlich Hunderte von neuen Filialen, um die Kauflust der neuen Mittelschicht zu stillen: Imbissketten wie Kentucky Fried Chicken oder McDonald's sperrten während der vergangenen zwanzig Jahre 2000 bzw. 800 neue Lokale auf. Kunden mit kräftigem Appetit auf alles, was nach westlichem Lebensstandard schmeckt, gibt es ja mehr als genug.[179]

So wie es die Erzählungen des Tennislehrers Xiuwen verdeutlichen, sind westliche Ernährungsgewohnheiten, vor allem Fleisch, ein zentrales Statussymbol dieses neuen Mittelstandes. 1980 aß ein durchschnittlicher Chinese höchstens 20 Kilo Fleisch pro Jahr, jetzt liegt der Pro-Kopf-Konsum bereits bei 54 Kilo. (Nur zum Vergleich: Europäer essen um 88 Prozent mehr Fleisch.) Um diesen Bedarf zu stillen, produziert das Land bereits 60 Millionen Tonnen Fleisch, das Äquivalent zu 240 Millionen Rindern, 600 Millionen Schweinen und 24 Milliarden Hühnern. Chinas 200 Millionen Bauern produzieren in allen Bereichen zusammengenommen heute um ein Fünftel mehr als die zwei Millionen Bauern der USA. Sie erzeugen mehr als ein Fünftel der weltweiten Maisproduktion, ein Drittel des Reises, ein Fünftel des Geflügels und dazu die Hälfte des weltweit produzierten Schweinfleisches. – Dies alles gelingt trotz der Tatsache, dass China nur 7 Prozent der Ackerflächen der Erde umfasst.[180] Die Entwicklung war vor allem für Amerika eine gigantische Überraschung: Anstatt ein willfähriger Markt zu werden, begann China mit den USA und Europa als Anbieter landwirtschaftlicher Produkte zu konkurrieren.

Doch angesichts dieser Dimensionen wundert es wenig, dass nun die Grenzen des Wachstums erreicht sind – und so die Verteuerung einsetzt. Allein während des Jahres 2008 ist Schweinefleisch in China um 58 Prozent teurer geworden, Rindfleisch um 73 Prozent und selbst Geflügel kostete plötzlich um ein Drittel mehr. Der Handel mit Lebensmitteln ist so zu einem der lukrativsten Jobs geworden. Als Metzger verdient man in Peking derzeit das Dreifache eines Automechanikers. Doch gleichzeitig schnellt die Inflation angesichts der Preisentwicklung auf 8,5 Prozent in die Höhe. Trotzdem erwarten Experten, dass der Appetit auf Menüs nach westlichem Standard weiter rapide zunehmen wird. Vor allem jener auf Fleisch – sowohl in China als auch in den anderen Boom-Ländern.

Ab 2050 wird der globale Fleischkonsum bereits beim Doppelten oder Dreifachen der heutigen Menge liegen. Um Kalorien für Menschen »herzustellen«, sind aber wesentlich mehr Ackerland, Wasser und auch Energie nötig, wenn die Nahrung durch hohe Fleischmengen statt durch vorwiegend pflanzliche Nahrung gedeckt wird. Aus durchschnittlich 10 Kalorien, die in Getreide stecken, werden bei der »Veredelung« in Fleischkalorien auf eine Kalorie beim Verbraucher reduziert. Auf der Fläche, die man benötigt, um genug Getreide für ein Kilo Fleisch herzustellen, könnten mit dem gleichen Aufwand auch 200 Kilo Tomaten, 120 Kilo Karotten oder 160 Kilo Erdäpfel geerntet werden. Noch eine Zahl: Für ein Kilo Rindfleisch muss Getreide verwendet werden, das auf 323 Quadratmetern Land wächst. Hier könnten 18 Kilo Reis gewonnen werden.[181]

»Es gibt 4 Milliarden Menschen auf der Welt, die höherwertige Lebensmittel fordern, die mehr Fleisch und Milchprodukte und auch Mais konsumieren. Das erhöht die Nachfrage nach Getreide«, erklärt Lester Brown, Chef des Earth Policy Institute in Washington, einen der wesentlichen Faktoren der steigenden Nachfrage. Der boomende Fleischkonsum bedeutet also, dass mehr Tiernahrung gebraucht wird. Die Hälfte der weltweiten Getreideernte ist dafür bestimmt. Würde man dieses Getreide direkt als Lebensmittel nutzen, könnten damit zehnmal mehr Menschen satt werden, als es heute der Fall ist. Vieh-futter ist, etwa in Ländern wie Brasilien, wo ein Viertel der Bevölke-rung zu wenig zu essen hat, vor allem in Form von Soja ein Exportgut. Die Gleichung ist einfach: Der Fleischhunger – noch ein maßgebliches Privileg der Industrieländer – verursacht Hunger in den weniger ent-wickelten Ländern. Holen hier andere Länder auf, vergrößert sich die Zahl der Reichen – es droht eine Spirale von Hunger.[182]

In ganzen Zahlen werden derzeit etwa 2 Milliarden Tonnen an Getreide als Tierfutter verwendet, vor allem in Form von Soja, von dem 80 Prozent der Ernte verfüttert werden. Der eiweißreichen Pflan-ze war nach der BSE-Krise (dem Rinderwahn) ein gigantischer Boom beschieden: Mit dem BSE-Erreger verseuchtes Knochenmehl musste substituiert werden. Dazu kam der steigende Bedarf Chinas. Ein Drit-tel der US-amerikanischen Sojaernte fließt heute in den Export nach China. In Südamerika brach ein regelrechter Soja-Goldrausch aus. Zwi-schen 1998 und 2006 stieg etwa der Soja-Export Brasiliens von 8,2 Millionen Tonnen auf 25 Millionen Tonnen. Nicht bloß die Nachfrage nach Soja, auch jene nach Mais wird von China – nach einer kurzen Phase als Exportland – gewaltig in die Höhe getrieben.[183]

Eine ähnliche Entwicklung wie in China vollzieht sich derzeit in Indien. Dies lässt neue globale Achsen der Kooperation entstehen: Ei-nen Pol der Produzentenländer bilden die Agrargroßmächte Brasilien und Argentinien, flankiert von den aufsteigenden Exporteuren Urugu-ay und Paraguay; China und Indien als Abnehmer befinden sich am an-deren Ende. Diese neue Machtkonstellation, quasi ein Bypass vorbei an den USA und Europa, ist nur eine Facette des Booms in China und Indien. Angesichts der kräftigen Wirtschaftsentwicklung kann die Be-völkerung gigantische Mengen an Nahrungsmitteln oder Rohstoffen dafür vom Weltmarkt aufkaufen; sie könnte reich genug werden, um die Hälfte des Essens von den Märkten zu absorbieren. Mit gewaltigen Konsequenzen für den Rest der Welt.

Dies alles erinnert an eine ähnliche und leider sehr häufig dis-kutierte Fragestellung: Wird es möglich sein, dass Chinesen, Inder und andere Bürger der bevölkerungsreichen Boom-Staaten jenen Grad der Motorisierung, der Autodichte, aber auch des gesamten Energiever-brauches wie wir in Europa und den USA erreichen können? Könnte dies unser Planet verkraften? Er könnte es nicht; genauso wenig wie die Erde alle Menschen so wie uns ernähren kann. Würde die gesamte Weltbevölkerung von einem Tag auf den anderen den Menüplan von Amerikanern oder Europäern übernehmen, dann könnte die Getreideernte der Erde nur noch 2,6 Milliarden Menschen ernähren; das sind 40 Prozent der derzeitigen Bevölkerung. Die Erde hätte allerdings problemlos die Kapazität, zwölf Milliarden Menschen zu ernähren; allerdings nur, wenn die oben angeführten Ertrag-Kalorien-Nutzenrechnungen fair umgesetzt würden, wenn die Ernährungsgewohnheiten von uns allen daran ausgerichtet würden, dass alle satt werden können.[184]

So wie die rasant ansteigenden $CO_2$-Emissionen die Grenzen des Wachstums von Verkehr und Energiebedarf veranschaulichen, so führt auch die Preisentwicklung von Lebensmitteln die potenziell fatale Fehlentwicklung vor Augen. Die galoppierende Preisspirale im Frühling 2008 ähnelte den Temperaturrekorden des Hitzesommers 2003: Beide Momente wirkten wie ein Schock. Gefährlich ist aber, in beiden Fragen, der erste, sehr zynische Reflex: Es wird mehr oder weniger subtil infrage gestellt, ob alle diesen Reichtum erreichen *dürfen*. Der drohende Klimakollaps und die Ernährungskrise sind in vielen Facetten miteinander verzahnt. Die beiden Probleme lassen sich auch nur mit der gleichen Strategie lösen: dem Mut zur Utopie, durch eine freiwillige Neuorientierung jener, die im Überfluss leben, an diesem sogar erkranken, eine neue Verteilungsgerechtigkeit zu schaffen.

# 9 Milliarden Menschen wollen satt werden

In seinem legendären Pamphlet »Das Essay über die Prinzipien der Bevölkerung« prägte der Brite Thomas Malthus bereits im Jahr 1798 ein bis heute wirksames Vorurteil. Die Weltbevölkerung würde sich immer selbst regeln, meinte er. Mit dem technischen Begriff des Regelns verschleierte er die brutale Realität von Massenhungersnöten, vielmehr erhob er sie zum gnadenlosen, aber doch unvermeidbaren Naturgesetz. Das Klischee schwingt mehr oder weniger unverfroren bis heute in vielen Debatten mit. Die Tatsache, dass wissenschaftlicher Fortschritt und dessen Umsetzungen in den Techniken der Landwirtschaft über Jahrzehnte, vor allem nach dem Zweiten Weltkrieg, eindrücklich vor Augen führten, dass Veränderungen der Produktion, aber auch der Konsumgewohnheiten ungeheuren Vorsorgungsspielraum bergen, droht zu verblassen. Mit der Rückkehr der Angst vor Hungersnöten wird mehr oder weniger subtil die Feststellung salonfähig, dass zu viele Menschen die Erde bevölkern würden und die Preissteigerung nichts als logischer Ausdruck der deshalb entstehenden Knappheit wäre.

Tatsächlich sind die Herausforderungen gigantisch. »Damit Armut und Hunger wirkungsvoll bekämpft werden können, muss bis 2050 die globale Agrarproduktion um 70 Prozent steigen«, so die in der Einleitung zitierte Prognose der FAO. Die aktuelle Ernährungskrise ist nicht dadurch bedingt, dass mehr Menschen versorgt werden müssen, aber sie zeigt, hoffentlich rechtzeitig, den Handlungsbedarf für eine sofortige Strukturreform auf. Die Bekämpfung der Armut ist kein Sonderthema der globalen Entwicklung und als solches zu behandeln. Stützende Maßnahmen sind nötig. Doch um das Problem bei der Wurzel zu packen, muss der globale und auch der individuelle Umgang mit Nahrung quasi revolutioniert werden.

Die Zahl der Menschen, die auf der Erde leben, stieg von 1950 mit 2,5 Milliarden auf heute 6,7 Milliarden und bis 2050 werden weitere 3 Milliarden Menschen hinzukommen und müssen auch versorgt werden. Pro Jahr sind das 78 Millionen mehr. Zur Mitte dieses Jahrhunderts werden also 9,3 Milliarden Menschen auf der Erde leben, ein Plus von 40 Prozent.[185] Der Großteil von ihnen wird in Ländern geboren, die schon jetzt massiv von der Lebensmittelkrise betroffen sind: In diesen laut Angaben der FAO besonders gefährdeten 36 Ländern leben derzeit 1,1 Milliarden Menschen, 2025 werden es 1,5 Milliarden sein und 2050 2 Milliarden. Schon heute würde die Versorgung der Menschen in diesen 36 gefährdeten Ländern klappen, wenn die Verteilung von Nahrungsmitteln gerecht wäre. Und es wäre auch, wie schon erwähnt, kein Problem, 9,3 Milliarden Menschen zu versorgen. Die Kapazitäten der Erde würden, wie oben betont, ausreichen, um 12 Milliarden Menschen zu ernähren. Die Frage, ob sie satt werden können, richtet sich eher danach, wie die Menschen hier leben.

Die Weltbevölkerung wächst zwar weiter, betrachtet man die absoluten Zahlen, doch die Rate des Wachstums pendelt sich derzeit bei 1,14 Prozent ein. Und dies nicht durch Hungersnöte, ganz im Gegenteil. Die Bekämpfung von Armut und die Förderung von Bildung – vor allem jene der Frauen – ist das beste Mittel, um Geburtenraten zu senken. Ziel der internationalen Politik müsste es nun vor allem sein, wie es Bevölkerungswissenschaftler Rainer Münz definiert, die Sicherung eines menschenwürdigen Lebens für alle Weltbürger zu garantieren. Dabei geht es vor allem um Kinder. Neun von zehn Kindern, insgesamt 1,6 Milliarden pro Jahr, werden in eine prekäre Lebenssituation geboren. Ihre Ernährungssituation zu sichern oder wenigstens so gut es geht zu verbessern, ist ein wesentlicher Schritt, um künftig diesen Ländern zu ermöglichen, der Armutsfalle zu entkommen.

## Wachstum der Städte

Damit dies möglich ist, muss ein besorgniserregendes Detail dieses Wachstumstrends stärker berücksichtigt werden: die unkontrollierte Urbanisierung der Erde. Das Jahr 2008 markierte eine historische Wende. Erstmals lebten mehr Menschen in Städten als am Land. 2030 werden dies bereits zwei Drittel der Weltbevölkerung sein: 5 Milliarden Menschen. Die etwas schale Floskel von Fluch und Segen drängt sich auf, wenn man analysiert, was dies für die künftige Versorgung mit Lebensmitteln bedeuten kann. Zuallererst ist es ein Problem. Mehr als drei Milliarden Menschen sind auf die Versorgung durch Märkte und Handelsketten angewiesen, können also in keinem Fall Preisschwankungen ausgleichen, indem sie selbst etwas anbauen. Alle Menschen, die mit weniger als einem Dollar pro Tag auskommen müssen, kämpfen mit Hunger. Doch nicht alle Menschen, die hungern, haben tatsächlich so wenig Geld zur Verfügung. Die Armut der Städter kristallisiert sich gerade jetzt als Folge des Preisschocks immer deutlicher heraus.

Gleichzeitig zeigt sich vor allem in Asien deutlich, dass dort Menschen, die am Land leben, aber keinen eigenen Boden besitzen, derzeit am stärksten von akutem Hunger bedroht sind. Sie flüchten in die urbanen Zentren. Und Städte könnten – das haben die Erfahrungen der Industrialisierung in Europa gezeigt – mehr Entwicklungs- und Ausbildungschancen für die dort lebende Bevölkerung bieten als das Land. Doch das blieb in den Megacitys der weniger entwickelten Welt aus. Fehlende Investitionen in die Infrastruktur erzeugten ein globales Armenviertel. In Afrika leben fast zwei Drittel der Menschen in Slums, weltweit fristet heute jeder sechste Mensch in den gigantisch wachsenden Städten wie Lagos, Kalkutta, Kairo, Shanghai oder Manila sein Dasein unter elenden Bedingungen. Ein Leben im Slum bedeutet in der Regel, eine Hütte aus Karton, aus Wellblech und Sperrholz gezimmert zu haben, ohne jede funktionierende Kanalisation.[186]

Diese boomende Urbanisierung der Weltbevölkerung verstärkt die Abhängigkeit von Lebensmittelmärkten und untergräbt den Grad der Selbstversorgung gleich doppelt: Die zunehmende Industrialisierung und Verstädterung frisst sich in die landwirtschaftlichen Nutzflächen. In China fällt jährlich rund ein Prozent der Ackerfläche dem Bau von Wohnsiedlungen und Fabriken zum Opfer – das entspricht der Größe von Holland und Belgien zusammen. Hinzu kommt, dass immer mehr Menschen vom Land in die Städte abwandern. Bis 2020 dürften zwischen 300 und 400 Millionen Landbewohner in die Metropolen des Ostens ziehen. Die Höfe, die sie zurücklassen, müssen von den zurückbleibenden Alten bewirtschaftet werden. In den Städten grassiert der Mangel. Dasselbe Bild präsentiert sich in den anderen Boom-Ländern: In Vietnam werden jährlich 40 000 Hektar Reisfelder für Industriebauten geopfert, in Thailand wurden im vergangenen Jahrzehnt 13 Prozent der Reisfelder dem Fortschritt geopfert.[187]

# 7 Lebensader Landwirtschaft im Würgegriff

Zuletzt aß er noch zusammen mit seiner Frau und den beiden Söhnen zu Abend. Entspannt sei er gewesen wie schon lange nicht, erzählte die Familie des Mannes später. Dann ging Pandurang Chindu Surpam hinaus auf seine Felder. Dort trank er Gift, ein Unkrautvernichtungsmittel. Er legte sich auf seine Erde und wartete dort auf den Tod. Knapp 800 Euro schuldete er einem Geldverleiher. Für den 45-jährigen indischen Bauern stand und fiel seine Existenz mit der kommenden Ernte. Sie drohte zum Desaster zu werden. Erst blieb der Monsunregen so gut wie aus, dann befielen Schädlinge seine Felder. »Wenn die Ernte nichts wird, dann sterbe ich«, sagte er mehrmals zu seiner Frau Sumitra. Auf seinem bloß 1,2 Hektar kleinen Feld wuchs Baumwolle im Wert von etwa 120 Euro pro Jahr. Selbst eine gute Saison hätte nicht mehr wirklich gereicht, um den Gläubiger ruhig zu stellen.

Bedrohlicher Existenzdruck tötet Indiens Bauern; es ist geradezu eine Epidemie ausgebrochen. Seit Jahren, eigentlich seit Jahrzehnten, wird das Phänomen registriert. Laut Berichten des indischen Parlaments haben sich zwischen 1990 und 2003 landesweit 112 000 Bauern umgebracht. Mittlerweile, mit Stand 2008, geht man bereits von 150 000 bis 200 000 Toten aus.[188] 18 000 Selbstmorde geschehen jedes Jahr. Dabei handelt es sich hier nur um vorsichtige Schätzungen. In mehreren Regionen verzeichnet man seit 2003 einen dramatischen Anstieg der Selbstmordrate, etwa in der Baumwollregion Vidarbha in Maharashtra. Allein hier wurden seither laut der nationalen Kriminalitätsstatistik über 4000 Selbstmorde registriert. Alle acht Minuten tötet sich in dieser Region ein Bauer, weil er vor lauter Schulden nicht mehr weiter weiß, landesweit begeht alle 32 Minuten ein Landwirt Selbstmord.[189]

25 000 Dollarmillionäre leben heute in Maharashtras Hauptstadt Mumbai. Sie führen ein Dasein in einem goldenen Paralleluniversum, das wirtschaftliche Wachstumsraten von 9 Prozent am Pulsieren hält und nichts mit der Realität draußen, auf den Feldern rund

um die Stadt, zu tun hat. Dort hat eine Inflationsrate von 12 Prozent im Jahr 2008, angetrieben von dramatisch steigenden Kosten für Nahrungsmittel und Energie, aber auch für Dünger und Saatgut, die Lage der Ärmsten nochmals verschärft. »Die Verfügbarkeit von Nahrung ist dramatisch zurückgegangen: von 177 Kilo pro Kopf im Jahr 1991 auf heute 152 Kilo. Die Hälfte der Kinder ist unterernährt, eine Million von ihnen sterben pro Jahr an den Folgen. Diese Entwicklung setzte ein, weil Bauern unter die Räder von internationalen Multis kamen, die hier das große Geschäft machen. Sie spüren nichts vom Boom«, empört sich Vandana Shiva, Trägerin des alternativen Friedensnobelpreises und jahrelang Kämpferin für eine gerechte Verteilung des Wohlstandes.

In den sechs Landkreisen von Vidarbha, ganz in der Nähe Mumbais, gibt es fast zwei Millionen Familien, die von Landwirtschaft leben. Das sind insgesamt etwa zehn Millionen Menschen. »Unsere Situation ist schlimmer denn je«, klagt Bauernvertreter Kishor Tiwari von der lokalen Selbsthilfegruppe »Vidarbha Jan Andolan Samiti«: »Zu all den Hürden, die wir ohnehin schon bewältigen müssen, kommt jetzt ein deutlicher Preisverfall. Wir verdienen deutlich weniger, als wir an Schulden haben. Wir sind Spieler mit dem höchsten Einsatz geworden, den es gibt: unserem Leben.« Im Herbst 2008 kündigte seine Gruppe als Ausdruck der Verzweiflung an, in den Hungerstreik zu treten.[190] Indiens Bauernselbstmorde sind Symbol des Würgegriffes geworden, in den jene geraten sind, die das Zeug dazu hätten, in den am meisten von Hunger bedrohten Gegenden etwas dagegen zu tun: lokale Kleinbauern. Oder, man kann es auch genau umgekehrt interpretieren: Ihre Krise ist die Wurzel des Problems.

## Erdrückende Schuldenlast

»Einen undankbaren Kerl« nennt der indische Journalist Palagummi Sainath jenen Bauern, den er in den Nallamada-Hügeln im indischen Staat Andhra Pradesh traf. »Er fluchte über seine engsten Freunde, die ihm das Leben gerettet hatten. Kurz nachdem der Mann eine größere Menge Pestizide geschluckt hatte, haben sie ihn gefunden und sofort ins Krankenhaus gebracht. »Aber deine Freunde haben dich doch gerettet«, habe er zu ihm gesagt, so Sainath, »deine Familie sollte ihnen dankbar sein.« Da sei er fürchterlich in Rage geraten und habe geflucht: »Ihr kapiert gar nichts. Ich habe versucht mich umzubringen, weil ich meine Schuld von 100 000 Rupien nicht abzahlen konnte. Ich hatte die Gläubiger am Hals. Und hier im Krankenhaus sind allein in vier Tagen schon wieder über 50 000 Rupien dazugekommen. Wo soll ich das Geld hernehmen? Warum konnten mich diese Idioten nicht sterben lassen?«[191]

Der »Schuldenberg« des Mannes von 150 000 Rupien entspricht knapp 2700 Euro. Es ist aus europäischer Perspektive nur schwer verständlich, dass man wegen solcher Summen freiwillig in den Tod geht. Für Indiens Bauern sind es erstickend hohe Schulden und immer mehr geraten in diesen tödlichen Sog. Laut der staatlichen indischen Statistikbehörde NSSO war vor zehn Jahren ein Viertel der Bauern des Landes verschuldet. Bis 2003 hat sich dieser Wert verdoppelt. Allein im Bundesstaat Andhra Pradesh kletterte der Anteil der verschuldeten Haushalte inzwischen auf die Rekordhöhe von 84 Prozent. Je mehr Haushalte auf dem Land überschuldet sind, desto rasanter steigt hier die Rate von jenen, die keine andere Möglichkeit mehr sehen, als sich umzubringen.

»Die Selbstmordwelle ist Symptom einer wesentlich größeren Krise«, sagt Srijit Mishra, der in einer Studie die Hintergründe der indischen Bauernselbstmorde in Maharashtra untersuchte.[192] Meist töteten sich, so seine Analyse, Männer unter 50 Jahren mit mehr als zehn Jahren Erfahrung als Landwirt. Im Schnitt hatten die meisten von ihnen etwa 700 Euro bei den Gläubigern ausständig. Vier Fünftel vergifteten sich mit Unkrautvernichtungsmitteln, so wie Pandurang Chindu Surpam. Und so lautet eine der vielen Empfehlungen, die der Studienautor auf Basis seiner Untersuchungen gibt: dass Bauern dazu bewogen werden sollten, auf biologische Landwirtschaft umzusatteln. Dies sollte nicht bloß deswegen gefördert werden, weil sie das aus der sündteuren Abhängigkeit von Produkten der multinationalen Chemiefirmen befreite; natürlich sei das ein wesentlicher Punkt betont er. Aber es könnte, meint Mishra, auch helfen, die Selbstmordrate zu bremsen, weil bei Biobauern nicht mehr so viele giftigen Substanzen lagern würden. Ähnlich hilflos klingt der Versuch der lokalen Behörden im Bundesstaat Uttar Prasdesh, die dortige Welle an Bauernselbstmorden einzudämmen. Nachdem sich elf Männer mit einem sehr billigen Haarfärbemittel getötet hatten, wurde der Verkauf des Produktes im April 2008 verboten.[193]

Landwirtschaft wurde zur Achillesferse der wirtschaftlichen Existenz Indiens. Zwei Drittel der Menschen sind in diesem Bereich beschäftigt oder verdienen als Bauern ihren Lebensunterhalt. 30 Millionen Bauern verfügen über Land, das höchstens zwei Hektar umfasst. Ihr Schreckgespenst hat einen Namen: *Artiya*. Das sind Geldverleiher, die für Wucherzinsen jenen Geld geben, die Saatgut oder – meist noch viel dringender – Dünger und Unkrautvernichtungsmittel kaufen müssen. Sie sind für jene da, die bei Banken keinen Kredit mehr bekommen, bzw. dort, wo keine Banken mehr sind.

Anfang 2008 entschied sich die indische Regierung – auch mit Augenmerk auf die Wahlen 2009 – endlich zu handeln. Fast 10 Millionen Euro wurden in die Entschuldung von Kleinbauern investiert. Doch das Projekt stellte sich als mangelhaft heraus, da es nicht jene Beträge umfasste, die man diesen *Artiya* schuldete. Dazu setzte die Regierung noch einen weiteren Schritt, der einen verheerenden Effekt hatte. 100 000 Rupien, knapp 2000 Euro, zahlt der Staat den Familien eines Bauers, der freiwillig aus dem Leben scheidet, damit die Hinterbliebenen irgendwie über die Runden kommen. Dieser Betrag ist oft weit höher als der Großteil ihrer Schulden. Und so wurde die Maßnahme erst recht zu einem weiterer Grund für Selbstmorde: um die Familie abzusichern.

Heftige Kritik an der mangelhaften Unterstützung für Bauern kommt mittlerweile von einer Region, wo die Behörden tunlichst versuchen, die Realität von Bauernselbstmorden auszublenden: aus dem Punjab, der Kornkammer Indiens, der Wiege der »Grünen Revolution«, die Hunger und Not in dem Milliardenstaat für immer hätte beenden sollen. »90 Prozent unserer Bauern sind schwer verschuldet. Die Mehrheit aber nicht bei Banken, sondern bei privaten Geldgebern«, sagt Shamsher Singh, ein sehr wohlhabender Landwirt aus dem Distrikt Patiala im Punjab. »Unser Problem kann sich erst bessern, wenn die Gutschriften der Regierung auch bei diesen Leuten eingelöst werden können.« Doch zuerst müsste sich die indische Öffentlichkeit das Scheitern ihrer Agrarwirtschaft auch in diesem Vorzeigestaat im Nordwesten eingestehen.

Dieser Schritt käme einer politischen Kapitulationserklärung gleich, räumt der Rechtsanwalt Singh Jaijee ein: »Das Punjab wurde uns immer als landwirtschaftliche Erfolgsstory verkauft. Würde die Regierung zugeben, dass die Bauern hier unter enormen Druck geraten sind, dann würde dieses Eingeständnis bedeuten, dass die gesamte indische Agrarstruktur am Rande des Kollaps steht.« Singh Jaijee ist Gründer der Organisation »Movement Against State Repression«, die sich auch für das totgeschwiegene Elend der Bauern einsetzt. 40 000 Bauernselbstmorde hat der Anwalt im Punjab in mühsamer Kleinarbeit dokumentiert. In Wahrheit, meint er, seien sie hier nicht trotz der »Grünen Revolution«, sondern als Folge der Reformen so sehr in Bedrängnis geraten: Durch die intensiv betriebene Landwirtschaft, den massiven Einsatz von Düngern und Bewässerungsanlagen nahm die Bodenerosion dramatisch zu, der Wasserpegel sank. Die Landwirtschaft blutete förmlich aus und mit ihr jene, die davon leben.

## Vom Traum, als europäische Kuh wiedergeboren zu werden

Es sind diese Umweltfaktoren, die allen indischen Bauern zu schaffen machen. Doch sind sie »nur« eine Facette des Problems. Hier wird vor allem durch die Vernachlässigung der Kleinbauern Hunger gemacht. Es ist jenes Muster, das die Lebensadern kleiner Landwirte überall auf der Welt abschnürt. Anfang der 1990er-Jahre begann sich Indien dem Weltmarkt zu öffnen, die Handelsbarrieren wurden gelockert.

Saatgut und Düngemittel internationaler Konzerne strömten ins Land, wurden als Wundermittel zur Steigerung der Produktion angepriesen. Doch gleichzeitig wurde die Preis- und auch Qualitätskontrolle gelockert. Dazu fehlte es den Bauern zu diesem Zeitpunkt an der nötigen Unterstützung, etwa Startkapital, um sich die teuren Mittel anschaffen zu können, sowie an Versicherungen gegen Unwetter und Ernteausfälle.[194] Das Wachstum der landwirtschaftlichen Produktion verlangsamte sich bedrohlich. Sie verzeichnet lediglich ein Plus von

2,6 Prozent. Angesichts des Booms der gesamten Volkswirtschaft nimmt sich das sehr bescheiden aus. Bedrohlich ist aber die viel zu geringe Steigerung der Getreide- und Reisernten: Mit einem Plus von etwa einem Prozent hinkt sie deutlich hinter dem Bevölkerungswachstum nach. Seit 2006 muss Getreide importiert werden, damit die 1,1 Milliarden Inder versorgt werden können.[195] In den folgenden Jahren wuchs die importierte Menge um 50 Prozent weiter; die Versorgung der Bevölkerung ist deshalb zunehmend abhängig vom Weltmarkt. Angesichts der volatilen Preise ist dies hier ebenso fatal wie in Haiti, auf den Philippinen oder in den besonders von der Lebensmittelkrise betroffenen Ländern Westafrikas. Lediglich gigantische Summen, die von der Regierung in Preissubventionen gepumpt wurden, ermöglichten dem Gros der armen Inder, sich ihr Leben noch leisten zu können.

Eines hat Indien mit den erwähnten Ländern gemeinsam, oder vielmehr zwei Punkte: Um Devisen ins Land zu bringen, setzte man auf so genannte Cash-Crops; das sind Agrarprodukte, die im Inland kaum gebraucht werden, aber für den Export in die reichen Teile der Erde sehr lukrativ sind. Der Anbau von Lebensmitteln für die Menschen vor Ort wurde vernachlässigt, um Rosen, Shrimps, Babykarotten und vor allem Baumwolle für den Export zu produzieren. Doch damit werden sie vom Weltmarkt und von einigen wenigen global agierenden Exportunternehmen abhängig. »Im Interesse der Industrie hat Indien seine Zollgrenzen geöffnet – obwohl die Landwirtschaft darauf nicht vorbereitet war«, so der Wirtschaftswissenschaftler Vijay Jawandhia, Sprecher der Aktivistengruppe »Shetkari Sanghatana«. Indische Bauern müssen sich nun am Weltmarkt gegenüber von anderen Ländern subventionierten und somit wesentlich billigeren Produkten behaupten. So konnte man Baumwolle vor zehn Jahren um 2 Euro pro Kilo verkaufen, derzeit liegt der Preis bei 40 Cent.[196]

Diesen Zusammenhang unterstreicht auch Srijit Mishra in seiner Studie über Bauernselbstmorde: »Es gab zwei Faktoren, die das Leben für die Baumwoll-Farmer so schwierig gestaltet haben: Es regnete zu wenig, gleichzeitig fiel der Grundwasserpegel. Dazu kam aber, dass weltweit plötzlich viel mehr Baumwolle am Markt war. Die Preise fielen, zumal die USA ihren Bauern sehr hohe Förderungen zahlen und

Indien lediglich 5 Prozent an Zöllen einhebt.« Diese Faktoren führten dazu, dass jene, die auf Cash-Crop setzten, viel verloren.

Ein Bauer im südlichen indischen Staat Kerala hat für sein ein Hektar großes Reisfeld zum Beispiel lange Jahre umgerechnet knapp 100 Euro pro Jahr aufgewendet. Nach der Umstellung auf den Anbau von Vanilleschoten musste er das Zwanzigfache ausgeben. Das bedeutete für ihn höhere Kredite, eine weit größere Zinsbelastung und stark erhöhte Risiken. In Indien gibt es keinen Binnenmarkt für Vanille, doch die Erlöse durch den Export klangen nach einer wahren Goldgrube: 2003 bekam man für ein Kilogramm Vanille bis zu 80 Euro. Heute liegt der Preis, den sie von den Großhändlern bekommen, bei 1,50 Euro. Was für Vanille gilt, lässt sich auf Kaffee, Baumwolle und Rosen übertragen. Statt Nahrungsmitteln gedeihen hier nur noch Schulden.

Zu diesem Preisverfall haben maßgeblich die USA und die EU beigetragen. Auf der einen Seite werden die ärmeren Länder vom Internationalen Währungsfonds, der Welthandelsorganisation (WTO) und der Weltbank dazu gedrängt, ihre Märkte zu öffnen. Gleichzeitig unterstützen die USA und die EU ihre Bauern mit großzügigen Subventionen. Vijay Jawandia, Bauernführer in Vidharbha, sagt dazu nur: »Wir rackern uns stundenlang für einen Euro pro Tag auf den Feldern ab. Der Traum eines indischen Bauern ist es, als europäische Kuh wiedergeboren zu werden.«[197]

# Wenn Devisen geerntet werden

1,5 Milliarden Hektar Ackerland werden weltweit bewirtschaftet. Dies ist mehr als genug Land, um die Menschen dieser Erde zu versorgen. Weltweit ernten Bauern über 2 Milliarden Tonnen Getreide; dreimal so viel wie noch 1960. Allerdings geht der Großteil der Produktion in Futtermittel, um den ständig steigenden Fleischkonsum in den Industrieländern zu decken, und, wie oben gezeigt, zu einem immer höheren Anteil in die Erzeugung von Biotreibstoffen. Dabei muss, um Hunger und Armut bekämpfen zu können, künftig ein Gewaltakt gelingen: Bis 2030 braucht die Erde doppelt so viel landwirtschaftliche Produkte wie jetzt und zu diesen müssen alle einen fairen Zugang haben. Nur so wird es möglich sein, dass alle Menschen, die dann auf der Erde leben, ihr fundamentales Grundrecht zugestanden bekommen: genug zu essen zu haben.

»Die zunehmende Knappheit an Getreide oder anderen Grundnahrungsmitteln ist vor allem deshalb entstanden, weil die Produktivität im Agrarsektor kaum noch wächst«, warnte allerdings Lennart Bage, Präsident des »Internationalen Fonds für landwirtschaftliche Entwicklung« anlässlich des Welternährungsgipfels in Rom. Das Jahr 2008 war geprägt von einer Rekordernte und in diesem Zusammenhang klingen Klagen über zu wenig Produktion etwas seltsam. Doch die Zuwächse der Erntemengen entfielen vorwiegend auf die entwickelten Länder. In Europa und in den USA stiegen die Erträge um bis zu 13 Prozent. Dort, wo es an Nahrung mangelt, wurde und wird aber zu wenig produziert. Abermals verdeutlicht sich hier das Grundproblem der Ernährungskrise: Wir haben es – noch – nicht mit einer bedrohlichen Verknappung von Lebensmittel zu tun. Aber die Umverteilung des Wohlstandes funktioniert einfach nicht.

Um zu begreifen, wie die Realität für den Großteil der Bauern auf dieser Welt aussieht, muss man kurz die Augen schließen. Und dann alles vergessen, was man auf den Feldern bei Europas Landwirten gesehen hat. Bauer zu sein, heißt für jene 450 Millionen Männer und Frauen, die nur 2 Hektar oder noch weniger Grund besitzen, tägliche Arbeit bis zum Umfallen.[198] Mit bloßen Händen bearbeiten sie den Boden. Sie sind dem Wetter und den Zwischenhändlern auf Gedeih und Verderb ausgeliefert. Glück heißt für sie, einen Ochsen zu haben, der hilft, das Land zu pflügen, meist mit selbst geschnitzten hölzernen Geräten.

Die Kleinbauern in den weniger entwickelten Regionen der Welt könnten sich selbst nicht ausreichend ernähren, geschweige denn die Menschen in ihrer Region. In Afrika südlich der Sahara etwa, wo die ohnehin katastrophalen Verkehrsverbindungen den Zugang zu Märkten erschweren, wo derzeit lediglich 4 Prozent aller Äcker künstlich bewässert werden, die fortschreitende Klimaveränderung die sensiblen Jahreszeiten völlig durcheinanderwirbelt: Hier müssten sofort und rasch die Erträge gesteigert werden. Doch das Gegenteil ist der Fall: Im Gegensatz zum Rest der Welt verringert sich hier von Jahr zu

Jahr die Ernte. Erschwerend kommt hinzu, dass ein Drittel der Erträge verrottet, weil die Logistik nicht funktioniert oder in ungeeigneten Lagerhallen Insekten alles vernichten.

80 Prozent der Ärmsten der Welt leben von und auf dem Land. Billige Importprodukte, mangelnde Unterstützung durch ihre Regierungen haben sie in die Armutsfalle gedrängt. Eigentlich müssten höhere Preise ihnen jetzt zugutekommen, ein Ansporn sein, um mehr zu produzieren. Höhere Weltmarktpreise wurden jedoch nur selten an sie weitergegeben, da sie wenigen privaten Händlern ausgeliefert sind. Zugleich sind die Kosten für Benzin, Dünger und Herbizide drastisch angestiegen. »Diese Preise für alle diese Dinge, die wir für die Arbeit brauchen, sie wachsen schneller als dieses Kind«, sagt etwa die 36-jährige Bäuerin Julianna Maritim aus einem Dorf im zentralen Kenia und streichelt über den Kopf ihrer zweijährigen Tochter. »Schauen sie sich das Feld an: Es ist leer. Hier sollten wir eigentlich bald ernten. Doch ohne Dünger und Unkrautvernichtungsmittel wächst nichts.« Und wenn sie erntet, ist ihre einzige Chance, die Produkte an einen Zwischenhändler zu mickrigen Preisen verkaufen. »Unser kleiner Transporter, den das halbe Dorf nützte, funktioniert seit langen nicht mehr. So können wir nicht mehr selbst auf den Markt und die Spannen werden kleiner.«

Was nützen also Preisrekorde, die an der Börse von Chicago auf Computerschirmen aufblinken, irgendwo am Land, wenn die Preise de facto von anderen Abnehmern diktiert werden? Großunternehmen und Anleger schöpfen die Gewinne ab, nicht kleine Landwirte. Um das herauszufinden, braucht man jedoch nicht einmal bis Afrika zu reisen: Jeder Kleinbauer in Europa bestätigt diesen Trend, wie schon im Kapitel zuvor zu lesen war: Die Preise für ihre Güter erleben ein Auf und Ab, gleichzeitig wird die Produktion immer teurer.[199]

## Blumen statt Brei: Landwirtschaft, die Hunger macht

Angesichts der globalen Lebensmittelkrise und der Dringlichkeit ihrer Lösung muss eine Schlüsselfrage der Landwirtschaftspolitik neu beantwortet werden: Ist es klüger, gleichgültig wie sich die klimatischen

Bedingungen gestalten, wenigstens die Grundnahrungsmittel selbst zu produzieren, oder sollte man sich auf den Anbau bestimmter Produkte spezialisieren oder sich ganz der Industrialisierung verschreiben und dafür Lebensmittel importieren?

Der Trend ging lange Zeit eindeutig in die zweite Richtung, hin zur globalen Arbeitsteilung der Nahrungsmittelproduktion. Doch jetzt offenbaren sich gnadenlos die Schwächen des Systems. Freilich hätte der Nil kein Wasser mehr, würde Ägyptens Landwirtschaft die gesamte Bevölkerung selbst versorgen müssen. Doch andererseits wurde Ägypten, um bei dem Beispiel zu bleiben, im Teuerungsjahr 2008 von bürgerkriegsähnlichen Unruhen erschüttert, als die hohen Preise sich in einer dramatischen Verteuerung von Brot niederschlugen. Ein Großteil der Felder in Ägypten wird – anstatt für den Anbau von Lebensmitteln für den lokalen Konsum – für den Anbau von Futtermitteln, die für den Export in Industrieländer bestimmt sind, verwendet. Die Ägypter selbst sind auf Lebensmittelimporte angewiesen.

Die zentrale Frage ist daher nicht so sehr, ob man diesen Trend ideologisch oder politisch für richtig hält, sondern vielmehr, ob Landwirtschaft überhaupt globalisierbar ist. Die weltweite Ernähungskrise illustrierte anschaulich die Probleme einer engen internationalen Verzahnung der Lebensmittelproduktion. Sie zeigte, wie brüchig Handelsbeziehungen sind, wenn die Ernährung der eigenen Bevölkerung plötzlich in Frage gestellt ist. Die Lage verschärfte sich dramatisch, als wichtige Exportländer inmitten der Krise ihre Ausfuhren stoppten, um die Versorgung der eigenen Leute sicherzustellen. Elf Länder froren Mitte 2008 ihre Reisexporte ein, 15 Staaten kappten oder halbierten ihre Weizenausfuhren und mehr als ein Dutzend Länder verhängten Exportstopps für Mais.

In jenen Ländern, die auf diese Importe angewiesen sind und die sich auf die billige Zufuhr von Lebensmitteln verlassen hatten, wurde zu diesem Zeitpunkt deutlich, dass die Versorgung ihrer Bevölkerung auf den guten Willen einiger weniger Staaten und ihrer Regierungen angewiesen war. Das Schlagwort »Ernährungssouveränität« gewann an politischer Brisanz, dazu die Forderungen internationaler Interessengruppen von Kleinbauern, etwa »Via Campesina«, die seit

Jahren vor den verheerenden Folgen der Internationalisierung und Industrialisierung der Lebensmittel warnen.

Neoliberalen Grundsatzreden, die einen noch freieren Markt als Patentrezept gegen die schwächelnden Landwirtschaftsstrukturen anpriesen, stießen zunehmend auf Skepsis.[200] »Es ist doch ein Anachronismus einer längst vergangenen Zeit, wenn die unterentwickelten Länder daran festhalten, sich selbst zu ernähren. Sie sollen einfach unsere amerikanischen Produkte kaufen«, tönte 1986 John R. Block, damals US-Landwirtschaftsminister der neoliberalen Administration unter Präsident Ronald Reagan. Liest man dies heute, klingen die Worte wie menschenverachtende Ironie.

Mit der Abhängigkeit von Importen war die potenzielle Zerstörungskraft plötzlich steigender Welthandelspreise vorprogrammiert. Der Beginn der Katastrophe, die dazu führte, dass zu Beginn des Jahres 2009 wieder einer Milliarde Menschen Hunger droht, war in Wahrheit nur eine Frage der Zeit. Angesichts von Liberalisierung und Industrialisierung verlor, wie sich jetzt zeigt, die Welt aus den Augen, worum es bei Landwirtschaft in erster Linie zu gehen hat, nämlich darum, die Versorgung von Menschen mit gesunden und leistbaren Lebensmitteln zu garantieren.[201]

Und mit dieser Versorgung ist eben nicht jene der Bevölkerung von Industriestaaten mit Obst und Gemüse außerhalb der Saison, der Textilindustrie mit Baumwolle oder Palmöl für die sogenannten »grünen Treibstoffe« der reichen Länder gemeint, sondern die Versorgung der Menschen vor Ort. Laut der Organisation für Ernährung und Landwirtschaft der Vereinten Nationen (FAO) sind zwei Drittel der weniger entwickelten Länder, die in den 1980er-Jahren noch Nettoexporteure von Lebensmitteln waren, zu Importeuren geworden. Noch vor 40 Jahren erwirtschafteten die Bauern dieser Länder einen Überschuss an Nahrung, der Exporteinnahmen von 7 Milliarden Dollar bedeutete. Derzeit müssen sie um 342 Milliarden Dollar Nahrung importieren, um ein Drittel mehr als im Jahr zuvor.[202]

Der Kreislauf startete während der internationalen Schuldenkrise in den 1980er-Jahren, als der Internationale Währungsfonds und die Weltbank den Druck auf weniger entwickelte Länder erhöhten, ihre Ausstände zu begleichen. Strukturanpassungsprogramme für die

Umstellung auf exportorientierte Wirtschaft gepaart mit einer massiven Deregulierung der Wirtschaft wurde ihnen förmlich aufgezwungen. Um ihre Schulden zu bezahlen, war vor allem Geld in Form harter Devisen nötig. Statt Nahrungsmitteln sollten Cash-Crops wachsen, landwirtschaftliche Produkte, die eine hohe Wertschöpfung im Export erzielten, lukrative Geschäfte sicherten – so zumindest das Versprechen an die Schuldnerstaaten. Doch es war dies nichts anderes als der Versuch, die Landwirtschaft wie die Industrie zu globalisieren.

Die Folgen dieser Politik sind in vielen Facetten schlicht und ergreifend bizarr. In Äthiopien, das im Laufe des Jahres 2008 immer näher an den Rand einer verheerenden Hungerkatastrophe rückte, säumen die Straßen zu den Zentren des Hungers weitläufige Glashäuser. Hier werden Blumen für Europa gezogen. Mit großem Erfolg, wenigstens oberflächlich betrachtet. 200 Millionen Dollar pro Jahr erwirtschaften die Blumen – im Export. Das Geschäft wächst derzeit dreimal so rasch wie der weltweite Lebensmittelmarkt. »Die Folgen sind – gelinde gesagt – ein Problem für die Produktion lokaler Nahrungsmittel«, sagt Paul Ogmanga, der als Getreidespezialist für die Hilfsorganisation »Catholic Relief Services« arbeitete. »Zum einen fehlen Anbauflächen, das Wasser für die nötige Getreidewirtschaft. Zum anderen wird der Preis von Düngemitteln in die Höhe getrieben.«

Dramatisch entwickelte sich auch die Lage in Malawi, wie sich während einer gravierenden Lebensmittelkrise im Jahr 2002 zeigte. Damals waren 13 Millionen Menschen im südlichen Afrika von akuter Mangelernährung bedroht. »Schuld war eine schlechte Ernte angesichts eines regelrechten Wetterchaos«, hieß es. Erst setzten Fluten die Felder unter Wasser, dann blieb der Regen aus. »Gegessen wird nur mehr jeden dritten Tag. Wir müssen noch Monate mit dem Mais durchkommen«, berichtete die Bäuerin Emida. Ihren letzten Sack Mais hütete sie damals wie einen Goldbarren. Er reichte noch für vier Wochen, doch mit der nächsten Ernte war erst in einigen Monaten zu rechnen.

Ihr Leben war ein Drahtseilakt ohne Netz. Vor der kleinen Hütte, geflochten aus dünnen Ästen, mit einer Strohmatte als Dach, brodelte über dem offenen Feuer eine Suppe. Feldmäuse schwammen darin. Mäuse – erst gekocht und dann getrocknet – sind hier eine traditionelle Zwischenmahlzeit. Aber zu diesem Zeitpunkt waren die Nagetiere das letzte verfügbare Nahrungsmittel geworden. Während Emida erklärte, warum ihre Familie Mäuse aß, kämpfte sie mit Tränen: »Vor ein paar Wochen, als ich vom Feld heimkam, lag eines meiner Kinder, meine Tochter Mellia, tot in der Hütte. Sie war erst zehn. Ich hatte nicht bemerkt, dass sie ihre Ration von unseren kargen Mahlzeiten den kleinen Geschwistern gab. Sie starb, weil sie keine Kraft mehr hatte.«

Brutale Kämpfe um Mais prägten den Alltag in dem Land. Im Spital der Stadt Balaka berichtet der diensthabende Arzt von schwersten Verwundungen, die er während der Ernte behandeln musste: »Mein Wartezimmer war gesteckt voll von Menschen, die nach Attacken von Macheten verstümmelt waren: Es waren Diebe, die auf fremden Feldern stahlen, um zu Mais zu kommen. Ich fürchte mich vor der nächsten Erntesaison. Dann werden sich die Menschen wieder um das wenige, was wir hier haben, prügeln.«

Hilfe kam von internationalen Organisationen. Die Regierung Malawis war damals nicht in der Lage, die Bevölkerung aus eigenen Kräften zu unterstützen. Die strategischen Maisvorräte waren weg. Niemand wusste, was aus den 160 000 Tonnen in den Lagerhäusern geworden war. »Wir haben sie verkauft«, gab Präsident Bakili Muluzi schlussendlich zu. »Der Internationale Währungsfonds hatte uns unter Druck gesetzt.« Dieser bestritt dies vehement. Die Wahrheit in dieser Causa mag irgendwo in der Mitte liegen, aber das Muster ist sonnenklar: Korruption in den Führungseliten, wie sie in vielen Ländern Afrikas leider massiv üblich ist, trieb in Kombination mit dem plötzlichen Entschuldungsdruck bizarre Blüten. Sie waren für viele Menschen, wie die kleine Mellia, tödlich.

## Als die Zauberformel »Doha« ihre Magie verlor

»Das nackte Überleben von Millionen von Menschen im Süden steht auf dem Spiel«, sagt die Ökonomin Alexandra Strickner, die seit 2003 für das »Institute for Agriculture and Trade Policy« tätig und Vorstandsmitglied von ATTAC Österreich ist. Dazu sei, so Strickner, jetzt ein entscheidender Moment erreicht, »denn mit einem Schlag wurde offensichtlich, dass dieses zunehmend globalisierte Landwirtschafts- und Lebensmittelsystem nicht funktioniert: Was passiert ist, kann zur Chance werden, die Prioritäten neu zu setzen, einen hohen Grad an Selbstversorgung mit Lebensmitteln zu propagieren. Ziel muss es sein, eine Demokratisierung der Ernährungsversorgung zu erreichen und den Einfluss der transnational agierenden Agro-Konzerne zu brechen, die seit Jahrzehnten die Liberalisierung des Marktes vorantreiben. Denn die tiefer liegende Ursache der aktuellen Explosion der Lebensmittelpreise und die dadurch verursachte Ausweitung der Hungerkrise ist die seit drei Jahrzehnten verfolgte Politik der Liberalisierung und Deregulierung der Landwirtschaft und Agrarpolitik.«

Weniger entwickelte Länder wurden im Rahmen der oben erwähnten Strukturanpassungsprogramme von Weltbank und dem Internationalen Währungsfonds nicht bloß dazu gebracht, ihre Landwirtschaft auf Cash-Crops umzustellen. Wer Darlehen der Weltbank und des Währungsfonds erhalten wollte, bekam dies nur unter der Bedingung, die Grenzen für den Import von meist hoch subventionierten Produkten der Industriestaaten zu öffnen und sich aus der Preisgestaltung zurückzuziehen. So überschwemmten billige Lebensmittel ihre Lebensmittelmärkte, die unterhalb ihren tatsächlichen Produktionskosten verkauft wurden. Damit konnten sich die USA und die EU ihrer Überschussproduktion entledigen und ihren Bauern weiterhin einen adäquaten Preis garantieren.

Gleichzeitig wurden die Entwicklungsländer mit dem Argument der Beseitigung von »Marktverzerrung« dazu gedrängt, Instrumente zur Sicherung der Einkommen von Bauern abzuschaffen. Von nun an sollte der »freie Markt« diese Funktion übernehmen. Die Abschaffung der öffentlichen Politikinstrumente zur Förderung der Landwirtschaft und die Öffnung ihrer Märkte für billige Importe hatten zur Folge, dass zahlreiche Kleinbauern plötzlich einem Wettbewerb ohne jegliches Sicherheitsnetz ausgesetzt waren.

Im globalen Bauerndorf sind eben einige gleicher als andere. Just die USA und die EU sind am weitesten davon entfernt, für faire Marktbedingungen zu sorgen, indem sie hohe Zollbarrieren errichten und gleichzeitig ihre Produkte zu künstlich niedrig gehaltenen Preisen exportieren – in Länder, denen die Marktöffnung förmlich aufgezwungen wurde. »Die Industriestaaten der OECD haben ihren Landwirten und Viehzüchtern im Jahr 2007 mehr als 350 Millionen Dollar an Subventionen für Produktion und Export bezahlt. Insbesondere die Europäische Union praktiziert in Afrika das Agrar-Dumping. Das führt in erster Linie zur systematischen Zerstörung der afrikanischen Selbstversorgung mit Grundnahrungsmitteln«, so Jean Ziegler, der ehemalige UN-Sonderbeauftragte für das Recht auf Ernährung. Er illustriert seine Kritik am Beispiel des Großmarktes Sagada in der senegalesischen Hauptstadt Dakar. Hier gibt es unabhängig von den Erntezeiten jedes denkbare Produkt zu kaufen: aus Portugal, Frankreich, Spanien, Italien, Griechenland. Und dies zu einem Drittel oder der Hälfte des Preises, den die Produktion dieser Güter im Senegal kostet. Bauern vor Ort, die sich stundenlang in der Hitze abkämpfen, können nicht mit den durch Subventionen verbilligten Importprodukten mithalten.[203]

Ein weiteres Beispiel, wie verheerend die Folgen von Lebensmittelexporten sein können, hat der Evangelische Entwicklungsdienst anhand von Hühnerfleischexporten aus Europa, die Kleinbauern in Westafrika ruinierten, dokumentiert; eine Praxis, gegen die sich in Kamerun mittlerweile eine erfolgreiche Bürgerinitiative gebildet hat.[204] Das Land trat 1995 der Welthandelsorganisation WTO bei. Zu den Spielregeln gehörte, dass die Einfuhrzölle auf ein gewisses Niveau gesenkt wurden. So verlangte Kamerun für Hühnerfleisch ab diesem Zeitpunkt nur noch 20 Prozent Zoll, kontingentierte aber die Liefermenge. Letzteres scheitere an zu wenig Personal für die Kontrolle in den Häfen. Die vergleichsweise niedrigen Zölle riefen aber europäische Importeure auf den Plan. Sie hatten Unmengen von Geflügelteilen zur Verfügung, da in Europa die Nachfrage nach den zarten Bruststücken sprunghaft angestiegen war, der Rest des Tieres aber schwer verkäuflich war. Hühnerfleisch ist im Kamerun eine Delikatesse, ein Statussymbol – auch Keulen und Flügel.

Mit einem Mal kamen tonnenweise gefrorene Teile von Hühnern, die in Europa unverkäuflich waren, auf den Markt Kameruns. Zwischen 1996 und 2005 vervierfachte sich die importierte Menge auf 140 000 Tonnen, die Preise verfielen. Die Existenzgrundlage der lokalen Geflügelbauern, die mit den niedrigen Kosten der Importware nicht mithalten konnten, war zerstört. Gleichzeitig erkrankten viele Menschen an schweren Lebensmittelvergiftungen, da die langwierigen Transportwege und die Verkaufsbedingungen auf offenen Märkten für Tiefkühlware völlig ungeeignet sind. Die Importeure machten dafür ein doppeltes Geschäft: Der Supermarktpreis in Europa für Geflügelbrust deckte die gesamten Kosten der Produktion. Die Erlöse aus den Afrika-Exporten waren sozusagen die Draufgabe.

Unangenehm zu spüren bekommen diesen Teil der Landwirtschaftspolitik der EU aber nicht bloß die Bauern weniger entwickelter Länder. 6 Milliarden Euro kostet den Konsumenten Europas die Subventionierung der Bauern, wodurch sich auch die Lebensmittelpreise bei uns erhöhen.[205] 41 Milliarden Euro werden insgesamt für Landwirtschaftliche Subventionen pro Jahr ausgegeben. Die Exportsubventionen wurden in den vergangenen Jahren zwar gekürzt, die EU gibt aber immer noch 1,4 Milliarden Euro aus, um die Preise für den Export überschüssiger Waren zu drücken.

Dies alles verdeutlicht, warum die Skepsis angesichts einer noch weiteren Liberalisierung des Agrarmarktes, vor allem dann, wenn sich an den Spielregeln der Industriestaaten nichts ändert, massiv wächst. In acht Verhandlungsrunden zwischen 1947 und 1994 wurden die weltweiten Handelshemmnisse unter dem Dach des WTO-Vorgängers GATT sukzessive abgebaut. Ohne sie wäre der internationale Austausch von Gütern und Dienstleistungen, wie wir es längst gewöhnt sind, undenkbar. 1995 wurde die Welthandelsorganisation WTO mit dem Ziel, die sukzessive Liberalisierung des Handels in allen Bereichen voranzutreiben, gegründet; der Weltmarkt war quasi erschlossen. Die WTO wurde so zum Garanten der neoliberalen Ordnung des Handels.[206]

Just im Krisenjahr 2008 wollte man nach sieben Jahre dauernder Verhandlungen, die 2001 in Doha, der Hauptstadt Qatars, begonnen hatten, einen Abschluss in dem Prozess der Liberalisierung erreichen. Die bisherigen Freihandelsapologeten glaubten fest daran, dass gerade jetzt eine noch großzügigere Öffnung der Märkte der Stein der Weisen zur Lösung der akut gewordenen Teuerungskrise der Nahrungsmittel sei. Im Mai 2008, um das vielleicht prominenteste Beispiel anzuführen, präsentierte Robert Zoellick als Weltbankpräsident ein Zehn-Punkte-Programm zur Lösung der globalen Lebensmittelkrise. Unter Punkt neun vermerkte er:»Wir müssen die Doha-Runde der Welthandelsorganisation zu Ende bringen, um alle Hürden, die eine faire Gestaltung des globalen Agrarmarktes noch verhindern, auszuräumen: Dazu gehört vor allem die Streichung von Subventionen. Niemals zuvor war die Notwendigkeit, internationale, von allen akzeptierte Regeln zu schaffen, größer.«[207]

Zoellick ist so etwas wie der Vater dieser so genannten Doha-Runden. Er war bei Verhandlungsbeginn, im November 2001, US-Handelsminister. Damals schwebte ihm vor, dass Armutsbekämpfung in Form einer verstärkten Markteinbindung der weniger entwickelten Länder das globale Ansehen der Werte der USA und des Westens wieder steigern könnte. Dies war als Reaktion auf die Terroranschläge in New York und Washington konzipiert, die auch als Aufruhr der marginalisierten Teile der Welt interpretiert wurden. Bei der WTO-Ministerkonferenz in Doha wurden die Parameter für diesen Prozess festgelegt. Die weniger entwickelten Staaten stimmten den Verhandlungen dann auch nur unter einer Bedingung zu: Wenn sie»Entwicklungsrunde« genannt würde.[208]

Gelungen ist dies nicht. Im Laufe der Verhandlungen wurden viele für weniger entwickelte Länder wichtige Themen über Bord geworfen. Die ärmsten Staaten hätten deshalb zu den großen Verlierern gezählt. Lediglich große Agrar-Exporteure wie Brasilien, Argentinien oder Thailand wären in der Lage gewesen, von einer weiteren Liberalisierung des Bereichs zu profitieren. Nach neun Tagen Verhandlungen scheiterte dann aufgrund dieser Differenzen der Abschluss der Doha-Runde im Juli 2008. Für die Verfechter einer weitgehenden Liberalisierung war es ein schwarzer Tag.»Das ist ein massiver Angriff auf das Vertrauen in die globale Wirtschaft«, kommentierte etwa Peter Brown, Sprecher der EU-Kommission, das Scheitern der Doha-Runde. »Wir hätten dies sehr dringend gebraucht.«

Kern des Konfliktes während der Verhandlungen, der schlussendlich auch zu deren Scheitern führte, waren das Ausmaß und die Ausgestaltung von Schutzmechanismen für die landwirtschaftlichen Märkte von Schwellen- und Entwicklungsländern vor Billigimporten. Damit sollten die dortigen Bauern vor einem existenzbedrohenden Preisverfall geschützt werden. Eine Allianz von weniger entwickelten

Ländern, angeführt von Indien und China, war nicht bereit, den vorgelegten Kompromissvorschlag zu akzeptieren, da dieser als zahnlos und zu wenig weitgehend interpretiert wurde. Umgekehrt waren die USA nicht bereit, ihre Position zu verändern.

Aus Sicht Indiens erfolgte deshalb das Scheitern zu Recht, wie Vandan Shiva, Kommentator der indischen »Economic Times« ausführte. »Unsere Bauernselbstmorde sind keine Trivialität«, schrieb er am Tag nach dem Scheitern der Verhandlungsrunde, das er so ganz und gar nicht als tragischen Fehlschlag deuten wollte, sondern es als »Sieg der Einigkeit des Südens und vor allem der Bedürfnisse der 600 Millionen Bauern Indiens« bezeichnete. »Der Weizenpreis in Indien wäre bei einem Abschluss genauso wenig dramatisch gestiegen wie der Maispreis in Mexiko, wären beide Staaten nicht gezwungen, Billigimporte ins Land zu lassen und so für die Gewinne der Multis zu sorgen.«[209]

## Wer die Kleinbauern rettet, rettet die Welt

Eigentlich ist es absurd. Die Kombination aus zu viel und gleichzeitig zu wenig Hilfe für Bauern bereitete den Nährboden für die globale Ernährungskrise, die sich, angefacht von einigen weiteren Faktoren, zu einem »stillen Tsunami« auswuchs. Als die EU in dem Krisenjahr ankündigte, über eine Milliarde Euro aus ungenutzten Förderungen ihrer Bauern in die Hilfe für Afrikas Bauern zu investieren, war dies – wenigsten in der Theorie, die Überweisung der Summe verzögerte sich – ein erster Schritt hin zu einer notwendigen Balance. Nun wendet sich das Blatt: Plötzlich gilt die Förderung von Bauern als Gebot der Stunde. Die Fehler der Vergangenheit werden reumütige eingestanden. Viele Länder, die heute Schwierigkeiten haben, ihre Bevölkerung angesichts der hohen Preise zu versorgen, wurden vor 30 Jahren von Weltbank und dem Internationalen Währungsfonds dazu gezwungen, ihre Förderungsprogramme für Kleinbauern zu kürzen. Statt Geld etwa in verbesserte Bewässerung zu investieren, wurden von Indonesien, West- und Zentralafrika bis in die Karibik Lebensmittelpreise für die Massen der neuen Stadtbewohner zu hohen Kosten subventioniert.[210]

Dazu sank auch die globale Entwicklungshilfe für Landwirtschaft. 1980 investierten die reichsten Staaten der Welt noch 6 Milliarden Dollar in die Unterstützung der Landwirtschaft als Entwicklungshilfe, 2006 fiel der Wert auf 2,8 Milliarden Dollar. »Die Krise, die wir derzeit erleben, ist das Resultat aus der jahrzehntelangen Ignoranz der internationalen Gemeinschaft für die Probleme der Landwirtschaft. Der Anteil der Unterstützung von Landwirtschaft im Rahmen offizieller Entwicklungshilfe ist zwischen 1980 und 2006 von 17 auf 3 Prozent gesunken«, so die Analyse Jacques Dioufs, des FAO-Generaldirektors.[211] Angesichts der Krise musste sogar die Weltbank einräumen, dass gerade in diesem Bereich die besten Chancen bestanden hätten, um Armut zu bekämpfen, was aber vernachlässigt wurde. Wachstum in der Landwirtschaft wäre demnach doppelt so effizient im Kampf gegen Armut und somit auch gegen Hunger wie ein Wachstum in anderen Branchen der Volkswirtschaften weniger entwickelter Länder.[212]

Auch die oben beschriebene Strukturanpassung hatte hier negative Konsequenzen: Die Investitionen in die Landwirtschaft wurden quasi privatisiert. Geld floss dorthin, wo sich global agierende Konzerne Profit versprachen, etwa in gentechnisch manipulierten Pflanzen und Dünger, und investiert wurde von jenen, die es sich leisten konnten: den Großgrundbesitzern. Lange Zeit ging dies gut, die Erträge stiegen, die Preise fielen. »Die Landwirtschaft war so produktiv, entwickelte sich so gut, dass man das Gefühl dafür verlor, wie zerbrechlich das System ist«, so Jan E. Larch, Pflanzenphysiologe an der Colorado State University. »Es ist so, als ob wir vergessen hätten, dass Ernährung etwas mit Landwirtschaft zu tun hat, dass sie zentral für das Überleben der Menschheit ist.«

Um den zunehmenden Bedarf an Lebensmitteln zu decken, fordert er deshalb auch vom Weltlandwirtschaftsrat IAASTD, dass künftig vor allem in die nachhaltige Landwirtschaft investiert wird und Kleinbauern gefördert werden. Der industriellen Landwirtschaft wird dabei ein vernichtendes Zeugnis ausgestellt. Zuvor hatten 400 Wissenschaftler gemeinsam mit Regierungen, Industrie und Nichtregierungsorganisationen drei Jahre lang Forschungsergebnisse ausgewertet, um Strategien gegen den Hunger zu entwickeln. Das Ergebnis: Zwar haben industrielle Monokulturen ihre Produktion deutlich gesteigert und werden auch deutlich mehr gentechnisch veränderte Pflanzen angebaut – aber lokale Anbaupraktiken, die einst ein Garant für die Versorgung der Bevölkerung waren, sind zerstört worden. Die Pflanzenvielfalt wurde in einem sehr bedrohlichen Ausmaß eingeschränkt. Fabrice Dreyfus, einer der Autoren der Studie, fordert deshalb einen Paradigmenwechsel: »Nur wenn mit Wasser, Wäldern und Tieren schonend umgegangen wird, ist ein dauerhafter Ausweg aus der Ernährungskrise möglich.« Gleichzeitig fordern die Wissenschaftler, dass die Industrieländer ihre Agrarsubventionen stark einschränken, die viele Kleinbauern in den Entwicklungsländern vom Markt drängen.[213]

Die anlässlich der Ernährungskrise von UN-Generalsekretär Ban Ki-Moon ins Leben gerufene »Hunger Task Force«, ein Zusammenschluss der im Kampf gegen Armut und Hunger engagierten UN-Teilorganisationen, schlägt ein internationales Zehn-zu-zehn-Abkommen vor: 10 Prozent der Budgets der von Hunger betroffenen Länder und 10 Prozent der Entwicklungshilfe für ein Land sollen künftig der Landwirtschaft zugutekommen. Der Ansatz folgt einer sehr einfachen Logik: Wer die Bauern, die Kleinbauern, die für sich und ihre Dörfer arbeiten, rettet, der rettet die Welt.

Malawi, einst Beispiel für die Auswüchse von Entschuldungsdruck und Korruption, wurde zum Vorzeigestaat für diesen neuen Ansatz. »Wir hielten diese Bilder nicht mehr aus: Fernsehberichte und Fotos überall auf der Welt von Kindern unserer Heimat, die zeigen, wie sie um ein wenig Essen betteln. Deshalb legten wir bereits im Jahr 2005 die Ankurbelung der Nahrungsmittelproduktion als Priorität fest«, sagt Finanzminister Goodall Gondwe. 60 Millionen Dollar wurden in die Förderung der Bauern investiert. Mit so großem Erfolg, dass die Weltbank Malawi nicht nur zum Modell für Hilfe gegen Hunger erkor, sondern Malawi nun auch so viel Getreide erzeugt, dass es mittlerweile selbst die Nahrungsmittelhilfe des Welternährungsprogramms der Vereinten Nationen mit unterstützen kann.

# Von der »Grünen Revolution« zur Gen-Revolution?

»Wir brauchen eine zweite ›Grüne Revolution‹«, fordert Indiens Premier Manmohan Singh. Untermauert wird die Forderung des Regierungschefs von Monkombu Sambasivan Swaminatan, der grauen Eminenz der indischen Landwirtschaft. Der heute 82-Jährige war einer der Architekten dieser völligen Neugestaltung der Produktionsmethoden während der 1960er-Jahre. »Wenn wir nicht rasch eine Lösung finden, dann droht eine globale soziale Revolte«, so Swaminatan heute, 40 Jahre später. Das Konzept für die »Grüne Revolution« entwickelte er mit dem späteren Nobelpreisträger Norman Borlaug, einem Agronomen aus dem US-Bundesstaat Iowa. Sie führten hoch ergiebige Weizensorten ein, die mit reichlich Kunstdünger und Pflanzenschutzmittel gedeihen. Die Produktivität der Felder wurde vervierfacht. Kombiniert mit dem Einsatz moderner und weitverbreiteter Bewässerungsanlagen wurde vor allem der Nordwesten Indiens zur Getreidekammer: Hunger schien passé.

Ins Stocken geriet diese »Grüne Revolution« weil, wie oben schon erwähnt, die indische Regierung ihre Investitionen in die Landwirtschaft ausdünnte. Private Konzerne übernahmen diese Rolle, allerdings butterten sie ihr Geld nur in Strukturen, die Gewinne versprachen, nicht in den gesamten Sektor.[214] Die Bilanz dieser Agrarpolitik ist fatal; in sozialer und in ökologischer Hinsicht. Und dies gilt weltweit. Die Erde wurde ausgequetscht. 25 Milliarden Tonnen an Humus gehen jährlich weltweit durch Erosion verloren: Dies ist die Folge von Überbewirtschaftung und dem intensiven Einsatz von Düngern. Dazu gehen 70 Prozent des globalen Trinkwasserverbrauches in die Landwirtschaft. Freilich werden durch künstliche Bewässerung auf 20 Prozent der globalen Ackerfläche auch 40 Prozent des Ertrages produziert, doch die Grenzen des Wachstums sind, das verdeutlichen diese beiden Aspekte, erreicht. Noch mehr Technik, noch mehr Bewässerung, um die nötigen Steigerungen der landwirtschaftlichen Produktion zu erreichen, droht das Ziel ins Gegenteil zu verkehren: Die fragilen, aber noch existenten Strukturen würden dies nicht mehr verkraften.[215] Das Einzige, was der Landwirt Jim Goodman an der Lebensmittelkrise deshalb so überraschend findet, ist die große Überraschung, die sie ausgelöst hat. »Jetzt sind sie also draufgekommen, nach Jahren der Globalisierung des Saatgutmarktes, der Verbreitung genetisch veränderter Samen, dass dieses System nicht die Versorgung der Menschen garantiert, sondern vielmehr die Entstehung von Hunger«, so Goodman, dessen Farm im US-Bundesstaat Wisconsin steht. Einen beträchtlichen Teil seiner Zeit verbringt er aber abseits der Hege und Pflege seiner Milchkühe. Als Aktivist der internationalen Bauernbewegung »La Via Campesina« kämpft er gegen die bestehenden Marktstrukturen: »Die weltweite Verbreitung von industrieller Landwirtschaft kommt vor allem jenen zugute, die daran verdienen: die – vorwiegend – US-amerikanischen Konzerne, während die Bauern daran zugrunde gehen.«

Die Probleme enden aber nicht bei der Altlast einer schonungslosen Industrialisierung der Landwirtschaft ohne Fangnetz für Mensch und Natur. Die weltweite Nahrungsmittelkrise birgt die Gefahr, dieses System noch mehr zu festigen, statt zu einem Reformimpuls zu werden. Die Gentechnik-Revolution soll das Erbe der »Grünen Revolution« antreten und abermals den Wachstumsimpuls bilden. Die Parallele zu Klimaschutz und Atomenergie drängt sich auf: Die Risiken der Nukleartechnologie, die Energieerzeugung mit niedrigen Emissionen von Treibhausgasen ermöglicht, schien im Vergleich zu den verheerenden Folgen des Klimawandels plötzlich »tolerierbar« und die Branche geht nach Jahren der Stagnation in die Offensive für die angeblich saubere Technologie.

Ähnliches geschieht derzeit mit der Gentechnologie, die sich anbietet, neues Saatgut zu kreieren, das die dringend benötigte Ertragssteigerung ermöglicht. Doch dies, auch hier stimmt die Parallele, birgt die Gefahr, die Risiken der Technologie zu ignorieren. Damit sind noch nicht einmal die möglichen gesundheitlichen und ökologischen Bedenken gemeint. Gentechnisch verändertes Saatgut »funktioniert« wie alle anderen Mittel der Agrarindustrie: Es kostet Geld und zersetzt die Strukturen traditioneller Landwirtschaft. Denn Saatgut der Konzerne ist nicht bloß teuer, es unterbricht auch die seit Jahrtausenden bestehende Praxis von Pflanzenzucht kleiner Bauern. Ihr Saatgut gehört ihnen nicht mehr, es ist nur geliehen und sie dürfen es nicht wieder verwenden.

Im Herbst 2008 schien eine Studie des »International Food Policy Research Institute« diese Vorwürfe der Existenzbedrohung durch Gentechnik zu entkräften: Die Selbstmordwelle indischer Bauern habe nichts mit dem verbreiteten Einsatz von gentechnisch manipuliertem Saatgut für Baumwolle, in erster Linie war damit das Produkt »Bt Cotton« des Erzeugers Monsanto gemeint, zu tun, so die Analyse. Behauptungen zahlreicher indischer Interessenvertreter, die gerade den Einsatz dieses Produktes für die Verzweiflungstaten verantwortlich machten, mit dem 85 Prozent der gesamten indischen Baumwolle erzeugt werden, schienen nicht zu stimmen. Im Gegenteil, betonten die Autoren der Studie: »›Bt Cotton‹ steigert die Erträge und hilft so den Bauern.« Ergänzt wird dabei allerdings: »Die hohe Selbstmordrate wird eher durch die hohe Verschuldung der Bauern und das System der privaten Geldverleiher gefördert.«[216]

Hier, an diesem Punkt, waren wir bereits. Es sind die Schulden aufgrund hoher Preise für Saatgut, die Bauern ihre Lebensader abschnüren, nicht die Technologie. Das Saatgut »Bt Cotton« hat seinen Absatz in Indien im Jahr 2007 verdoppelt. Allerdings kostet es auch doppelt so viel wie herkömmliches Saatgut.[217] Und es muss jedes Jahr neu gekauft werden. Wie problematisch sich dies auswirkt, illustrieren zahlreiche Dokumente von Interessenvertretungen, die sich gegen diese Methoden der Biotechnologie-Konzerne zur Wehr setzen, gegen die Patentierung von Saatgut. Eine beeindruckende Hintergrundrecherche des US-Magazins »Vanity Fair« zeigte auf, welche Schwierigkeiten im eigenen Land, sogar in den reichen USA, auf Bauern zukommen, die gentechnisch verändertes Saatgut einsetzen.[218] Von Sicherheitstrupps berichtet das Magazin, die auf Feldern und in Lagerhäusern nach Saatgut suchen, das illegal aufgehoben worden wäre. Bauern, die dieses Saatgut verwenden wollen, müssen beim Kauf unterschreiben, dass sie es nach der Ernte weder aufheben noch weitergeben. Sonst machen sie sich strafbar.

1980 legte eine Entscheidung des Obersten Gerichtshofes in den USA den Grundstein für dieses Prinzip, das dazu führte, dass die Kontrolle der globalen Landwirtschaft in die Hände weniger multinationaler Konzerne geriet. Damals wurde erstmals ein Patent auf einen vom Menschen erzeugten Bioorganismus erlaubt. Es handelte sich um ein Bakterium, das Reinigungsarbeiten im Meer bei einer Ölpest erleichtert. Doch damit war der Türspalt offen und Biotechnologie-Konzerne stießen kräftig nach. Seit damals hat allein Weltmarkführer Monsanto in den USA fast 700 Patente für Samen angemeldet. Nur so macht die Investition in die kostspielige Forschung und Marktzulassung von gentechnisch verändertem Saatgut auch wirtschaftlich Sinn: wenn jene Konzerne, die in diese Züchtungen enorme Summen investieren, sie nicht aus der Hand geben und Bauern mit jeder Saison neues Saatgut kaufen müssen, und dazu meist das Unkrautvernichtungsmittel, gegen das es resistent ist.

In einem Interview, das der britische Thronfolger Prince Charles im Sommer 2008 auf seinem Biobauernhof in Highgrove gab, kritisierte er diese Praxis schonungslos. Der nächste König wurde damit zum Vorzeige-Rebellen gegen die weitere Industrialisierung von Landwirtschaft und gegen einen massenhaften Einsatz von Gentechnik: »Die multinationalen Konzerne sind dabei, ein gigantisches Experiment mit unserer Natur durchzuführen, das dramatisch schiefgehen wird. Sie glauben, es ist richtig, ein gentechnisch manipuliertes Saatgut nach dem anderen einzuführen. Doch das wird nur dazu führen, dass wir früher oder später gar nichts mehr zu essen haben. Denn es gefährdet die Existenz von Millionen von Bauern, wie sich in Indien derzeit zeigt.«[219]

## Der gigantische Feldversuch geht in die Wachstumsphase

Weltweit werden auf 114 Millionen Hektar gentechnisch veränderte Nutzpflanzen, vor allem Soja, Mais, Baumwolle und Raps, angebaut. Vorreiter sind die USA mit über 50 Millionen Hektar Anbaufläche sowie Argentinien, Kanada, Indien, China und Brasilien. In der EU wurden 2007 gerade einmal auf 110 000 Hektar gentechnisch veränderte Pflanzen angebaut, das sind 0,1 Prozent der weltweit dafür genutzten Fläche.[220] Insgesamt sind in der EU mittlerweile 25 gentechnisch veränderte Pflanzen zugelassen. Großflächig zum Einsatz kommt dabei nur ein Produkt von Monsanto (MON810), das durch die Produktion eines Giftstoffes gegen einen Schädling resistent wird. In Österreich darf es nach einer Entscheidung der EU-Kommission zwar als Lebens- und Futtermittel importiert werden, aber der Anbau ist verboten.

Wie diese Zahlen andeuten, entfachte sich ein regelrechter Glaubenskrieg zwischen den USA, wo Gentechnik heute in großem Maß eingesetzt wird, und der EU, wo man sich dieser Technik sehr zögerlich öffnet. Der Druck der Lebensmittelkrise, gekoppelt mit einem regelrechten Wirtschaftskrieg mit den USA aufgrund von Importverboten, weicht die skeptische Haltung der EU allerdings auf. Dazu verspricht die Industrie gigantische Marktzuwächse; ein Geschäft, das man nur ungern ganz den USA überlassen will.

Motor des Neustarts der Biotechnologie-Offensive sind die Marktführer Monsanto, DuPont, Syngenta, Bayer und BASF. Deren Werbung klingt vielversprechend. »Unsere Inspiration finden wir in der Natur selbst. Auf der Suche nach möglichst widerstandsfähigen Sorten für Soja, Weizen, Mais erforschen wir Kakteen und Moose, die ja unter widrigsten Umständen, trotz Hitze und Trockenheit gedeihen. Wir studieren, wie diese Pflanzen dies bewältigen, und versuchen, das Wissen auf unsere Nutzpflanzen zu übertragen«, heißt es in einer Hochglanz-Präsentation der BASF-Forschungslabors. Noch schillernder sind allerdings die Umsätze, die man sich von diesen Krisenprodukten erwartet. Bei einer gemeinsamen Pressekonferenz im September 2008 präsentierten Monsanto und BASF ihre sehr optimistischen Zukunftsprognosen für die gesamte Branche.

Bis 2020 soll durch gentechnisch kreiertes Saatgut, das höhere Erträge bei Mais erzielt, ein Markt von einer Milliarde Dollar entstehen, für Soja erwartet man Umsätze zwischen 300 und 500 Millionen Dollar. »Vom gesamten Markt für Pflanzen-Biotechnologie, für den wir im Jahr 2025 eine Größenordnung von 50 Milliarden Dollar annehmen, wird Saatgut zur Sicherung von Erträgen den größten Anteil einnehmen«, so Hans Kast, CEO der Sparte Pflanzenwissenschaft bei BASF. »Wir verstehen uns als die Vorreiter der Agrarindustrie, wenn es um die Schaffung von Saatgut geht, das deutlich mehr Erträge verspricht und gleichzeitig dem steigenden Umweltstress besser standhalten kann«, ergänzte dazu Steve Padgette, Vizepräsident für Biotechnologie bei Monsanto. Mit Stand 2008 wären bereits 178 Feldversuche dazu allein von seinem Konzern im Laufen, fügte er hinzu.[221]

»Sorry«, warf da allerdings Martin Taylor, Vorstandsvorsitzender des Konzerns Syngenta, am Zenit der Nahrungsmittelkrise in die Debatte ein und verdarb damit ein wenig die Feierstimmung. »Gentechnisch verändertes Saatgut wird nicht in der Lage sein, das Hungerproblem kurzfristig zu lösen«, sagte Taylor und stieß damit zahlreiche europäische Politiker, vor allem britische, vor den Kopf, die seit Beginn der Krise sehr offenes Lobbying für gentechnisch verändertes Saatgut in der EU betreiben. Taylors Erklärung war aber keine Kritik an den Werbebotschaften seiner Branche, sie erinnerte eher an das Versagen der Pharmariesen, Medikamente für Krankheiten zu entwickeln, die in den ärmsten Ländern der Welt grassieren. »Die derzeitige Produktentwicklung hat sich auf Bauern in reichen Ländern und die dortigen Anforderungen konzentriert. Um Produkte zu entwerfen, die den Ansprüchen von Bauern in weniger entwickelten Ländern gerecht werden, wird es wenigstens 20 Jahre dauern«, so Taylor und beeilt sich hinzufügen, »dass man aber mehr Spielraum für die Forschung und Entwicklung von neuem Saatgut brauche, das mehr Variabilität in der Anwendung der neuen Technologie bringen könnte.« [222]

Dieser Spielraum ist nicht überall gegeben. In Europa wehrt sich der Großteil der Bevölkerung gegen gentechnisch veränderte Rohstoffe für Lebensmittel. Ihre Skepsis nährt aber nicht bloß hinterwäldlerische Technologiefeindlichkeit. Immer wieder werden Studien veröffentlicht, die zeigen, dass nicht bloß die Einsatzmöglichkeiten der Technologie erst am Anfang stehen, sondern auch die Risikoforschung dazu. Jene Mäuse, die für eine Studie im Auftrag des österreichischen Gesundheits- und Umweltministeriums 20 Monate lang untersucht wurden, sind die derzeit jüngsten Zeugen für die möglichen Gefahren der Technologie[223]. Ihnen wurde gentechnisch veränderter Mais der Kreuzung »NK603 x MON810« verfüttert. Bereits ab der vierten Mäusegeneration bekamen jene Weibchen, die diesen Mais fraßen, deutlich weniger Junge, die zudem schwächer waren als jene der Kontrollgruppe. Studienautor Jürgen Zentek betont, dass die Ergebnisse keinesfalls direkt auf den Menschen übertragen werden können. Allerdings sieht er großen Bedarf für weitere Studien, denn trotz des ständigen Streits um die Zulassung von gentechnisch verändertem

Mais war seine Arbeit eine der ersten Langzeitstudien weltweit. Das Problem dabei: Die europäische Behörde für Lebensmittelsicherheit (EFSA) hatte diese Maissorte nach einer Versuchsreihe, die nur drei Monate dauerte, als »bedenkenlos« eingestuft und zugelassen. Die Herstellerfirma Monsanto wartete binnen weniger Wochen mit Expertisen auf, die die Studie aus Wien infrage stellten. »Die von uns konsultierten sehr erfahrenen und unabhängigen Wissenschaftler halten die Schlüsse in Wien für inkonsequent. Es zeigten sich keine negativen Effekte unseres Produktes«, so eine Aussendung des Konzerns.[224]

Die Ergebnisse der österreichischen Studie wie auch die Reaktionen darauf sind ein Puzzlestein eines großen, unfertigen Bildes: Die möglichen Risiken des Einsatzes von Gentechnik bei der Lebensmittelerzeugung auf die Gesundheit des Menschen. Als besonders tückisch erweist sich dabei das Allergierisiko neuartiger Kreationen. Werden neue Gene auf eine Pflanze übertragen, produzieren diese ein Eiweiß, das bisher nicht in der Pflanze vorhanden war. Und angesichts des breiten Einsatzes von Soja und Mais in vielen Nahrungsmitteln, wenngleich nur in Spuren, ist es schier unmöglich, hier Grenzen zu ziehen und die Nachweisbarkeit überhaupt sicherzustellen.[225]

Für Rudi Anschober, den Umweltlandesrat der Grünen in Oberösterreich, sind Resultate wie jene der Wiener Mäuse-Studie ein zentrales Argument gegen Feldversuche mit Gentechnik auf unseren Feldern. »Die jüngsten Forschungsergebnisse sind eine sehr deutliche Warnung und müssen uns zu denken geben. Bis heute existiert keine Abschätzung, welche Risiken bei einem längeren Einsatz der neuen Technologie bestehen. Es zeigt, wie wenig wir derzeit wissen.« – »Wir sind so frei.« Schilder mit dieser Aufschrift säumen die Felder seines Bundeslandes. Hier hat sich eine massive Bewegung gegen den Einsatz gentechnisch verändertem Saatgutes gebildet. Aus dem gallischen EU-Dorf, das sich als Speerspitze gegen die EU-weite Akzeptanz der Technologie etablierte, wurde mittlerweile eine Bastion, die sich über den ganzen Kontinent erstreckt. Am 4. November 2003 gründete Oberösterreich gemeinsam mit der Toskana die Allianz jener Regionen, die auf Anbau und Aussaat von gentechnisch veränderten Organismen verzichten wollen. 49 Regionen schlossen sich dem Bündnis mittlerweile an.

Ihr Hauptargument: Einmal freigelassen, lassen sich die Pflanzen und ihre Auswirkungen auf die Umwelt nicht mehr zurückholen, gleich welche neuen Risiken noch entdeckt werden. Und sie beginnen in der Natur ihr Eigenleben zu führen. Das entdeckte der kanadische Bauer Tony Huether bereits 1999, als seine Felder, im nördlichen Alberta gelegen, anfingen, seltsame Früchte zu tragen. Plötzlich wuchs Raps, den er nicht gesät hatte, und so sehr er die Pflanzen auch mit Herbiziden bearbeitete: Sie wuchsen weiter. Wind und Bienen hatten im Freistil aus drei Sorten von gentechnisch verändertem Raps, jede von ihnen widerstandsfähig gegen ein anderes Pflanzenschutzmittel, eine vierte Sorte, einen regelrechten »Superraps« gezüchtet. Es ist der am besten dokumentierte Fall, wie rasch sich gentechnisch verändertes Saatgut ausbreitet und wie unberechenbar die Folgen sein können.[226] Der Gentransfer bleibt nicht auf Nutzpflanzen beschränkt. Mehrmals zeigte sich, dass auch Unkraut diese Resistenzen übernehmen kann, und Bauern, die gentechnisch verändertes Saatgut einsetzen, brauchen nach einigen Jahren plötzlich dramatisch mehr an Dünger. Für die Ärmsten der Welt, die sich das teure High-Tech-Saatgut kaum leisten können, sind das keine guten Nachrichten; zumal gerade Dünger teurer wurde denn je.

## Klimawandel zerstört die Ernten

Doch selbst wenn es gelingen würde, in den High-Tech-Labors einen »Supermais« zu züchten, der auch dann gedeiht, wenn die steigenden Temperaturen die Äcker der Welt großräumig verdörren lassen, bleibt die entscheidende Frage offen: Kann die Entwicklung einer solchen Pflanze rasch genug erfolgen? Profitieren jene Menschen davon, die Hilfe sofort brauchen würden? Haben sie so bald wie es nötig wäre, Getreidesorten, die mit Kakteen gekreuzt werden und so mit möglichst wenig Wasser gedeihen, zu ihrer Verfügung? Bis allerdings jemand wie der äthiopische Bauer Shitto, der, wie alle in seiner Heimat, nur mit dem Vornamen gerufen wird, mittels High-Tech-Saatgut gerettet werden kann, wird es viel zu lange dauern.

Shitto lebt im Dorf Gebro, acht sehr mühsame Fahrstunden von

Addis Abeba entfernt, der Hauptstadt Äthiopiens. Hier bewirtschaftet er seine Felder mit uralten Methoden. Dazu beschwert er den Humus mit Steinen, um die Erosion zu bremsen, bearbeitet den kleinen Acker mit einem Holzpflug und die Bewässerung muss vom Himmel kommen. Dies bereitet ihm die allergrößten Sorgen. »Regenzeiten haben ihren eigenen Kopf bekommen. Einmal kurz, einmal lang. Einmal früher, einmal später. Und manchmal fallen sie ganz aus«, erzählte Shitto. An dem Tag, an dem ich ihn traf, setzte diese Regenzeit ein. Das ganze Dorf eilte wie Shitto hektisch auf die kleinen Felder, um möglichst rasch, zu Beginn der Regenzeit, Getreide zu säen. Später erzählten sie uns von fürchterlichen Jahren, als sie entweder vergeblich auf den Beginn der Regenzeit gewartet oder zu früh, beim ersten großen Schauer schon, ausgesät hätten, und dann alles verloren war, weil der Regen wieder aufhörte. Hier in Afrika, im Sahel, greifen die Folgen der Klimaveränderung schon heute direkt in den Alltag der Menschen ein. Für das Buch »Die Klimarevolution«[227] besuchten wir zahlreiche Krisenzonen unserer immer heißeren Welt.

Das Treffen mit dem äthiopischen Bauern, der den Klimastress seiner Erde schon übernommen hat und der zu seinem Überlebensstress wurde, war einer jener Momente, die uns schonungslos die Augen für die Tragweite des Problems öffneten. Keine Statistiken, Temperaturprotokolle und -prognosen können auch nur im Ansatz vermitteln, welche Tragödie der Klimawandel bereits verursacht, wie ein Besuch in Afrikas sensiblen Wetterzonen. Es sind jene Regionen der Erde, die am wenigstens zum Ausstoß von Treibhausgasen beitragen, die am wenigsten vom Reichtum des Wirtschaftswunders auf Basis fossiler Brennstoffe profitierten, die jetzt vom Klimawandel am stärksten bedroht sind.

Zwei Jahre nach diesem Gespräch mit Shitto war diese Katastrophe, die er so fürchtete, wieder eingetreten. In vielen Teilen Äthiopiens fiel im Jahr 2008 die kleine Regenzeit im Frühling ungewöhnlich schwach aus. Der große Regen setzte viel zu spät erst im Juli ein, dann gingen im November heftige Schauer nieder, unerwartet, außerhalb der zu erwartenden Saison.[228] Von Mai bis Juni, während der ersten Erntezeit, war das Land grau, braun, vertrocknet. Die Katastrophe rückte 28 Millionen Menschen in der gesamten Sahel-Zone an den Rand des Hungertodes. In Äthiopien, einem Land mit 66 Millionen Kleinbauern, war ein Fünftel der Bevölkerung abhängig von den Notrationen der internationalen Helfer. Die Heftigkeit der Krise veranschaulichte, wie fragil das Land ist. Hier zu überleben ist auch in »guten« Jahren ein täglicher Kampf. Täglich sterben in Äthiopien, auch in Phasen guter Regenzeiten, 400 Kinder an den Folgen von Unterernährung.

Wie schon erwähnt, verschärfte sich 2008 die Lage zusätzlich zur Trockenheit durch die Preisexplosion der Grundnahrungsmittel weiter. Es war ein tödlicher Mix. Experten der Lage Äthiopiens befürchteten, dass mittelfristig sogar Dimensionen der katastrophalen Hungersnot von Mitte der 1980er-Jahre erreicht werden könnten.[229] Damals starben eine Million Menschen. Es waren die Fotos dieser hungernden Menschen, die unser Bild vom Sterben und der Not in Afrika prägten. Und diese Hungersnot damals war bereits eine Folge der Klimaveränderung, wie jetzt deutlich wird. US-Wissenschafter vom »National Center for Atmospheric Research in Colorado« haben in einer mühsamen Rekonstruktion von Klimareihen des 20. Jahrhunderts errechnet, dass die großen Dürreperioden im Osten Afrikas die Folge der Erwärmung des Indischen Ozeans waren, was wiederum die Regenzeiten durcheinandergebracht hat. Sie prognostizieren – obwohl dies gerade angesichts der jüngsten Krise kaum vorstellbar ist – eine weitere Verschlimmerung der Lage ab 2050.[230]

Laut dem UN-Weltklimarat (IPCC), der sämtliche Forschungsberichte zum aktuellen Stand der Klimaforschung sammelt, wird der Anstieg der globalen Temperatur bis zum Ende dieses Jahrhunderts zu einem massiven Versorgungsproblem führen: Bis 2020 werden 50 Millionen Menschen aufgrund der Folgen des Klimawandels zusätzlich hungern, diese Zahl wird bis 2050 auf 130 Millionen Menschen ansteigen, bis 2080 auf 270 Millionen. Der Großteil dieser Menschen wird in Afrika leben.

Steigt die globale Durchschnittstemperatur um 2 Grad, gehen in vielen Teilen Afrikas die Ernteerträge zwischen 20 und 40 Prozent zurück. Besonders gefährdet sind Sambia, der Niger, Tschad, Burkina Faso, Togo, Botswana, Guinea-Bissau und Gambia. Hier werden sogar drei Viertel der Ernte bis zum Ende dieses Jahrhunderts ausfallen. In einigen sensiblen Regionen Afrikas wird der Klimakollaps aber bereits wesentlich früher zu einer bedrohlichen Verknappung der Lebensmittelversorgung führen. Hier droht bereits im Jahr 2020 ein Ausfall der Produktion um die Hälfte.[231] Ernteengpässe aufgrund des Klimawandels drohen weltweit. Laut dem »Peterson Institut für Internationale Wirtschaft« in Washington werden bis 2080 die Veränderungen von Temperaturen und Niederschlagsmustern den Ertrag der indischen Landwirtschaft um ein Drittel senken.[232] Fast ein Fünftel der Reisernte Chinas und ein Zehntel der Reisernte in Bangladesch gelten als gefährdet. Es sind dies Prognosen für die bevölkerungsreichsten Teile der Welt, und somit wird deutlich, welche gigantischen Dimensionen die Folgen des Klimawandels erreichen werden. Ernährungsexperten der Stanford-Universität haben die konkreten Auswirkungen für die Landwirte in den zwei am meisten gefährdeten Hungerzonen, dem südlichen Afrika und Südasien, analysiert. »Es hat uns überrascht, wie bald Menschen dort mit sehr gravierenden Folgen konfrontiert sein werden«, so Marshall Burke, ein Autor der Studie. »Im südlichen Afrika werden die Maiserträge bereits binnen der nächsten 20 Jahre um ein Drittel zurückgehen. Das wird verheerende Konsequenzen haben. Die Existenzen der ärmsten Bauern, die jetzt schon kaum zurechtkommen, drohen daran zu zerbrechen.[233]

Investitionen in die Anpassung an diese unvermeidliche Veränderung sind derzeit dringend nötig. »Regierungen und Bauern müssen angesichts der Folgen des Klimawandels mit verschärften Produktionsbedingungen rechnen. Steigen die Temperaturen um mehr als 3 Grad Celsius, werden bestimmte Getreidesorten wie etwa Mais nur noch 20 bis 40 Prozent des Ertrages bringen. Und zwar weltweit«, warnt auch Jacques Diouf, Generaldirektor der FAO.[234] Um 0,8 Grad Celsius sind die globalen Temperaturen im Schnitt bereits gestiegen.

Die aktuelle Entwicklung ist aber lediglich die Folge der Emissionen der 1980er-Jahre. Es dauert zirka eine Generation, bis die Temperaturen auf den Anstieg der Treibhausgase in der Atmosphäre reagieren. In den vergangenen 25 Jahren sind die Emissionen von Treibhausgasen aber förmlich explodiert. Dieser für die weltweiten Ernten so brisante Temperaturanstieg von mehr als 2 Grad Celsius ist nur noch zu verhindern, wenn die Emissionen radikal und sehr rasch gedrosselt werden. Dies ist aber erst der Anfang. Gelingt es uns wenigstens in absehbarer Zeit nicht, die Emissionen von Treibhausgasen zu reduzieren, droht bis zum Ende dieses Jahrhunderts sogar ein Plus von 6 Grad. Steigende Temperaturen bedrohen die Landwirtschaft durch mehrere Faktoren: durch Dürreperioden, durch veränderte Wettermuster, die traditionelle Anbauformen gefährden, und durch die massive Zunahme von Unwettern. Dazu kommt Wasserknappheit, die durch die veränderten Temperaturen massiv verschärft wird. Auch dies wird in besonders sensiblen Regionen zum Tragen kommen: So droht etwa das zu befürchtende Schmelzen der Himalaja-Gletscher Indiens Wasserzufuhr auszutrocknen. »Die derzeitige Lebensmittelkrise ist in Wahrheit eine globale Trinkwasserkrise. Derzeit sorgt künstliche Bewässerung für 40 Prozent der landwirtschaftlichen Produktion. Wenn diese Reserven knapp werden, droht ein massives Problem für die Versorgung der Menschen«, so James Leape, Generalsekretär des »World Wildlife Fund for Nature«.[235]

## Wie Dürre Preise macht

Der englische Begriff »feedback loop« beschreibt den Teufelskreis, in dem Landwirtschaft und Klimawandel miteinander verstrickt sind: Eine sich selbst verstärkende Dynamik ist damit gemeint. Die Produktion von Lebensmitteln ist am heftigsten durch die Folgen von steigenden Temperaturen bedroht. Gleichzeitig gehört die industrielle Landwirtschaft zu jenen Sektoren, die beträchtlich zum Klimawandel beitragen: Zwischen einem Drittel und einem Viertel der globalen Treibhausgasemissionen verursacht die industrielle Landwirtschaft. Hauptsächlich mineralischer Dünger, der ja aus Erdöl gewonnen wird, die Energie, die für Bewässerung und Bewirtschaftung eingesetzt wird, und der Verlust der Fähigkeit des Bodens, Kohlendioxid aufzunehmen, sind dafür verantwortlich. Aber auch die Methan-Emissionen durch die industrielle Viehzucht zerstören selbst die wichtigste Grundlage der Landwirtschaft.

Ein Land, das nicht bloß durch gigantische Treibhausemissionen im Zuge seiner Energieerzeugung, sondern auch durch die Art der dort betriebenen Landwirtschaft das Weltklima enorm belastet, bekam den Klimaschock mittlerweile ebenso heftig zu spüren wie Afrikas Sahelzone. Die zwölf Jahre dauernde Dürre in Australien zählte zu den zentralen Faktoren, die im Frühjahr 2008 die Preise für die Rohstoffe unserer Lebensmittel so dramatisch in die Höhe trieben. Zwei Drittel der Agrarprodukte Australiens werden – normalerweise – auf dem Weltmarkt verkauft, dabei zählt das Land zu den fünf größten Exporteuren für Weizen und Milchprodukte und stellt ein Fünftel des weltweiten Rapsexports. Oder vielmehr stellte. 2007 brachen die Lieferungen aus Australien dramatisch um bis zu 60 Prozent ein. Plötzlich war deutlich, was es bedeutet, wenn das Klima verrückt spielt und Ernten in wichtigen Exportzonen ausfallen.

Zum Dürrerisiko werden in Australien künftig auch deutliche Veränderungen der Spitzentemperaturen zu erwarten sein. Von außergewöhnlich heißen Jahren, etwa im Abstand von 20 bis 25 Jahren, berichtet die Commonwealth Scientific and Industrial Research Organisation (CSIRO). In Zukunft könnten solche Hitzeperioden jedoch im Zweijahres-Rhythmus, im schlimmsten Fall sogar jedes Jahr, auftreten. Die zu erwartenden Folgen: Bis 2050 droht der Export von Weizen, Fleisch, Milch, Käse und Zucker um bis zu 79 Prozent zu schrumpfen, warnt das australische Regierungs-Forschungsinstitut Abare.[236]

Der durchschnittliche Temperaturanstieg um nur ein Grad Celsius führt schon jetzt zu einer drastischen Verringerung der Abflussrate im Murray-Darling-Basin. Aus dem Flussgebiet stammen 40 Prozent der gesamten australischen Landwirtschaftsgüter, es ist so groß wie Frankreich und Spanien zusammen. 2007 war die Trockenheit so ausgeprägt, dass aus den Flüssen nur noch Wasser zum Trinken entnommen werden durfte, die Bewässerung der Felder war untersagt. Doch es war keineswegs bloß ein globales Problem. Für die Bauern Australiens bedeutete diese Jahrhundertdürre eine fatale Existenzbedrohung.

Und so endet diese Beschreibung von der tödlichen Umarmung, in welche die moderne Landwirtschaft durch Liberalisierung, Industrialisierung und auch durch den Klimawandel geraten ist, mit demselben tragischen Phänomen, mit dem sie begann: mit den Selbstmorden von Bauern, die ihre Existenzgrundlage verlieren. Alle vier Tage nahm sich im Jahr 2006 ein Bauer in Australien das Leben. Die Selbstmordrate unter Männern zwischen 20 und 30 Jahren war mit der Dürre dramatisch gestiegen und ist in entlegenen Gebieten

161

mehr als doppelt so hoch wie in den Städten. »Wir können noch nicht mal Heu machen«, schildert die Bäuerin Sally Young, deren Hof bei Grenfell, 375 Kilometer nördlich von Sydney, seit 120 Jahren im Familienbesitz ist. 2006 erlebte sie erstmals in der Familiengeschichte einen Totalausfall der Ernte. »Es trocknet alles vor deinen Augen ein und wird von Minute zu Minute brauner. Das bringt selbst einige der stärksten Kerle von uns schlicht um.«[237]

# 8 TÖDLICHE DYNAMIK VON HUNGER UND GEWALT

»Es ist ein so wunderbares, warmes Gefühl, die Fasern von Fleisch beim Kauen zu spüren, den vollen Geschmack auf der Zunge voll auszukosten. Und später, nach dem Essen fühlt man sich so kräftig, so munter, so zufrieden. Man schläft wohlig ein, der Bauch schmerzt nicht und man weiß, der Körper ist gut genährt und es wartet am nächsten Morgen ein Tag voller Lebensfreude auf einen. Wenn man nie richtig isst, dann dauern diese Nächte ewig. Alles ist so leer in einem, so verzweifelt.« – Diese Sätze fielen am Ende eines Interviews, das ich für eine Reportage über die politische Situation an der Grenze zwischen Pakistan und Afghanistan kurz nach den Terroranschlägen des 11. September 2001 führte.

Leider notierte ich mir den Namen der Frau nicht, weil ich sicher war, den Inhalt des Gespräches nicht für meinen Text verwenden zu können. Sie habe kein Interesse, über Politik zu reden, das sei ihr alles egal, meinte sie. Sie wolle wieder heim, nicht hier sein, allein, ohne Mann. Übersehen habe ich damals, dass sie sehr wesentliche Dinge über den Krieg erzählte. Über die Verzweiflung und den Hunger, den er auslöst, und wie diese Faktoren den Krieg gleichzeitig am Leben halten – ganz im Gegensatz zu den Menschen.

Die Flüchtlinge waren damals so aufgebracht, dass sie selbst Reporter aus westlichen Ländern bedrohten, die ins Lager kamen. Der Widerstand mag durch Sympathien für das Taliban-Regime erklärbar sein und wurde von offizieller Seite auch so dargestellt. Die Wurzel des Zorns war aber das Gefühl, wieder und wieder in der Dynamik aus Krieg, Bürgerkrieg, Not, dann wieder Krieg gefangen zu sein.

Das Gespräch mit dieser Frau war eine der wenigen Gelegenheiten, in Berührung mit der Zivilbevölkerung zu kommen. Sie lebte am äußersten Rand des gigantischen Flüchtlingslagers Jalozai, nahe der pakistanischen Stadt Peschawar. Mit ihren fünf Kindern bewohnte sie eine eilig aus Wellblech, altem Bauholz, ein paar Ziegeln und schweren Steinen errichtete Baracke ohne irgendwelche Utensilien wie Bettzeug oder Möbel. Ein Stapel Kleider lag im Eck, gekocht wurde draußen, über dem offenen Feuer, meist Brei aus Getreide oder Brotfladen.

Die Frau führte die Übersetzerin, die mich begleitete, und mich ins Innere der Hütte. »Hier sind wir sicher. Es ist besser so«, sagte sie und legte ihre Burka ab. So wie wir, sahen sie nur wenige. Sie war vielleicht Ende zwanzig, sehr klein, die Haut ihres Gesichts fahl, in viele Falten gelegt. Die Familie war gezeichnet von stetiger Not. Das Haar der Kinder gelblich ausgebleicht, die Bäuche ihre mageren Körper bedrohlich gebläht: Es sind Anzeichen von gravierender Unterernährung, vor allem von Mangel an Eiweiß. Sehr naiv fragte ich, wann denn die Familie zuletzt Fleisch gegessen hätte. Allein das Wort zu hören, brachte die Frau zum Lächeln und sie beschrieb fast poetisch das Gefühl, es zu essen. Es mag schon Jahre her sein, dass sie es genossen habe, sagte sie, so genau wisse sie das nicht, nur lange schon vermisse sie »eine richtige Mahlzeit«.

Fast 200 000 afghanische Flüchtlinge waren damals so wie sie im Lager Jalozai. Der Krieg der USA und deren Verbündeter gegen das Taliban-Regime in Afghanistan hatte soeben begonnen. Viele Afghanen waren schon seit Jahren in Pakistan, auf der Flucht erst vor dem Bürgerkrieg gegen die Besetzung der UdSSR, dann vor dem brutalen Regime der Warlords, später vor jenem der Taliban. Kurz nach Kriegsbeginn schwoll die Zahl der Flüchtlinge rasant an. Jeder, der fliehen konnte, tat es. Rasch. Ohne viel Gepäck. So verfügte auch die Frau, die ich besuchte, zu diesem Zeitpunkt über keine Ersparnisse, keine Vorräte mehr, war auf Notrationen von internationalen Helfern angewiesen.

Das Lager gibt es heute nicht mehr, den Krieg dort gibt es immer noch; samt der unvorstellbaren Not. Es ist wenig wahrscheinlich, dass die Frau und ihre Kinder seither oft, wenn überhaupt, in den Genuss von Fleisch kamen. Im Winter 2008 schien Afghanistan abermals vor dem Zusammenbruch zu stehen. Das Internationale Komitee des Roten Kreuzes befürchtet wieder eine Massenflucht nach Pakistan. In Nordafghanistan könnten mehr als 200 000 Menschen gezwungen sein, in den kommenden Wochen wegen Dürre, steigender Lebensmittelpreise und Unsicherheit ihre Heimat zu verlassen, hieß es.

Im gesamten Land waren 1,6 Millionen Kinder zu diesem Zeitpunkt laut der Kinderhilfsorganisation der Vereinten Nationen (UNICEF) bereits akut unterernährt, auch fast 700 000 schwangere Frauen. »Manche von ihnen werden den Winter nicht überleben, weil es vor allem an Lebensmitteln und medizinischer Hilfe mangelt«, warnte die Regierung im Herbst. Hilfsorganisationen bereiteten sich darauf vor, dass im Laufe der kalten Jahreszeit bis zu 10 Millionen der insgesamt 26 Millionen Afghanen Notrationen brauchen könnten, um überleben zu können. Die Lieferungen des Welternährungsprogramms der Vereinten Nationen erreichten, so ein Sprecher, »in Afghanistan nie da gewesene Größenordnungen«.[238] Der härteste Winter seit Menschengedenken im Jahr 2007, dann eine gravierende Dürreperiode im Sommer 2008 verschärften die ohnehin sehr bedenkliche Ernährungslage. Dazu kamen die horrend hohen Lebensmittelpreise des Teuerungsjahres.

Doch Afghanistans Hungerkrise ist vor allem das Resultat eines in Wahrheit Jahrzehnte dauernden Krieges. Angesichts der erstarkenden Taliban-Milizen, die der Regierung und den internationalen Truppen immer heftigere Kämpfe lieferten, die großen Städte wieder und wieder mit Bombenanschlägen lahmlegten, Hunderte dabei töteten, erreichte der Konflikt abermals eine heiße Phase. »In all den 30 Jahren Krieg war es noch nie so dermaßen schwierig für uns durchzukommen, wie es jetzt ist«, sagt Said Mohammed, ein 60-jähriger Bauer aus der Provinz Bamian.

Afghanistan ist in einem Teufelskreis gefangen. Zu wenig Nahrung und die Gefahr von Überfällen und Anschlägen verschärfen die Not, treiben Menschen aus ihren Dörfern in die Städte, wo es kaum Arbeit gibt. Dort sind sie leichte Beute für die Taliban, die sie mit dem Versprechen von ein bisschen Geld und Nahrung leicht rekrutieren können. Gleichzeitig schwindet angesichts der zunehmenden Verelendung das Vertrauen in die Regierung in der Hauptstadt Kabul, der Zorn kocht über: »Wenn noch mehr hungrig sind, drohen regelrechte Aufstände«, warnt der afghanische Politiker Ashmat Ghani.[239]

Dabei gedeiht eine Sparte der afghanischen Landwirtschaft prächtig: der Mohnanbau. Im Jahr 2007 wurde dreimal so viel Land mit dem Rohstoff für Opium bestellt wie vor dem Krieg der westlichen

Alliierten gegen die Taliban. Auf den fast 200 000 Hektar großen Feldern wurde Mohn im Gegenwert von fast einer Milliarde Dollar produziert. Im Jahr 2008 ist die Produktion zwar markant um 6 Prozent gesunken, dies aber hauptsächlich, weil der Markt für Drogen von den vorhergehenden Rekordernten gesättigt war. Internationale Programme, die Bauern Anreize für den Umstieg auf Lebensmittelproduktion geben sollten, erreichten nur wenig. Doch wie kann dies auch möglich sein, solange ein afghanischer Bauer, der Getreide anbaut, 2 Prozent eines Bauern verdient, der Mohn kultiviert?

Vertreter der UN-Organisation für Landwirtschaft FAO in Afghanistan berichten, wie zahlreiche Weizenfelder in den nördlichen und westlichen Landesteilen Jahr für Jahr verlassen werden und die Ernte verrottet, weil sich die dortigen Bauern als gut bezahlte Tagelöhner auf den Mohnfeldern im Süden verdingen. In jenen Provinzen, die mittlerweile von den Taliban kontrolliert werden, üben diese zudem beträchtlichen Druck auf die Bauern aus, Mohn anzupflanzen und an sie abzugeben. Der Erlös aus dem Drogenhandel ist ihre Lebensader. Deshalb helfen sie beim Anbau, so gut es geht: Bewässerung und Düngemittel für die Mohnfelder gibt es in Hülle und Fülle. Mit der reichen Ernte wird der Krieg finanziert, der gleichzeitig das Land noch mehr zerstört, die Nahrungsmittelproduktion lähmt, Marktstrukturen zersetzt und das Befahren von Straßen für die Lieferung von landwirtschaftlichen Produkten in ein permanentes Sicherheitsrisiko verwandelt.[240]

## Wie Machtkämpfe Hunger machen

Afghanistan ist in manchen Punkten ein Sonderfall, doch auch ein exemplarisches Beispiel für die immer noch »effizienteste« Maschinerie, die Hunger und Not erzeugt: Krieg. »Mindestens 800 Millionen Menschen litten unter Mangelernährung, bevor die Nahrungsmittelpreiskrise aufkam«, betont Ingeborg Schäuble, Vorstandsvorsitzende der deutschen Welthungerhilfe. »Kriege und gewaltsame Konflikte sind nach wie vor die Hauptursache von Elend.«[241] – Es ist ein Statement, das all die Analysen der Seiten davor relativiert – und gleichzeitig mit Nachdruck versieht. Denn Krieg und Hunger sind kommunizierende

Gefäße. Konflikte schaffen Armut. Armut schafft Konflikte. All die Faktoren, die Vernachlässigung von Kleinbauern, unzureichende Hilfe für die Ärmsten, Preistreiberei bei Grundnahrungsmitteln gewinnen deshalb so sehr an Sprengkraft, weil sie das Grundübel, die Gewalt, noch weiter verstärken.

Der Ökonom Paul Collier, Professor am Zentrum für afrikanische Wirtschaft an der Universität Oxford, betont, dass zirka eine Milliarde Menschen, jene mit dem geringsten Einkommen weltweit, in ihrer Armut richtiggehend gefangen sind. Sie, vielmehr die Staaten, in denen sie leben, stecken in vielen Fallen fest, die es ihnen unmöglich machen, aus dem chronischen Elend zu entkommen. Die »Falle« mit den schlimmsten Folgen, die Collier als solche identifiziert hat, sind Bürgerkriege. »73 Prozent, also drei Viertel jener Milliarde an Menschen, die derzeit in einem lebensbedrohlichen Ausmaß an Hunger leiden, leben in einem Land, wo ein Konflikt tobt oder wo die Kämpfe erst beendet wurden.« Die Konflikte verursachen gigantische Kosten: 64 Milliarden Dollar sind es im Schnitt pro Bürgerkrieg, wie Collier berechnet hat. Das bremst logischerweise dramatisch die Wirtschaftskraft, da die Infrastruktur lahmliegt oder zerstört wurde und keine Ressourcen mehr vorhanden sind, um sie wieder aufzubauen. Da ist jedoch nur jener Preis eines Bürgerkrieges, der sich in Geld und Minuswachstum darstellen lässt.[242]

Neben Afghanistan gilt die Demokratische Republik Kongo, wo im Laufe des Jahres 2008 erneut schwere Kämpfe ausbrachen, als ein weiteres Land, das in dieser Endlosschleife aus Krieg und Not feststeckt. Drei Viertel aller Kinder waren dort mit Beginn des Jahres 2009 unterernährt. Schon zuvor waren die Folgen der nicht enden wollenden Konflikte verheerend. Bei den gewaltsamen Auseinandersetzungen, vor allem aber aufgrund von Unterernährung infolge der Kampfhandlungen, sterben jeden Monat 45 000 Menschen, so eine Untersuchung der Organisation »International Rescue Committee« (IRC), veröffentlicht bereits ein Jahr vor Ausbruch der erneuten Kämpfe. »In dem Krieg, der von 1998 bis 2003 dauerte und dessen Folgen bis jetzt Opfer fordern, starben insgesamt 5,4 Millionen Menschen. Dies entspricht der Bevölkerung Dänemarks«, so George Rupp, Präsident des IRC.[243]

Es sind Daten, die im Laufe des Jahres nach oben korrigiert werden mussten, wie Berichte aus der Krisenregion nahe legen; etwa aus der kleinen Klinik in Kanjaruchinga vor der Stadt Goma im Epizentrum des Krieges. Als die junge Mutter Adile Mgyanabo es endlich bis hierher geschafft hat, sieht es so aus, als würde sie nur ein Bündel Tücher halten. Doch dann kommt ihr zwei Monate alter winziger Sohn Serugendo zum Vorschein. Er wiegt noch 2 Kilo. Ihn habe nicht der Hunger getötet, flüstert die ermattete Frau unter Tränen: »*C'est la guerre.*« – »Es war der Krieg.«

Der dort tätige Arzt Luc Butungana musste damals, im November 2008, einen zweiten Behandlungsraum aufmachen. »Es werden so viele Kinder gebracht, die am Verhungern sind. Sie sind die verborgenen, unschuldigen Opfer dieses Krieges«, sagt er. An der Wand seines Arbeitsraumes hängt eine handgeschriebene Statistik: 167 Kinder hat er im Laufe von vier Wochen aufgenommen. Es sind viele, aber längst nicht alle, die Hilfe bräuchten, dringende Hilfe, wie er meint. »Die meisten schaffen es angesichts der Kämpfe nicht hierher. Es sterben so viele draußen. Selbst bei einem gesunden Baby reichen zwei, drei Wochen mit sehr wenig Nahrung, damit es in Todesgefahr kommt. Sein Immunsystem ist noch so fragil.«

Unterdessen beginnt Adile Mgyanabo, die Mutter des Buben, zu erzählen: Sie habe am Feld gearbeitet, den Buben um ihren Rücken, als plötzlich um sie herum geschossen wurde. Es sei nicht zum ersten Mal geschehen, also hätte sie gewusst, was kommen würde. »Manche Frauen haben sich in den Hütten versteckt. Ohne Nahrung. Das hält man aber nicht aus, man muss lang warten, bis es besser wird, manchmal Wochen. Also bin ich mit den anderen mit, die weggelaufen sind. In der Panik habe ich meinen Mann verloren. 50 Kilometer weit bis zu einem Flüchtlingslager sind wir gegangen. Doch es gab kaum eine Chance, etwas zu essen zu finden. Serugendo wurde so krank.« – Der Bub scheint durchzukommen, der Arzt unterbricht mit dieser Ankündigung die Erzählung der Frau; trotzdem meint er, resignieren zu müssen: »Es gibt in Wahrheit keinen einzigen Grund für Unterernährung in diesem fruchtbaren Land. Hier wächst genug, hier bräuchte kein einziges Kind an Hunger zu sterben. Und es geschieht trotzdem. Jahr für Jahr.«[244]

## Wenn sich Staaten im Elend auflösen

Zu den oben erwähnten Armutsfallen, die Ökonom Paul Collier aus-machte, gehören auch Korruption und katastrophale politische Ent-scheidungen von Regierungen. Während kluge Konzepte zur Sta-bilisierung der Wirtschaft eines Landes eine bedingte Chance auf Steigerung des Wohlstandes bieten, wie schon im siebten Kapitel an-hand des Beispiels Malawi gezeigt wurde, kann das Gegenteil verhee-rende Folgen auslösen. Robert Mugabe etwa, seit 30 Jahren Präsident von Simbabwe, schien alles daran zu setzen, den tatkräftigen Beweis für diesen Zusammenhang bringen zu wollen. Wie sonst ist begreif-bar, dass er es zulässt, dass sein Land als Ganzes faktisch zugrunde geht?

Zum Zeitpunkt der Drucklegung dieses Buches lag die Inflation in dem Land bei unfassbaren 230 Millionen Prozent. Der 84-jährige Mugabe weigerte sich über Monate, trotz einer verlorenen Wahl, die Macht an den Kandidaten der Opposition, Morgan Tsvangirai, abzuge-ben. Die schon lange vor der Wahl begonnene politische Dauerkrise stürzte die Bevölkerung in den Abgrund. 5 Millionen Menschen, also die Hälfte der Bevölkerung, waren in dem Land, das einst als Getrei-dekammer Afrikas galt, im Jahr 2008 unterernährt. Eine Choleraepi-demie brach aus, weil das medizinische Personal kein Gehalt mehr bekam, die Spitäler keine Medikamente mehr kaufen konnten und die Wasserversorgung nicht mehr gewartet wurde.[245]

Simbabwe ist ein gescheiterter Staat. Und ebenso wie Bürger-kriegszonen sind Länder, wo die öffentliche Verwaltung zusammen-bricht, es keine funktionierende Regierung mehr gibt, Nährböden für dramatische Hungerkrisen. Das US-amerikanische Magazin »Foreign Policy« erstellt jedes Jahr gemeinsam mit der Organisation »Fund for Peace« den globalen Index dieser gescheiterten Staaten[246], bemisst den Grad der Desorganisation. Somalia, Simbabwe, Sudan, Afghanis-tan, Irak oder der Tschad sind jene Länder, wo derzeit das größte Cha-os herrscht. Diese verwundbaren Länder rückte der Preisschock bei Lebensmitteln noch näher an den Abgrund, betonen die Autoren des Berichts. »Es ist ein harter Test, den Länder wie Somalia oder Afgha-nistan nun zusätzlich bewältigen müssen und es besteht die Gefahr, dass zusätzlich noch mehr Länder in diese Sparte der gescheiterten Staaten abrutschen, weil die Brotunruhen zusätzlich die politische Stabilität gefährden.«

Im Gegensatz zu den bekannten Theorien, dass Bürgerkriege vor allem durch ethnische Konflikte und politische Rivalitäten ausgelöst werden, entpuppt sich mittlerweile das grassierende Elend als maßgeblichster Faktor für die Entstehung von Bürgerkriegen. Laut dem britischen Ministerium für Entwicklungshilfe besteht in einem Land, wo das jährliche Pro-Kopf-Einkommen lediglich bei 250 Dollar liegt, im Vergleich zu einem reicheren Staat mit einem durchschnittlichen Verdienst von 5000 Dollar ein 15-fach höheres Risiko, dass ein interner bewaffneter Konflikt ausbricht.

Für Susan Rice sind diese Daten ein zentraler Beleg ihrer jahrelangen, Arbeit, mit der sie den Zusammenhang von Armut, Konflikten und Terror belegte: »Wir haben es in solchen Ländern mit einer sich selbst verstärkenden Spirale zu tun. Elend, Hunger führen zu Konflikten, die wiederum die Kindersterblichkeit erhöhen, Flüchtlingsströme schaffen und den Handel mit Waffen und Drogen verstärken, die Infrastruktur zerstören.« Es sei falsch, so Rice, Armut und Hunger lediglich als humanitäre Fragen zu sehen. Vielmehr gehe es bei einer möglichst effizienten Hilfe für die Entwicklung um Sicherheitspolitik. »Es ist unmöglich, eine Glaskuppel über unsere reichen Staaten zu spannen und so zu tun, als ginge uns dies alles nichts an. In diesen gescheiterten Staaten, zum Beispiel im Sudan und in Somalia, brauen sich Konflikte zusammen, die uns alle betreffen können. Es ist aus meiner Sicht kein Zufall, dass just in Staaten wie Afghanistan die Terror-Organisation al-Qaida ihre Bastionen aufbauten.«[247]

US-Präsident Barack Obama hat die Expertin als amerikanische UN-Botschafterin nominiert. Ihre Analysen geben deshalb einen Vorgeschmack auf die künftige US-Politik in jenen Bereichen, die einer dringenden Revision bedürfen. Denn eines muss man zu der Liste der Krisenfaktoren in den gescheiterten Staaten ergänzen: In zwei Ländern der Top-Ten-Liste, im Irak und in Afghanistan, ist nach wie vor eine US-Militärintervention im Gange. Ihr Ziel war, lässt man strategische Überlegungen einmal großzügig beiseite und hält sich an die Pressetexte und Reden der Regierung von US-Präsident George W.

Bush, einzugreifen, um die »Sicherheit der USA zu verbessern«. Nun, das scheint kaum gelungen zu sein.

Schon vor den Terrorangriffen vom 11. September 2001 auf die USA und der Formierung des Netzwerkes al-Qaida warnte Jeffrey Sachs, Direktor des »Earth Institute« der Columbia Universität, davor, dass Armut und zunehmende Verelendung der Nährboden für ausufernde, unkontrollierbare Gewalt sein können. »Die Krise in Afghanistan hat sich über Jahrzehnte hinweg aufgebaut. Das Land ist ein Extrembeispiel dafür, was in völlig verarmten Regionen der Welt, deren Elend, Bevölkerungswachstum und Umweltzerstörung über Generation hinweg von der internationalen Gemeinschaft ignoriert werden, passieren kann. Es muss aber klar sein, dass diese Probleme nicht mit militärischen Mitteln gelöst werden können, sondern nur durch eine gezielte Hilfestellung hin zur Entwicklung«, so Sachs.[248]

# DAS POLITISCHE ERDBEBEN DER TEUERUNGSWELLE

Angesichts der Teuerungswelle ist rasche Hilfe mehr denn je das Gebot der Stunde, denn nun stehen noch mehr Staaten vor dem Kollaps. Im Februar 2008 alarmierte die UN-Landwirtschaftsorganisation FAO die Weltgemeinschaft: 36 Ländern drohe die politische Instabilität, weil ihre Bevölkerung die hohen Preise nicht mehr hinnehmen kann und will. Dominique Strauss-Kahn, Direktor des Internationalen Währungsfonds, sprach sogar von bis zu 75 Ländern, wo Aufstände aufgrund der Preisentwicklung drohen; darunter Indonesien und Pakistan, wo weitere Unruhen sich sehr gravierend – dies auch für die internationale Sicherheit – auswirken könnten.

Besonders im letztgenannten Staat drohen bei einer weiteren Destabilisierung handfeste Gefahren, da militante Islamisten zunehmend als Wohlfahrtsorganisationen und Ordnungskräfte auftreten und so den Staat unterwandern. Ein Fünftel der 160 Millionen Einwohner Pakistans ist unterernährt, die Hälfte kämpft Tag für Tag, um sich ausreichende Mahlzeiten leisten zu können. Präsident Pervez Musharrafs Partei verlor im Februar 2008 nach einer politisch turbulenten Phase, ausgelöst durch das tödliche Attentat auf Benazir Bhutto, die Wahlen. Doch die wahre politische Trendumkehr spielte sich auf den Märkten und in den Geschäften ab. Zwischen Januar 2007 und Januar 2008 sind die Weizenpreise hier um zwei Drittel gestiegen, die Grundnahrungsmittel wurden um ein Drittel teurer. Der Hass darüber entlud sich glücklicherweise bei den Wahlen und nicht in dem gefürchteten Putsch.[249]

Brotunruhen verbreiteten sich wie ein Lauffeuer rund um den Globus, als plötzlich bis zum Doppelten und Dreifachen für Grundnahrungsmittel bezahlt werden musste. Es zeigte sich, wie schnell die Regierungen fragiler Staaten sturmreif erklärt werden, wenn plötzlich das Überleben zu teuer wird. Besorgt reagierte die Task-Force der Vereinten Nationen. »Steigende Lebensmittelpreise wirken besonders explosiv in Ländern, wo Konflikte toben oder eben erst begradigt wurden und Bandenwesen – sei es kriminell oder politisch – die Gesellschaft zersetzt. Politische und soziale Institutionen sind hier fragil und die hohe Frustration über zu hohe Preise droht sich in Aufstände gegen die politischen Autoritäten zu entladen«, hieß es in einer Analyse im Sommer 2008.[250]

## Aufstand der Ausgehungerten

»Wenn die Regierung es nicht schafft, die Preise zu senken, damit wir uns leisten können zu überleben, dann muss sie gehen. Wenn uns die Polizei oder die UN-Truppen erschießen wollen, ist das in Ordnung. Denn schlussendlich brauchen wir dann nicht mehr elend zu verhungern«, echauffierte sich einer der Demonstranten in den Apriltagen in den Straßen von Port-au-Prince, der Hauptstadt Haitis.[251] Sechs Menschen starben bei den Unruhen in dem winzigen karibischen Land während einer heftigen Protestwelle, ausgelöst durch exorbitante Preissteigerungen. Premier Jacques-Edouard Alexis musste zurücktreten. Er war der einzige Regierungschef, der den globalen Teuerungsschock – politisch – nicht überlebte; oder vielmehr war er der Einzige, der offensichtlich deswegen zurücktrat.

Der Preisschock erschütterte aber auch Staaten, die als relativ stabil galten. In Kamerun starben 24 Menschen, im Senegal, in Burkina Faso und der Elfenbeinküste lieferten sich aufgebrachte Menschen Straßenschlachten mit der Polizei. »Es ist eine hochexplosive Situation in unserem Land entstanden, eigentlich im ganzen Westen Afrikas. Die politische Stabilität ist in Gefahr«, so Jean-Louis Billon, Präsident der Handelskammer der Elfenbeinküste. Besorgt zeigten sich auch zahlreiche Experten. »Die Lebensmittelversorgung und die landwirtschaftliche Produktion sind mit dem Preisschub in eine riskante politische Ära geraten«, kommentiert Joachim von Braun, Direktor des »International World Food Policy Research Institute«, die Eskalation der gestiegenen Kosten hin zum Aufflackern von Brotkriegen. Die Preise machten Politik, schufen eine neue Protestbewegung.[252]

Die Muster der globalen Unruhegebiete ähnelten sich: Die Teuerung wurde zum Stein des Anstoßes, der zeigte, wie dicht Armut und Revolte in vielen Ländern beieinander liegen. Gravierend verschärft hat sich die Situation am Höhepunkt der Teuerung deshalb nicht zufällig auch in Ägypten. Lange Schlangen bildeten sich in Kairo vor den staatlichen Geschäften, die subventioniertes Brot abgaben. Unter ihnen waren Ärzte, Anwälte und Lehrer. Die hohen Preise offenbarten, wie sehr das Land verarmt ist. »Die bislang relativ wohlhabende Mittelschicht scheint verschwunden zu sein«, so der Politologe Hassan Nafaa. »Wer in der aufgeblasenen Bürokratie arbeitet, verdient kaum genug um zu leben. Die Inflation von 19 Prozent ist für jemanden, der etwas mehr als 150 Euro verdient, nicht zu verkraften.«

Die Armee wurde sogar eingesetzt, um billiges Brot zu backen. Nach Ausschreitungen vor Bäckereien, wo staatlich gestützte Nahrungsmittel abgegeben wurden, starben zwei Menschen im März 2008. Präsident Hosni Mubarak griff ein und ließ 31 Milliarden Dollar von der Zentralbank für den Kauf von Weizen freigeben, da er wusste, dass die verarmten Massen in seinem Land zwar sehr geduldig sein konnten, aber wenn Brot zu teuer wurde, konnte dies der letzte Tropfen sein, der das Fass zum Überlaufen bringt. Zuletzt lösten Brotunruhen 1977 eine gravierende politische Krise aus.[253]

Ein weiteres Katastrophengebiet der Teuerung war Bangladesch. 30 Millionen der 150 Millionen Einwohner des südostasiatischen Landes kämpften schon vor der Krise ums Überleben. Eine durchschnittliche Familie hat hier etwa 5 Dollar pro Tag zum Überleben, davon gab sie bislang 3 Dollar für Lebensmittel aus. Plötzlich aber stiegen die Preise für viele Grundnahrungsmittel um die Hälfte. Das heißt: Für Wohnen, Medizin, Schule, Kleidung blieben einer Familie nur noch 50 Cent. Höchstens.

Nach Wochen der Teuerung geriet das Land an den Rande des Kollaps: Zehntausende Textilarbeiter revoltierten nahe der Hauptstadt Dakar, zerstörten in ihrer Wut Autos, Busse und Schaufenster, verwüsteten ihre Arbeitsstätten. »Die Leute hier beginnen sehr unruhig zu werden. Sie sagen, ihre niedrigen Löhne reichen nicht mehr aus, um satt zu werden«, erklärte Shafiqul Islam, oberster Sicherheitsbeamter in der Region, warum er im Grunde verstehe, warum die Menschen hier durch die Straßen ziehen und brüllen: Es reicht.[254]

Irritierend war nicht bloß, dass im Frühling 2008 synchron rund um den Erdball Unruhen ausbrachen, sondern auch die Geschwindigkeit, mit der die deftigen Preiserhöhungen in politische Krisen übersetzt wurden. »Der Gedanke an hungrige Menschenmassen, die getrieben von blanker Verzweiflung durch die Straßen ziehen und ihre Regierungen stürzen wollen, schien lange wie ein Albtraum aus einer anderen Zeit. Dass so etwas passieren konnte, schien angesichts des so klaren Sieges des Kapitalismus im Kalten Krieg unmöglich«, schrieb zu diesem Zeitpunkt das US-Magazin »Time«. »Doch plötzlich sind sie wieder da. Die Schlagzeilen, dass weltweit immer mehr Regierungen gefährdet sind. Sobald es die Lebensbedingungen verhindern, dass Familien ihre hungrigen Kinder ernähren können, dann werden sonst passive und brave Bürger zu Aufständischen, die kämpfen, als hätten sie nichts mehr zu verlieren. Daran hat sich bis heute nichts geändert.«[255]

## Die Generation Armut begehrt auf

Durch die Teuerungswelle kristallisierten sich die Bruchlinien der Gesellschaften in vielen Ländern heraus, da sie die Not verschärfte, oft ins Unerträgliche steigerte. Weder in Ägypten noch in Bangladesch ist die grassierende Verarmung weiter Teile der Bevölkerung neu, nur

174

jetzt trat sie verstärkt zutage. Wie ein Leuchtmarker machte die Preis-explosion aber auch jene Teile der Gesellschaft sichtbar, denen feh-lende Perspektiven auf einen Aufstieg und der Teufelskreis der Armut den Boden entzogen. Nach der Lebensmittelkrise folgte im Herbst 2008 die Finanzkrise mit dramatischen Folgen für die Weltwirtschaft. Die Hoffnung auf ein Wirtschaftswunder in den am wenigsten entwi-ckelten Ländern verpuffte gänzlich.

Vor allem für die Jugendlichen, die den überwiegenden Teil der weltweiten Bevölkerung stellen, schmolzen jegliche Perspektiven. 1,3 Milliarden Menschen sind derzeit zwischen 12 und 24 Jahren alt: Noch nie in der Geschichte war die Weltbevölkerung so jung. Der Großteil von ihnen lebt in den ärmsten Ländern der Welt, die der gefährliche Mix aus Finanz-, Lebensmittel- und Klimakrise nun gänzlich in die Enge treibt. Sie wurden zum Motor der Brotunruhen.

Von einer »Jugendblase« spricht der norwegische Wissen-schaftler Henrik Urdal angesichts der Altersstruktur in diesen Län-dern, die laut seinen Forschungsergebnissen in Staaten mit gravie-renden ökonomischen Problemen das Risiko von Konflikten deutlich verschärfen. »Länder mit ausgeprägt junger Bevölkerung sind in je-dem Fall anfälliger für politische Gewalt«, sagt er. »Sobald mehr als 35 Prozent der Erwachsenen eines Landes Jugendliche sind – wie im Großteil des südlichen Afrikas oder in Asien –, steigt die Gefahr von gewaltsamen Auseinandersetzungen um 150 Prozent im Vergleich zu Ländern, wo sie, wie es in den meisten Industrieländern der Fall ist, nur etwa 17 Prozent stellen«, sagt Urdal. Sobald die wirtschaftlichen Rahmenbedingungen sich verschlechtern, steige das Risiko, dass poli-tische Gewalt und Terror in Ländern mit großen »Jugendblasen« auf-tritt, zudem drastisch an.[256]

Dieses Aufbegehren ist auch ohne wissenschaftliches Funda-ment ebenso verständlich und für jeden nachvollziehbar wie das zwei-te Reaktionsmuster, das viele junge Erwachsene in den ausgezehrten Ländern Afrikas zeigen: Flucht. Ihre Reisen dauern oft Monate, Jahre, führen sie durch die Wüste, zu Gelegenheitsjobs und dann schluss-endlich über das Meer. Die enormen Strapazen, die sie auf sich neh-men, sind Gradmesser für die Verzweiflung, die sie zu Hause erleben. Sie wollen sich ein Leben ohne Hunger aufbauen, angelockt durch die bunte Welt Europas, die sie via Satellitenfernsehen, aber vor allem über das World Wide Web bis in den letzten Winkel ihrer verarmten Heimat übertragen bekommen.

Wer glaubt, sie wären naiv, versteht nur einen Bruchteil ihrer Wahrheit. In Mauretanien habe ich mit zahlreichen jungen Männern aus allen Teilen Afrikas gesprochen, die dort in den Küstenstädten auf ein Boot warteten, das sie in ein neues Leben bringen sollte. Es gibt eine Fülle von Webseiten und Info-Foren im Internet, wo von günstigen Meeresströmungen bis zu den korrekten Aussagen bei der Fremdenpolizei in der EU sämtliche Informationen zu finden sind, die sie für ihren Weg in den goldenen Norden brauchen. An einem mangelt es aber: an Erfahrung. Etwa mit den Tücken der hohen See, die sie überqueren wollen. Viele sehen zum ersten Mal das Meer, wenn sie das Boot Richtung Europa betreten.

Und sie rechnen auch nicht damit, dass das Leben in Europa ganz anders sein könnte, als sie es sich erlesen und erträumen. »Angesichts der Wirtschaftskrise, der Angst um Arbeitsplätze, droht ein noch größeres Maß an Ablehnung und Ausländerfeindlichkeit gegenüber Einwanderern«, lautete ein Resümee der Experten der Vereinten Nationen anlässlich einer Migrations-Konferenz im November 2008.

## Der Kampf gegen die Hungerflüchtlinge

Es war am frühen Morgen, zwei Tage nachdem das Trinkwasser aufgebraucht war. »Da starb der Mann neben mir, an meine Schulter gelehnt«, erzählt Haruna. »Ich spürte ihn fast einen ganzen Tag, bis das Boot auseinanderbrach. Es war, als würde der Tod nach mir greifen.« Der Schock sitzt so tief, dass der 22-jährige Haruna auch jetzt, drei Wochen später, beim bloßen Gedanken daran zittert. Haruna wollte in einem wackeligen Plastikboot mit 68 anderen illegalen Immigranten den Atlantik bezwingen: tausend Kilometer von der mauretanischen Küstenstadt Nouadhibou bis zu den Kanaren. Nur eine Handbreit ragte der Kahn aus dem Meer, als sie mitten in der Nacht in See stachen. Anfangs war das Meer ruhig, die Gefahr weit weg. Mit zwei T-Shirts, drei Packungen Keksen und 20 Litern Wasser ist Haruna aufgebrochen, mit so gut wie nichts in den Händen. Sieben Tage überstand er den Wahnsinn auf See. Dann fiel der Motor aus, weil der Treibstoff nicht reichte. »Anfangs haben wir noch gelacht. Doch dann setzten die Wellen ein. Die Frauen beteten nur noch.«

Das Boot brach auseinander. Nur Haruna und sein bester Freund überlebten. Es ist leicht, einen wie ihn in der mauretanischen Küstenstadt zu finden: Viele Schiffbrüchige sind hier gestrandet, nehmen irgendwelche Jobs an, um Geld zu sparen für das nächste Mal. Haruna hat Arbeit in einer Autowerkstätte gefunden und spart jeden Groschen für die nächste Reise. »Was soll ich hier, in Afrika? In meinem Dorf im Mali fiel seit Jahren kein richtiger Regen mehr. Die Felder verdorren. Auch die Söhne der anderen Familien sind schon weg. Sie schicken ihren Eltern Geld. Die sind sehr stolz. Und ich? Habe ich nicht auch die Pflicht, das für sie zu tun? Oder soll ich sie verrecken lassen? Mein Vater hat ein Feld verkauft, damit ich Geld für die Reise habe. Ich bin ihnen einfach schuldig, dass sie in Würde leben können. Dafür riskiere ich mein Leben. Wenn es sein muss auch noch einmal.«

Der Exodus von Nordafrika, aus Mauretanien, Marokko oder dem Senegal nach Spanien, von Libyen nach Italien schwillt an: 21 000 erreichten 2007 die Küsten Europas, 2008 waren es fast 30 000 Menschen.[257] Zirka 60 000 Flüchtlinge landen pro Jahr an Europas Mittelmeerküsten; allein in Spanien wurden 2006 fast 50 000 Menschen gezählt. Im Sommer 2008 verdoppelte sich die Zahl der Ankünfte auf der italienischen Insel Lampedusa. Eindämmen kann man den Wunsch nach dem Auswandern nicht. Er wird nur für immer mehr zur tödlichen Falle. Die Menschen nehmen einfach einen weiteren Weg. Einer von drei Menschen, die von Afrika nach Europa wollen, überlebt heute nicht mehr.[258]

Die Flucht der afrikanischen Hungerflüchtlinge wird durch die Zerstörung von Fischergemeinden am Atlantik und am Mittelmeer zusätzlich motiviert. Wie schon eingangs erwähnt, verkaufen überschuldete Staaten ihre Fischereirechte an ausländische Unternehmen. Die Fischer vor Ort bleiben ohne Fang zurück und verkaufen ihre Boote an Menschenhändler oder werden selbst zu Schleppern. Laut Schätzungen der »International Organisation for Migration« (IOM) würden allein in Libyen, das neben der westafrikanischen Küste zu dem zentralen Transitpunkt von afrikanischen Migranten geworden ist, bereits eine Millionen Menschen aus dem gesamten Kontinent auf eine Möglichkeit warten, irgendwie auf den Kontinent der Reichen zu gelangen.[259] Diese Entwicklung hängt aber auch direkt mit dem Versagen der Landwirtschaft auf dem Kontinent, der durch künstlich billig gehaltene Importprodukte und die Ausbeutung seiner Felder für Cash-Crops bekannt ist, zusammen. Auch im Heimatland Harunas, Mali, wurde die Bevölkerung Opfer dieser Falle: Fast 400 000 Tonnen Baumwolle exportiert das Land jährlich. Im Gegenzug werden 90 Prozent der Lebensmittel importiert. Die verheerenden Folgen wirken nun doppelt, wenn nicht dreifach. Zum einen mussten plötzlich wesentlich höhere Preise für die Lebensmittel bezahlt werden, gleichzeitig brach in Mali aufgrund der anhaltenden Trockenheit die Baumwollproduktion um 40 Prozent ein. In Kombination mit den niedrigen Preisen, die das Produkt derzeit auf dem Weltmarkt erzielt, wurde die Lage geradezu aussichtslos.

In dem 2008 veröffentlichen Dokumentarfilm »Let's Make Money« des österreichischen Filmemacher Erwin Wagenhofer kommt Francis Kologo von der Firma »Sofi tex« in Burkina Faso zu Wort. Es ist ebenso ein Baumwoll-Land, wo die Pflanzen die Erde ausdürren und die hohen Importpreise von Lebensmitteln das ohnehin karge Leben der Menschen nahezu unmöglich machen. Kologo betont, dass sein Land unter dem Druck der niedrigen Preise der subventionierten Produkte zu zerbrechen droht und mit ihm die Existenzgrundlage der Bevölkerung. »Doch wenn es nicht mehr möglich sein wird hier zu überleben, dann werden früher oder später alle von hier weggehen. Das muss jenen Industrieländern klar sein, die mit ihren Förderungen die Preise drücken. Nicht einmal eine 10 Meter hohe Mauer kann die Menschen abhalten, dann zu ihnen zu kommen.«

Einer Studie des »Overseas Development Institute« aus dem Jahr 2004 zufolge sind die EU-Subventionen für den Baumwollanbau in Griechenland und in Spanien allein für 38 Prozent der Einkommensverluste in West- und Zentralafrika verantwortlich. Der WWF schätzt, dass allein Spanien jährlich nach wie vor etwa 800 Millionen Euro für eine Anbaufläche von etwa 80 000 Hektar Baumwolle erhält.[260]

Zehntausende illegale Migranten, die von Afrika nach Europa gekommen sind, arbeiten derzeit in den gigantischen Obst- und Gemüseplantagen in Südspanien. Zu katastrophalen Bedingungen wird hier um einen Hungerlohn billige Nahrung für unsere Supermärkte produziert. Gleichzeitig wäre die gleiche Produktion in Ländern wie Marokko genauso möglich. Aufgrund des Klimas wäre dieses Land sogar besser für die Produktion von Zitrusfrüchten geeignet. Doch es ist eben teurer, Orangen aus Marokko zu importieren, als die illegale Migration dazu auszunutzen, billig zu produzieren.[261]

Man könnte es auch so sagen: Der Verdienst an den Hungerflüchtlingen stimmt.

# 9 So wird Wohlstand gemacht: Zehn Schritte

1948, 60 Jahre bevor dieses Buch entstand, schrieb der damals sehr einflussreiche Stratege der amerikanischen Außenpolitik, Botschafter George Kennan, in einem Memo an die US-Regierung: »Wir verfügen über die Hälfte des Reichtums der Erde, aber nur über 6,3 Prozent der Bevölkerung. Angesichts dieser Lage ist die Wahrscheinlichkeit hoch, dass wir zur Zielscheibe von Neid und Ressentiments werden. Unsere tatsächliche Aufgabe in der nächsten Ära der Weltgeschichte wird es deshalb sein, ein Muster von internationalen Beziehungen zu entwerfen, das hilft, diese einseitige Position aufrechtzuerhalten, ohne die Sicherheit des Landes zu gefährden. Um das zu schaffen, müssen wir uns von allen Tagträumen und Sentimentalitäten verabschieden. Wir sollten aufhören uns darin zu täuschen, dass wir uns heutzutage den Luxus von Altruismus und die Rolle des globalen Wohltäters leisten können. Der Tag ist nicht sehr weit entfernt, wenn wir diese Frage in eine klare Machtfrage ummünzen müssen.«[262]

Fehlender Zugang zu ausreichender und nährstoffreicher Nahrung ist mehr als eine humanitäre Frage, damit hat Herr Kennan bis heute recht. Hilfe ist nötig, dringend und in größerem Umfang denn je. Doch dies reicht nicht: Jene Strukturen, die bedingen, dass Elend entsteht, müssen verändert werden. Eine Milliarde Menschen ist von Hunger bedroht, zwei Milliarden Menschen verfügen über so wenige Ressourcen, dass sie nur mit größter Not durchkommen. Sie stecken in Fallen des Elends fest, die auch deshalb zementiert wurden und werden, weil die globale Bereitschaft fehlt, das Problem an den Wurzeln zu packen.

Kennans Memo spiegelt aber jenen Zynismus wider, der selten so offen zutage tritt, doch oft unverhohlen mitschwingt, wenn Abschottungsversuche paktiert und politisch gerechtfertigt werden. Mauern, um unseren Reichtum aufzubauen, ihn notfalls mit Waffengewalt vor einem möglichen oder auch nur eingebildeten Ansturm Hungriger zu schützen, scheint nach wie vor die einzig praktizierte

Lösung zu sein. Ein Blick auf die Lage im Mittelmeer genügt, um das zu wissen. Dabei ist der Wohlstand in unseren Industrieländern teuer erkauft: Auf den Rücken der Milliarden von Armen, die für unsere Klimasünden genauso büßen wie für eine globale Landwirtschaftspolitik, deren verantwortliche Akteure nicht eingestehen, wie viel Not sie für das Kalkül von Absatzchancen samt der gut gepolsterten Marktpositionierung von transnationalen Multis in Kauf nehmen und wie weitreichend der Reformbedarf ist.

Der Kampf gegen Armut ist keine Machtfrage, sondern eine Überlebensfrage. Die Teuerungskrise führt uns sehr deutlich vor Augen, dass unser nachlässiger Umgang mit dem zentralen Menschenrecht, genug Nahrung zu haben, in ein Desaster führen kann. Die Balance ist sehr fragil: Dies auch deshalb, weil mit jedem Jahr deutlich mehr Menschen – konkret sind es 80 Millionen – auf der Erde leben. Dabei wären die Maßnahmen simpel. Durch steigende Investitionen in ländliche Entwicklung, in Gesundheit und Bildung können, so die Analyse des »International Food Policy Research Institute«, Armut und Hunger drastisch reduziert werden. Dazu wurde in Szenarien errechnet, was ein Scheitern oder ein Gelingen dieser Politik bedeuten würde, etwa für die Menge an Kalorien, die ein Mensch in den weniger entwickelten Ländern zur Verfügung hat. Funktioniert der politische Strukturwandel nicht, sinkt der Pro-Kopf-Konsum von Kalorien in diesen Ländern von heute 2700 auf 2600. Setzen sich die Maßnahmen der Armutsbekämpfung durch, würde der Verbrauch auf 3100 Kalorien steigen.[263]

Mehrmals habe ich in diesem Buch den amerikanischen Wissenschaftler Jeffrey Sachs zu Wort kommen lassen, dessen fundierte Analysen deutlich die Gefahr aufzeigen, die daraus resultieren, wenn wir weiterhin Elend und Hunger mit Ignoranz oder mit nur eiligst angefertigten Bandagen wie kurzfristigen Überbrückungslieferungen und nicht mit einem entschlossenen Politikwandel begegnen. Ein Versagen in der Armutsbekämpfung könnte laut Sachs »angesichts der wachsenden Spannungen zu einem verheerenden Kampf der Zivilisationen führen. Wenn wir weiter handeln wie bis jetzt, drohen soziale und ökologische Krisen von verheerenden Dimensionen. Doch noch sind wir gelähmt darin, diese Probleme zu bewältigen, weil wir mit

Zynismus, Defätismus reagieren und zahnlose, längst veraltete Institutionen damit befassen.«[264]

Lediglich ein Prozent des Vermögens, das Industrieländer pro Jahr erwirtschaften, reicht aus, um Investitionen zu ermöglichen, die Armut ausrotten würden. Nur können diese Motoren der Weltwirtschaft, gebeutelt von der schwersten Krise seit der großen Depression, Geld dafür ausgeben? – Zugesagte Summen für Hilfe angesichts der Hungerkrise, im Hinblick auf die Erreichung der von den Vereinten Nationen beschlossenen Millenniumsziele, bleiben zu einem großen Teil aus. Jene Staaten, die noch über ausreichend Kapital verfügen wie die Erdöl-exportierenden Golfstaaten investierten dies mehr und mehr in die Pacht von Grundstücken in Afrika zum Ackerbau für die eigene Bevölkerung.[265]

Eine Weltgesellschaft mit einer zunehmend an den Rand gedrängten verarmten Mehrheit riskiert früher oder später einen gewaltsamen Verteilungskampf zwischen den roten und grünen Zonen, den Hungerzonen und jenen Bereichen, wo die Satten leben. Dies gilt auf globaler Ebene genauso wie auf staatlicher, wo hohe Preise gekoppelt mit einer ungewissen wirtschaftlichen Zukunft großes Potenzial für sozialen Unfrieden schaffen. Dies wissen die politisch Verantwortlichen. »Fehlender Zugang zu Nahrung und Verteilungskonflikte könnten zu einem Problem der internationalen Sicherheit werden«, sagte die deutsche Bundeskanzlerin Angela Merkel vor ihrem Abflug zum G8-Treffen in Japan Anfang Juli 2008. Dort lag von den Experten der G8-Staaten bereits ein Positionspapier auf, in dem eine mit Merkels Besorgnis gleich lautende Prognose zu finden war: Armut und Verteilungsprobleme sind ein Risiko für Demokratien, eine der größten Gefahren der Zukunft.[266]

Dabei wäre alles so einfach. Eigentlich stünde die Menschheit an der Schwelle zur ihrer bestmöglichen Ära, geprägt von Wohlstand und Wachstum. »Wir leben in einer einzigartigen Phase der Geschichte der Menschheit. Mobiltelefone, Internet, internationaler Handel, dichte und schnelle Verkehrsverbindungen bedingen die Entstehung der ersten wirklich globalen Weltgesellschaft, die weltweite Strategien entwickeln kann, um ihre Lebensbedingungen noch weiter verbessern zu können.« So euphorisch liest sich der erste Teil der Zusammenfassung des 6300 Seiten langen UN-Zukunftsberichts, der im Juli

2008 erschienen ist. Doch dann folgt ein großes Aber. Die Verteilung dieser Güter klappt nicht. »Die Hälfte der Menschheit ist von sozialer und politischer Instabilität bedroht, da die Preise für Lebensmittel und Energie drastisch steigen sowie das Wasser zu knapp wird. Angesichts der Tatsache, dass die Hälfte der Menschheit weniger als 2 Dollar am Tag verdient, sind globale soziale Aufstände zu befürchten, wenn sich nicht eine ernsthafte Reform der Ernährungspolitik durchsetzt und sich die Ernährungsgewohnheiten rasch ändern.«[267]

Dies alles ist bekannt, wie auch die in den Kapiteln zuvor analysierten Schwachstellen des globalen Zugangs zu Wohlstand. Die Erde könnte ausreichend Lebensmittel für doppelt so viele Menschen, wie jetzt auf der Erde leben, liefern. Es wäre möglich. Zusammengefasst und abschließend hier zehn Schritte auf dem Weg zu einem Zustand, der wie eine Utopie klingt, aber in Wahrheit problemlos Realität werden könnte: dass alle Menschen auf der Erde satt werden und ein menschenwürdiges Leben führen können.

## FISCHEN LEHREN, STATT FISCHE LIEFERN

Der Kampf gegen den Hunger wird vor allem am grünen Acker gewonnen. Es müssen deutlich mehr Hilfsgelder für Landwirtschaft zur Verfügung gestellt werden, fordern nachdringlich alle Akteure, die in der Armutsbekämpfung engagiert sind. Zwei von drei Hungernden auf der Welt leben auf dem Land und vom Land. Investitionen in Transportsysteme, der erleichterte Zugang zu Krediten, aber auch zu Produktionsmitteln soll Bauern helfen, sich selbst zu helfen.[268] Doch dieser Schwerpunkt wird nicht ausreichen, um internationale Hilfe so zu gestalten, dass Armutsbekämpfung wirkt. Wichtig ist eine Ausdehnung von Programmen, die als Sicherheitsnetz fungieren, wie etwa die von der UN-Kinderhilfsorganisation UNICEF und anderen organisierten Schulausspeisungen in Hungerzonen. Dazu muss Nahrungsmittelhilfe in Extremsituationen überdacht werden. Anregungen von Hilfsorganisationen, etwa der hochprofessionellen »Ärzte ohne Grenzen«, müssen beherzigt werden. Dazu darf die internationale Hilfe nicht die

lokalen Märkte zerstören, sondern sollte diese stärken. Bargeld-Aus-
zahlungen und Gutscheine, die jetzt in Pilotversuchen getestet werden, könnten Verbesserungen bringen. »Einen Weckruf« nennt Josette Sheeran, Direktorin des Welternährungsprogramms der Vereinten
Nationen (WFP), die Nahrungsmittelkrise. »Wir sorgen derzeit dafür,
dass 90 Millionen Menschen weltweit mit Notrationen versorgt werden. Bereits 80 Prozent der Lebensmittel dafür kaufen wir von lokalen
Märkten. Doch wir müssen dabei beherzigen: Niemand will abhängig
sein. Wir müssen den Menschen helfen, sich selbst zu helfen.«[269]

## Richtig handeln

Die Politik muss neue Prioritäten setzen, die sich an globaler Verantwortung und weniger an nationalen Strategien orientiert. Eine neue
Form von Außenpolitik und internationaler Zusammenarbeit ist un-
umgänglich. Bürgerkriege, schwelende Konflikte und Staaten, die am
Zusammenbrechen sind, brauchen eine verlässliche und demokra-
tisch agierende Weltpolitik, die auf den Grad der Bedrohung der Zivilbevölkerung reagiert, ohne ihre Bereitschaft zur Intervention von
Ressourcensicherung oder anderen nationalen Interessen abhängig
zu machen. Wie es Experten nahe legen, erwiesen sich Militärinter-
ventionen, wie sie in den vergangenen Jahren praktiziert wurden,
selten als hilfreich, um Konflikte nachhaltig zu beenden. Dafür sind
viele Gründe maßgeblich, etwa dass Interventionen nicht immer von
einem breiten internationalen Konsens getragen werden, aber auch,
weil sich die Stabilisierung von Gesellschaften nach Konflikten äußerst
langwierig gestaltet. Gerade hinsichtlich dieses Problems bräuchten
Friedenstruppen mehr Augenmerk und es ist fraglich, ob reguläre Ar-
meen dazu überhaupt geeignet sind und ob es nicht vielmehr nötig
sein wird, eigene internationale Truppen auszubilden, deren einzige
Aufgabe die Friedenserhaltung ist.

Eine konzertierte, globale Anstrengung der Politik hat Chancen auf Erfolg, wenn alle Teilbereiche entsprechend abgestimmt sind.
Dazu zählt auch die Handelspolitik. Die Verzahnung der Weltwirtschaft
lässt sich nicht mehr aufbrechen. Sie ist Realität. Doch die Grundprin-

zipien, die sie ordnen, müssen aufgebrochen werden, vor allem die Privilegierung großer transnational agierender Handelskonzerne. Liberalisierung im Bereich des Agrarhandels ist nötig; vor allem jede Form von Protektionismus, wie Importhemmnisse der Industrieländer, ist problematisch. Dabei gilt aber: Ein vollständig freier, gänzlich liberalisierter Agrarmarkt ohne Zölle und Subventionen stellt keine Gleichheit zwischen den Ländern dar. Unterschiedliche Produktivität wird so ausgeblendet. Die regionale landwirtschaftliche Produktion muss geschützt werden können durch global gültige Spielregeln, die statt der Maximierung von Exportmöglichkeiten der dominierenden Verhandlungsländer die Maximierung der Versorgung aller im Auge behält.

## Investieren mit Verantwortung

Zum globalisierten Handelsgeflecht gehören auch die Geschäfte mit Rohstoffen, auch jenen, aus denen unsere Grundnahrungsmittel hergestellt werden. Spekulation und die damit verbundenen Finanzakrobatik ist ein wesentlicher Faktor der Preissteigerung von Lebensmitteln geworden. Der US-amerikanische Nobelpreisträger James Tobin hat als Maßnahme gegen die Auswucherungen der Finanzspekulation die Einführung einer minimalen Transaktionssteuer vorgeschlagen, Tobin Tax genannt. Würde lediglich ein geringer Prozentsatz von 0,5 Prozent aller Kapitalflüsse besteuert, brächte dies jährlich 290 Milliarden Euro. Selbst, wenn man den Anteil auf 0,005 Prozent verringern würde, könnte die Steuer dazu führen, dass die besonders für kleine und schwache Volkswirtschaften sehr bedrohliche Volatilität nachlässt. Ein Verbot des Börsenhandels mit Agrarprodukten ist unrealistisch. Allerdings muss bei Spekulationsgeschäften das Regelwerk von Rechtsstaatlichkeit und Demokratie greifen.

# MENSCHENRECHT AUF ERNÄHRUNG

Die Hinterlassenschaft der Lebensmittelkrisen der 1930er- und 1970er-Jahre waren Träume, Konzepte für eine bessere, gerechtere Welt. »Die Krise ist die Mutter aller Erfindungen«, sagt Monkombu Sambasivan Swaminathan, der »Vater« der indischen »Grünen Revolution«. »Wir überstanden die Krise der 1960er-Jahre. Jetzt brauchen wir eine konzertierte Aktion von Bauern, Politikern und Unternehmern, um dies heute abermals zu bewältigen.« Um die Hungerkrise zu lösen, ist eine zweite »Grüne Revolution«, vor allem in Afrika, nötig, doch diese Revolution darf sich nicht auf die technische Umsetzung von Ertragssteigerung reduzieren: Von einem »New Deal« der globalen Ernährungssicherheit spricht Weltbank-Generaldirektor Robert Zoellick. FAO-Generaldirektor Jacques Diouf hofft angesichts der Krise auf einen Impuls für eine neue Ordnung der weltweiten Agrarproduktion mit dem Schwerpunkt auf dem Menschenrecht auf Nahrung, das längst völkerrechtlich verankert ist. Anlässlich des 60. Jahrestages der Erklärung der Menschenrechte wurde durch die UN-Vollversammlung am 10. Dezember 2008 ein Zusatzprotokoll zu diesem Sozialpakt verabschiedet. Damit soll Opfern von Verletzungen sozialer Menschenrechte, wenn ihnen die Lebensgrundlage gewaltsam entzogen wurde und sie sich nicht ernähren können, die Möglichkeit eingeräumt werden, bei der UNO Beschwerde einzulegen. Mit der Einklagbarkeit ist ein erster Schritt getan. Nun geht es darum, die Durchsetzbarkeit dieses fundamentalen Menschenrechtes auch zu gewährleisten.

# KLEINBAUERN STÄRKEN

Versteht man die aktuelle Lebensmittelkrise in erster Linie als Folge der Krise der Landwirtschaft in den weniger entwickelten Ländern, gelangt man rasch an eine Weggabelung. Es gibt, grob vereinfacht, zwei Denkschulen zur Lösung dieses Problems und sie sind nicht bloß unterschiedlich, sondern einander diametral entgegengesetzte Wahrheiten. Hier geht es um eine Glaubensfrage. Die eine Lösung lautet: Rückkehr zur Stabilisierung der lokalen Erzeugung, Schutz der kleinen Bauern. Raus aus der schwindelerregenden Achterbahn des Weltmarktes und aus den Fallen der Industrialisierung der Nahrungsmittelproduktion. Es geht um die Besinnung der Einzelstaaten darauf, was ihre Landwirtschaft zu allererst leisten soll: Versorgung der Bevölkerung. 30 Milliarden Dollar sollten deshalb, fordert die FAO, jährlich in die Landwirtschaft investiert werden. Und zwar in fünf Bereiche: Investitionen in die Produktivitätssteigerung in den abgelegenen Dörfern der weniger entwickelten Welt, in die Bewahrung natürlicher Ressourcen, in den Ausbau der Infrastruktur und der Märkte, in die Ausbildung der lokalen Bauern und auch in den Aufbau von Nothilfeprogrammen.[270]

## Zurück zur Natur

Durch den Einsatz industrieller Landwirtschaft sind gigantische Veränderungen geschehen, viele Menschen konnten ernährt werden, daran gibt es keinen Zweifel. Doch die Schattenseiten können nicht ignoriert werden, da sie die Grenzen dieser Form des Wachstums aufzeigen. Ein besorgniserregender Trend dabei ist, dass sich die Biodiversität bedrohlich reduziert. Noch vor wenigen Jahrzehnten gab es in Indien oder auf den Philippinen Zehntausende Reissorten. Heute werden auf drei Viertel der Fläche Indiens nur noch zwölf Sorten verwendet, auf den Philippinen schrumpfte der Wert sogar auf zwei Sorten, die auf 98 Prozent der Fläche wachsen. Das Gegenargument lautet hier: Dafür war der Einsatz von modernstem Know-how in der Landwirtschaft schon in den 1960er-Jahren eine gigantische Chance, die ärgsten Hungersnöte einzudämmen. Allerdings ist der Einsatz von Gentechnik, quasi der nächste Modernisierungsschritt zur weiteren Forcierung der weltweiten Erträge, heftig umstritten. Noch fehlen die endgültigen Beweise, dass es auch langfristig möglich ist, sei es ökonomisch oder ökologisch, mit Gentechnik das Hungerproblem zu lösen. Es stellt sich auch die Frage, ob die industrielle – sehr energieintensive – Form der Landwirtschaft angesichts der schwindenden Energieressourcen in der Lage sein wird, den zu erwartenden Nachfrageanstieg bewältigen zu können. Ermutigend sind allerdings die

Resultate einer Untersuchung, die vom Umweltprogramm der Vereinten Nationen (UNEP) durchgeführt wurde. 114 Projekte mit Biolandwirtschaft in 24 afrikanischen Staaten wurden dafür analysiert.[271] Ertragssteigerungen von 128 Prozent konnten dort verbucht werden, indem Felder mit naturbelassenen Methoden bestellt wurden. »Biologische Landwirtschaft steht im Ruf, ein Luxus, ein Nischenprodukt zu sein. Doch unsere Ergebnisse zeigen, dass dieser Ansatz ein wesentlicher Beitrag zur Bekämpfung von Armut sein kann«, so Achim Steiner, UNEP-Generaldirektor. Beeindruckend waren auch die ökologischen Konsequenzen: Durch den Einsatz traditioneller Methoden schritt die Bodenerosion weniger stark voran, gleichzeitig verringerte sich das Sinken des Grundwasserspiegels.

## KLIMASCHUTZ GEGEN ARMUT

Von einem negativen Feedback-Prozess sprechen Experten: Die Folgen des Klimawandel zerstören wichtige Fundamente der Lebensmittelproduktion, gleichzeitig zählt – vor allem industrielle – Landwirtschaft zu den wichtigsten Quellen klimaschädlicher Treibhausgase. Der Ernährungsökologe Karl von Koerber von der Technischen Universität München sagt, dass etwa in Deutschland für die Produktion von Lebensmitteln ein Fünftel der vorhandenen Energie verbraucht wird. Die Hälfte davon betrifft die Landwirtschaft. Vor allem die Produktion von Fleisch ist sehr energieintensiv und verursacht einen großen Anteil der $CO_2$-Emissionen in dem Bereich. Pflanzliche ökologische Erzeugnisse verursachen um ein Viertel weniger Treibhausgas-Emissionen als konventionell hergestellte Produkte. Doch neben der Notwendigkeit, auch in diesem Bereich einen Beitrag zum Klimaschutz zu leisten und so den Bremsklotz, der die Sparte selbst so sehr trifft, zu lösen, muss bei den Maßnahmen des Klimaschutzes die Not in jenen Ländern berücksichtigt werden, die jetzt schon durch die Folgen der Wetterkapriolen entsteht. Denn diese Länder, vor allem jene, die im Sahel und am Horn von Afrika mit extremen Dürreperioden konfrontiert sind, profitierten am wenigsten vom Wohlstand, der auf dem Einsatz fossiler Energieträger beruhte. Ganz im Gegensatz zu uns. Entscheidend werden diesbezüglich die Verhandlungen zum Nachfolgeprotokoll des Kyoto-Abkommens sein. Die neue Regelung muss Armutsbekämpfung und Klimaschutz verknüpfen; auch um die weniger entwickelten Länder mit an Bord zu bekommen und so eine wirklich globale Einigung zu erzielen. Eine Möglichkeit wäre es, den Erlös aus dem Handel mit Verschmutzungsrechten (also die Kosten pro Tonne $CO_2$, die ein Verursacherstaat bezahlen muss, sofern mehr Treibhausgase emittiert werden als die international vereinbarte Quote vorsieht) zum Teil direkt für die Finanzierung der Millenniumsziele zu verwenden. Derzeit bringt dieser Zertifikatshandel in der EU jährlich 60 Milliarden Euro an Erlösen. Würden die Verschmutzungsrechte global gehandelt, würde das bis zu 250 Milliarden Euro bringen.

## WASSER FAIR NUTZEN

»Unsere Lebensmittelpreise sind in Wahrheit noch immer zu niedrig, weil der Kostenfaktor Wasser nicht einberechnet ist. So wie nach den früheren Ernährungskrisen auf eine Erhöhung der Produktivität der Landflächen gesetzt wurde, muss es jetzt unser Ziel sein, die Produktivität von Wasser zu erhöhen«, sagt Leslie Brown vom »Earth Policy Institute« in Washington.[272] Für die Produktion von einem Kilogramm Fleisch werden zwischen 7 und 16 Kilogramm Getreide oder andere pflanzliche Produkte benötigt und bis zu 1000 Liter Wasser verbraucht. Um ein Kilogramm Getreide zu produzieren, braucht man dazu noch einmal, je nach Beschaffenheit des Bodens, zwischen 400 und 1000 Liter Wasser. Schon jetzt sind die Dimensionen des Verbrauchs gewaltig: Täglich werden 200 Milliarden Liter Wasser für die Nahrungsmittelproduktion verbraucht, dies entspricht der Wassermenge des gesamten Amazonas, wie eine Studie des »World Wild Life Fund for Nature« errechnete. Die Lebensmittelkrise ist deshalb auch eine Wasserkrise; oder vielmehr wird sie dazu werden.

# Tanken und essen: Neustart für Bioenergie

Biotreibstoffe sind eine Lösung des Klimaproblems; zumindest ein Teil davon. Die Eindämmung der Erwärmung der Erde ist ein zentraler Bestandteil, um die Versorgung der Menschen mit Lebensmitteln sicherzustellen. Allerdings wurden der Einsatz und die Subventionierung des Einsatzes von Grundnahrungsmitteln wie Mais und Weizen als Rohstoffe für Treibstoff zu einem Motor der Teuerungskrise. Dazu wird Land, das in weniger entwickelten Ländern zur Lebensmittelproduktion dringend gebraucht würde, dazu verwendet um Devisenbringer wie Palmöl für die Biodieselproduktion zu pflanzen. Ein Ausweg, den viele Experten sehen, ist der Einsatz von biogenen Treibstoffen der zweiten Generation. Biomasse wie schnell wachsende Gräser oder Bäume als Basis für Ethanol wären keine Konkurrenz für Nahrungsmittel[273] und könnte die erste Generation rascher ablösen, wenn die Forschung in dem Bereich beschleunigt würde. In einem Punkt sind sich aber sämtliche Experten einig: Die Subventionen für Biotreibstoffe, die aus Grundnahrungsmitteln gewonnen werden, müssen gestoppt werden.

# Menüplan für eine satte Welt

Jeder kann entscheiden, ob alle satt werden können. Die Abstimmung darüber beginnt beim Einkaufen. Es gibt Produkte, die unter möglichst fairen Bedingungen produziert werden und entsprechend ausgewiesen sind. Eine Frage, die jeder für sich beantworten muss, ist, ob man gewillt ist, Vegetarier zu werden. Es ist die fairste Art zu essen, weil die Produktion von Fleisch Unmengen an Energie kostet. Allerdings gelten auch hier Einschränkungen: Ein Stück Fleisch von einem Tier, das auf Grasland im Naturzustand gehalten wurde, mag schlussendlich im Sinne einer nachhaltigen Ernährung sinnvoller sein als importierte Sojaprodukte aus dem Ausland. Folgende Regel kann helfen, für sich die richtige Linie zu finden: Je weniger Energie verbraucht wird, je schonender ein Produkt erzeugt wird und je näher die Produktion beim Verbraucher ist, desto klüger ist es, sich damit zu ernähren.

Doch beim Menüplan einer gerechten Welt geht es auch um Lebensstil. Laut einer Untersuchung der Universität für Bodenkultur in Wien landet jeder fünfte Laib Brot, der in Österreich produziert wird, am Müll. Eine Ursache für diese Verschwendung ist, dass jeder bis zum Geschäftsschluss eine große Auswahl von Produkten erwartet und am nächsten Tag kaum bereit ist, »altes« Brot zu essen. Umso mehr zeigt sich, wie verrückt und dekadent unsere Welt geworden ist. Es ist so banal, dies wieder und wieder festzustellen, doch die Folgen dieser Ungleichheit sind tödlich. Für 5 Millionen Kinder pro Jahr.

# Anmerkungen

1 FAO. Aussendung. »Raise farm Production to End Food Crisis.« 17.9.2008.

2 Jahresbericht SIPRI. Stockholm International Peace Research Institute. 2008.

3 Jean Ziegler, Wie kommt der Hunger in die Welt? Ein Gespräch mit meinem Sohn. 2001.

4 Marc Lacey, Meager Living of Haitian Is Wiped out by Storm. New York Times. 11.9.2008.

5 Lima Soriélus, Gonaives, la Boue Succède aux Eaux. La Nouvelliste. 25.9.2008.

6 Rory Caroll, Mud Cakes become staple diet. The Guardian. 29.7.2008. Jonathan Katz, Poor Haitians Resort to Eating Dirt. Associated Press. 10.7.2008.

7 Rory Caroll, Paradise and Razor Wire. The Guardian. 7.8.2008.

8 The Food Crisis. Scarity or Injustice? The Magazine of the Food Ethics Council. Summer 2008.

9 OECD-FAO Agricultural Outlook. 2008–2017.

10 High Prices: The What, Who, and How of Proposed Policy Actions. International Food Policy Research Institute. Mai 2008.

11 High Food Prices: Impact and Recommendations. Paper prepared by FAO, IFA and WFO for the meeting of the Chief Executive Board for Coordination. 28.–29.4.2008. Bern. Schweiz.

12 Beat Balzli, Frank Hornig, Tödliche Gier. Der Spiegel. 21.4.2008.

13 OECD-FAO Agricultural Outlook. 2008–2017.

14 Geoffrey Lean, Rising Prises Threaten Millions with Starvation, Despite Bumper Crops. The Independent. 2.3.2008.

15 Javier Blas, IMF warns of Threat to Poorer Nations. Financial Times. 1.7.2008.

16 Aussendung FAO zum Welternährungsgipfel. 3.6.2008.

17 Shaohua Chen, Martin Ravallion, The Developing World is Poorer

than we Thought, but not Less Successful in the Fight against Poverty. The World Bank Development Research Group. August 2008.

18 The World's Most Deprived. Studie des International Food Policy Research Institute. Oktober 2007.

19 Anthony Faiola, The New Economics of Hunger. Washington Post. 27.4.2008.

20 »Outlook Paper« der OECD zum World Food Summit. Rom. Juni 2008.

21 Anthony Faiola, The New Economics of Hunger. Washington Post. 27.4.2008.

22 Presseaussendung. World Bank. 14.8.2008.

23 Joachim von Braun, »The World Food Situation. New Driving Forces and Required Action.« International Food Policy Institute. Dezember 2007.

24 Keith Bradahr, Andrew Martin, Hoarding Nations Drive Food Costs Ever Higher. New York Times. 30.6.2008.

25 International Panel for Climate Change. Fourth Assessment Report. 2007.

26 Luc Christianesen, Lionel Demery, »Down to Earth«. Worldbank. 2007.

27 Bouet, Mevel, Orden, »More or Less Ambition in the Doha Round: Winners and Losers from Trade Liberalisation with a Development Perspective«. In: The World Economy. 30. 2007.

28 »Man Made Hunger.« Editorial. New York Times. 6.7.2008.

29 Interview mit Thomas Stelzer. Morgenjournal. ORF-Radio. Ö1. 2.9.2008.

30 Daten: Siehe Deutsche Welthungerhilfe: »Jeder sechste Mensch hungert.« http.//www.welthungerhilfe.de

31 Raj Patel, Stuffed and Starved. 2008.

32 Joachim von Braun, »The World Food Situation. New Driving Forces and Required Action.« International Food Policy Institute. Dezember 2007.

33 Marc Steinhäuser, Afrika holt auf. Süddeutsche Zeitung. 5.9.2009.

34 Zahlen aus einer Studie der Boston Consulting Group. Präsentiert in New York am 4.9.2008.

35 FAO. Right to Food Guidelines. Adopted 2004.

36 Anthony Failo, Where Every Meal is a Sacrifice. In: Washington Post. 28.4.2008.

37 Paul Roberts, The End of Food. 2008.

38 Internationale Sommerakademie Schlaining. Österreichisches Studienzentrum für Frieden und Konfliktlösung. Zusammenfassung siehe: http://www.aspr.ac.at

39 Sorge ums tägliche Brot. Pressemitteilung 15/2008 des Instituts der deutschen Wirtschaft Köln.

40 Statistisches Bundesamt Vergleiche Februar 2007/2008.

41 Statistik Austria. Pressemitteliung 9.234-203/08.

42 Klaus Georg Koch, Pasta-Streik in Italien. Berliner Zeitung. 14.9.2007.

43 Eurostat. Pressemitteilung 141/2008.

44 Wirtschaftswoche. 31.5.2008.

45 Österreichische Armutskonferenz. http://www.armutskonferenz. at. Statistik Austria. EU-SILC 2006.

46 Ulrich Schulte, Armutszeugnis für den Arbeitsminister. taz. 25.6.2008.

47 Growing Unequal? OECD. Oktober 2008.

48 Umfrage vom Oktober 2008. Institut für Arbeitsmarkt- und Berufsforschung.

49 Kurt Salentin, Armut, Scham und Stressbewältigung. 2002.

50 Elisabeth Niejahr, Kolja Rudzig, Der asoziale Sozialstaat. Die Zeit. 26.6.2008.

51 Arbeitsgemeinschaft der Kinder- und Jugendhilfe. Studie zur Jugendarmut. Juni 2006.

52 »Growing Unequal? OECD. Oktober 2008.

53 Carsten Germis, Winand von Petersdorff, Die Wahrheit über das Pausenbrot. Frankfurter Allgemeine Sonntagszeitung. 6.7.2008.

54 Siehe dazu den europäischen Großstädtevergleich, durchgeführt von einem EU-Programm. HELENA Project. Nutritional Status of Adolescents from a Public Health Perspective. Juli 2008.

55 Friedrich Schorb, Das Essen der Anderen. taz. 4.8.2008.

56 Hans Bertram, UNICEF-Bericht zur Lage der Kinder in Deutschland. 2008.

57 Heribert Prantl, Armes Deutschland. Süddeutsche Zeitung. 19.5.2008.

58 Ursel Becher, »... die im Dunkeln sieht man nicht!« Armut und Benachteiligung von Kindern in Hamburg. Studie. August 2005.

59 Income Inequality and Poverty rising in most OECD countries. Press Release. OECD. 21.10.2008.

60 Bernhard Oswald, Die Risikogesellschaft. Süddeutsche Zeitung. 26.6.2008.

61 Umfrage siehe: http//:www.bertelsmann-stiftung.de

62 Deutsches Institut für Wirtschaft. Untersuchung der Anhängerschaft der »Linken«. Pressemitteilung vom 8.10.2008.

63 »Jeder fünfte Ostdeutsche rechnet sich zur Unterschicht«. Spiegel online. 10.10.2008.

64 Inge Kloepfer, Aufstand der Unterschicht. 2008. Zitat der Autorin: http://www.spiegel.de/schulspiegel/wissen/0,1518,584417,00.html

65 Ein Bushel Mais entspricht etwa 25 Kilo.

66 Steven Mufson, Siphoning Off Corn to Fuel Our Cars. Washington Post. 30.4.2008.

67 Larry Rohter, Obama Camp Closely Linked with Ethanol. New York Times. 23.6.2008.

68 Daten zum Spendenaufkommen für die US-Präsidentschaftswahlen: Center for Responsive Politics.

69 Robert Bryce, Obama: The Senator from Big Corn. The Guardian. 4.9.2008.

70 Economic Assessment of Biofuel Policies. OECD. Directorate for Trade and Agriculture. 2008.

71 International Grain Council. Juni 2008.

72 International Energy Agency. From 1st to 2nd Generation Biofuel Technologies. November 2008.

73 The End of Cheap Food. The Economist. 6.12.2007.

74 Edith M. Lederer, Production of Biofuels is a Crime. Associated Press. 27.10.2007.

75 Aditya Chakranbortty, Secret Report: Biofuels Caused Food Crisis. The Guardian. 4.7.2008.

76 Joachim von Braun, Biofuels, International Food Prices and the Poor. Testimony before the US Senate. IFPRI. 12.6.2008.

77 OECD. 2008.

78 Nicholas Minot, The Food Crisis and its Implications for Agricultural Development. IFPRI. 16.7.2008. Testimony to the House.

79 Zur zweiten Generation der Biotreibstoffe ist mehr im neunten Kapitel zu lesen.

80 Bauerneinkommen steigen. EU-Subventionen bleiben. Wirtschaftswoche. 13.7.2008.

81 Thimothy Searching, et al. Use of US Croplands for Biofuels Increases Greenhouse Gases Through Emissions from Land Use. www.scienceexpress.org. 7.2.2008.

Paul Crutzen et al. Atmos. Chem. Phys. Discuss., 2007, 7, 11191.

82 Stern. 18/2008.

83 Paul Krugman, Grains Gone Wild. New York Times. 7.4.2008.

84 The World's Most Deprived. Studie des International Food Policy Research Institute. Oktober 2007.

85 Kathleeny Kingsbury, A Food Crisis After the Oil Crisis. Time. 16.11.2007.

86 Richard Manning, The Oil We Eat: Following the Food Chain back to Iraq. Harper's Magazine. 2004/02.

87 Fuelling a Food Crisis: The Impact of Peak Oil on Food Security. Energy Bulletin. 3.1.2007.

88 Richard Manning, The Oil We Eat: Following the Food Chain back to Iraq. Harper's Magazine. 2004/02.

89 Paul Roberts, The End of Food. S. 223. Boston. 2008.

90 Larry Rohter, Shipping Costs Start to Crimp Globalization. New York Times. 3.8.2008.

91 Thomas Hanke, Fatale Folgen. Handelsblatt. 5.5.2008.

92 Deleveraging in Commodities Amid Financial Crisis. Reuters. 14.10.2008.

93 Beat Balzli, Frank Hornig, Tödliche Gier. Der Spiegel. 21.4.2008.

94 Speculation and World Food Market. IFPRI Forum. Juli 2008.

95 Bank for International Settlements. Monetary and Economic Development. November 2008 .

96 Michael Maisch, Krise der Hedge-Fonds wird immer bedrohlicher. Handelsblatt. 7.11.2008.

97 Grain Market Report. International Grain Council. Nr. 383. Oktober 2008.

98 Dan Piller, Soft Grain Prices Hit Iowa Economy. Des Moines Register. 12.10.2008.

99 Carlos Caminada, Shruti Singh, Jeff Wilson, Farm-Credit My Cut Crops, Spur Food Crisis. Bloomberg. 27.10.2008.

100 Javier Blas, Another Food Crisis Year Looms, says FAO. In: Financial Times. 6.11.2008.

101 Heike Buchter, Das große Geld und der Hunger. Die Zeit. 19/2008.

102 Nikolaus Piper, Tiefdruckgebiete und Terminkontrakte. Süddeutsche Zeitung. 15.5.2008.

103 Speculation and World Food Market. IFPRI Forum. Juli 2008.

104 Interview. Abendjournal Ö1. 10.10.2008.

105 Annie Shattuck, The Finanical Crisis and the Food Crisis. Two Sides of the Same Coin. 24.9.2008. http://www.foodfirst.com

106 Interview. Stern. 3.7.2008.

107 Bauern-Einkommen steigen. EU-Subventionen bleiben. Wirtschaftswoche. 13.7.2008.

108 Situation für Deutschlands Getreidebauern. Deutscher Bauernverband. Mitteilung. 17.11.2008.

109 Statistik Austria. Pressemitteilung. 9.230-199/08.

110 Großes Geheimnis um Handelsspannen. Österreichische Bauernzeitung. 13.6.2008.

111 Gutachten der Wettbewerbskommission gemäß § 16 Abs 1 Wettbewerbsgesetz an den Bundesminister für Arbeit und Wirtschaft. 14.7.2008.

112 Könische Rundschau. 12.11.2008.

113 Nestlé spürt keine Konsumflaute. Reuters. 23.10.2008.

114 Hagen Seidel, Nestlé: Lebensmittelpreise steigen doch weiter. Die Welt. 11.11.2008.

115 Felicity Lawrence, Our Field of Destruction. The Guardian. 16.6.2008.

116 Annie Shattuck, The Finanical Crisis and the Food Crisis. Two Sides of the Same Coin. 24.9.2008. http://www.foodfirst.com

117 James A. Paul, Katarina Wahlberg, A New Era of World Hunger? – The Global Food Crisis Analyzed. Global Policy Forum. Friedrich Ebert Stiftung. August 2008.

118 http://www.cargill.com/news/news_releases/080819_earnings.htm#TopOfPage

119 News Release. Archer Daniels Midland. 4.11.2008.

120 Geoffrey Lean, Multinationals Make Billions in Profits out of Growing Global Food Crisis. The Independent. 4.5.2008.

121 Mosaic Reports Fiscal Year 2009. First Quarter Results. Press Release. 1.10.2008.

122 K+S im deutlichen Umsatz- und Ergebnisanstieg. Pressemitteilung. 12.11.2008.

123 Deutsche Presseagentur. Meldung. 10.8.2008.

124 Brian Hindo, Monsanto's Rich Harvest. BusinessWeek. 4.1.2008.

125 Siehe Bloomberg-Agenturmeldungen vom 2.4.2008.

126 Raj Patel, Stuffed and Starved. 2007. S. 100.

127 Scott Johnson, The Last Green Country on Earth. Newsweek. 14.7.2008.

128 Bulletin hebdomadaire de morbidité, de mortalité et de surveillance nutritionelle au Niger. WHO. November 2008.

129 Hunger and Health. World Food Programm. World Hunger Series. 2007.

130 Herausforderung Hunger 2008. Bericht von Welthungerhilfe, Concern, International Food Policy Research Institute. Oktober 2008.

131 Susan Shepherd, Instant Nutrition. New York Times. 30.1.2008.

132 United Nations. Standing Commitee on Nutrition. Background Paper. For the 34th Session of the Committee on World Food Security. Rome. 14–17 Oktober 2008.

133 Comprehensive Framework for Action. United Nations High-Level Task Force on the Global Food Crisis. Juli 2008.

134 Rober Black, Saul Morris, Jennifer Bryce, Where and why are 10 Million Children Dying Every Year. The Lancet. 2003.

135 The State of Africa's Children 2008. UNICEF-Report.

136   http://www.globalissues.org/issue/235/consumption-and-consumerism

137 Double-Edged Prices. Lessons from the Food Crisis. Oxfam Briefing Paper. Oktober 2008.

138 The World's Most Deprived. Studie des International Food Policy Research Institute. Oktober 2007.

139 CRS Food Experts Warn of Impending Cascade of Hunger. Press Release. Catholic Relief Services. 29.4.2008.

140 ICRC. News Release 08/215. 27.11.2008.

141 Michael Wines, Malnutrition is Cheating Its Survivors, and Africa's Future. New York Times. 28.12.2006.

142 Ending Hidden Hunger in Africa. UNICEF. Report. Oktober 2004.

143 Paul Collins, The Politics of Hunger. Foreign Affairs. November/ Dezember 2008.

144 Joachim von Braun, Biofuels, International Food Prices and the Poor. Testimony before the US Senate. 12.6.2008.

145 Rick Hampson, Ethiopia's New Famine. A Ticking Time Bomb. USA Today. 17.8.2008.

146 James T. Morris, Still Dying of Hunger. Washington Post. 25.5.2006.

147 Ariana Eujung Cha, Stephanie McCrummen, Financial Meltdown Worsens Food Crisis. Washington Post. 27.10.2008.

148 Daniel Dombey, Michael MacKenzie, World Bank in $100bn Aid Push. Financial Times. 11.11.2008.

149 Larry Elliot, World Bank makes $100bn pledge to poorest nations. The Guardian. 12.11.2008.

150 Rede IMF-Präsident Dominique Strauss-Kahn. Panel on Food Crisis. Paris. Oktober. 2008. Siehe: http://www.imf.org/external/np/speeches/2008/100608.htm

151 Die Wirklichkeit der Entwicklungshilfe. Welthungerhilfe, Terre des Hommes. Oktober 2008.

152 Shaohua Chen, Martin Ravallion, The Developing World is Poorer than we Thought, But Not Less Successful in the Fight against Poverty. The World Bank Development Reseach Group. August 2008.

153 Julia Raabe, UNO: Milliarden-Zusage gegen Armut. Der Standard. 27./28.9.2008.

154 Barney Jopson, High Prices Intensify Ethiopian Hunger Crisis. Financial Times. 17.8.2008.

155 The New Face of Hunger. The Economist. 17.4.2008.

156 Maros Ivanic, Will Martin, Implications of Higher Global Food Prices for Poverty in Low-Income-Countries. The World Bank Development Research Group. April 2008.

157 Paul Collins, The Politics of Hunger. Foreign Affairs. November/Dezember 2008.

158 The World's Most Deprived. International Food Policy Research Institute. Oktober 2007.

159 Mica Rosenberg, More AIDS risked as Poor Women trade Sex for Food. Reuters. 4.8.2008.

160 United Nations. Standing Commitee on Nutrition. 2008.

161 Using Innovative Approaches to Better Understand Sexual Harassment and Exploitation within the Food Distribution Program. Care International in Burundi. Juni 2005.

162 Katy Taylor, Does Aid Help Africa? The Guardian. 25.7.2008.

163 Petra Bornhöft, Horand Knaup, »Ihr überfordert uns!« Der Spiegel. 29.9.2008.

164 Nicholas Minot, The Food Crisis and its Implications for Agricultural Development. IFPRI. 16.7.2008. Testimony to the House.

165 OECD-FAO. Agricultural Outlook. 2008–2017.

166 World Bank. Double Jeopardy: Responding to High Food and Fuel Prices. Positionspapier für das G8-Treffen in Hokkaido-Toyako.

167 Ian MacKinnon, Farmers Fall Prey to Rice Rustlers as Price of Stable Crop Rockets. The Guardian. 31.3.2008.

168 Peter Ritter, No Grain, no Pain. Time. 13.4.2008.

169 Janis Vougioukas, Bauern bleiben auf der Reisernte sitzten. Süddeutsche Zeitung. 5.6.2008.

170 Richard Lloyd Parry, World Food Crisis Turns Rice into Gold. The Times. 28.4.2008.

171 Aussendung der philippinischen Regierung. Siehe: http://www.pia.gov.ph

172 Peter Janssen, It's a Seller's Market. DPA. 15.6.2008.

173 The New Face of Hunger. The Economist. 17.4.2008.

174 Speculation and World Food Markets. International Food Policy Research Institute. Juli 2008.

175 The World's Most Deprived. Studie des International Food Policy Research Institute. Oktober 2007.

176 Sorge ums tägliche Brot. Pressemitteilung 15/2008 des Instituts der deutschen Wirtschaft Köln.

177 Moises Naim, Can the World Afford a Middle Class? Foreign Policy, März/April 2008.

178 Paul Collins, The Politics of Hunger. Foreign Affairs. November/Dezember 2008.

179 Jonathan Watts, More Wealth, more Meat. How China's rise spells troubles. The Guardian. 30.5.2008.

180 Paul Roberts, The End of Food. S. 126. Boston 2008.

181 Food and Agricultural Organziation, World Agriculture: Towards 2030/2050. Interim Report. S. 206.

182 Klaus Werner-Lobo, Uns gehört die Welt! 2008.

183 Paul Roberts, The End of Food. S. 140. Boston 2008.

184 Norman Borlaug, »Feeding a World of Ten Billion People. The Miracle Ahead.« Siehe: http://nbipsr.org/neb_lect.html

185 Population Reference Bureau's 2008 Population Data Sheet: http://www.prb.org

186 Rainer Münz, Albert F. Reiterer, Wie schnell wächst die Zahl der Menschen? 2007.

187 Bert Losse, Jürgen Rees, Matthias Kamp, Vera Sprothen, Silke Wettach, Nahrungsmittelkrise – der globale Albtraum. Wirtschaftswoche. 28.4.2008.

188 Rys Blakely, India's Farmers Struggling to Keep Food on the Table. The Times. 29.2.2008.

189 Jason Motlagh, India's Debt-Ridden Farmers Committing Suicide. San Francisco Chronicle. 22.3.2008.

190 Sam Dolnick, Debt Woes Drive Thousands of Indian Farmers to Suicide. Associated Press. 11.5.2008.

191 Palagummi Sainatz, Böse Saat in Andhra Pradesh. Le Monde Diplomatique. 11.1.2008.

192 Srijit Mishra, Suicide of Farmers in Maharashtra. Indira Gandhi Institute for Development. Mumbai. 26.1.2006.

193 Cheap Hair Dye Used for Suicides. Associated Press. 11.4.2008.

194 Somini Sengupta, On India's Farms a Plague of Suicides. New York Times. 19.9.2008.

195 Rys Blakely, India's Farmers Struggling to Keep Food on the Table. The Times. 29.2.2008.

196 Thomas Schmitt, Tausende indische Bauern gehen in den Tod. Spiegel-online. 12.11.2006.

197 Palagummi Sainatz, Böse Saat in Andhra Pradesh. Le Monde Diplomatique. 11.1.2008.

198 The New Face of Hunger. The Economist. 17.4.2008.

199 Joachim von Braun, Agriculture, Food, Security and the MDGs. 2008. http://ww.mgd-review.com

200 Beyond Doha. Economist. 9.10.2008.

201 Keith Bradsher, Andrew Martin, World's Poor Pay Price as Crop Research is Cut. New York Times. 18.5.2008.

202 Javier Blas, Another Food Crisis Year Looms, says FAO. Financial Times. 6.11.2008.

203 Jean Ziegler, Alle fünf Sekunden stirbt ein Kind. Tagesspiegel. 27.4.2008.

204 Keine Chicken schicken. Dokumentation des Evangelischen Entwicklungsdienstes. Mai 2007.

205 Berechnung des EU-Rechnungshof. Siehe dazu: www.foodwatch.de

206 Steven Castle, Mark Landler, After 7 Years, Talks on Trade Collapse. New York Times. 30.7.2008.

207 Rober Zoellick, A 10 Point Plan to Solve the Food Crisis. Financial Times. 29.5.2008.

208 Nikolaus Piper, Globalisierung in Gefahr. Süddeutsche Zeitung. 12.8.2006.

209 Vandana Shiva, Doha Talks and Food Security. Economic Times. 5.8.2008.

210 Joel Millmann, Roger Thurow, Food Crisis Forces New Look at Farming. Wall Street Journal. 10.6.2008.

211 About 50 Million more hungry people in 2007. Aussendung FAO zum Welternährunggipfel. 3.6.2008.

212 Luc Christianesen, Lionel Demery, Down to Earth. Worldbank. 2007.

213 IAASTD (International Assessment on Agricultural Science and Technology for Development). April 2008.

214 Globalization of Food and Argriculture and the Poor. International Food Policy Research Institute. September 2008.

215 James A. Paul, Katarina Wahlberg, A New Era of World Hunger? – The Global Food Crisis Analyzed. Global Policy Forum. Friedrich Ebert Stiftung. August 2008.

216 No Suicide Link to Modified Cotton. New Scientist. 8.11.2008.

217 Somini Sengupta, On India's Farms a Plague of Suicides. New York Times. 19.9. 2008.

218 Donald L. Barlett, James B. Steele, Monsanto's Harvest of Fear. Vanity Fair. Mai 2008.

219 Caroline Cammell, Prince of Wales Resumes GM Crops Debate. The Telegraph. 5.10.2008.

220 Daniela Kuhr, Feindesland für Zauberlehrlinge. Süddeutsche Zeitung. 16.5.2008.

221 Frontrunners in Securing and Increasing Yield in Crops. Joint Press Release. Monsanto, BASF. 17.9.2008.

222 David Adam, GM Will not Solve Current Food Crisis, says Industry Boss. The Guardian. 27.6.2008.

223 Jürgen Zentek, Alberta Velimirov, Claudia Binter, Biological Effects of Transgenic Maize NK603 x MON810 Fed in Long Term Reproduction Studies in Mice. November 2008.

224 Press Release. Independent Scientists Determine Study Conclusions are Flawed. 20.11.2008. http://monsanto.mediaroom.com/index.php?s=43&item=661

225 Das Allergierisiko und die bisherigen Erfahrungen in der US-Lebensmittelindustrie sind sehr gut dokumentiert in: Paul Roberts, The End of Food. 2008.

226 Bericht dazu: National Post. 15.5.1999.

227 Rudi Anschober, Petra Ramsauer, Die Klimarevolution. Deuticke. 2007.

228 Situation Report Drought/Food Crisis in Ethiopia. United Nation Office for the Coordination of Humanitarian Affairs. 28.10.2008.

229 Nicholas Benequista, As Famine Looms in Ethiopia only the Neddiest Get Aid. Christian Science Monitor. 27.6.2008.

230 http://www.ucar.edu/news/releases/2005/hurrell.shtml

231 Intergovernmental Panel on Climate Change. Fourth Assessment Report. 2007.

232 Somini Sengupta, In Fertile India, Growth Outstrips Agriculture. New York Times. 22.6.2008.

233 Marshall Burke et al. Prioritizing Climate Change Adaptation Needs for Food Security in 2030. Science. Vol. 319. 2008.

234 About 50 Million More Hungry People in 2007. Aussendung FAO zum Welternährungsgipfel. 3.6.2008.

235 WWF Canada. Behind the World Food Crisis is a World Water Crisis. Presseaussendung zur Studie. 18.8.2008.

236 Nahrungsmittelkrise – der globale Albtraum. Wirtschaftswoche. 28.4.2008.

237 Christiane Oelrich, Dürre treibt Bauern in den Selbstmord. DPA. 24.10.2006.

238 United Nations Office for the Coordination of Humanitarian Affairs. Press Release. Afghanistan: Food Insecurity May Cause Deaths this Winter. 27.11.2008.

239 Carlotta Gall, War and Drought Threaten Afghan Food Supply. Washington Post. 19.9.2008.

240 United Nations Office on Drugs and Crime. Afghanistan. Opium Survey. November 2008.

241 Dominic Johnson, Die andere Krise. taz. 15.10.2008.

242 Paul Collier, The Bottom Billion. 2008.

243 Mortality in the Democratic Republic of Congo. An Ongoing Crisis. Special Report. IRC. Januar. 2008.

244 Tracy McVeigh, Congo's Fearful Innocents, Driven into Hiding – and Starvation. The Observer. 30.11.2008.

245 Factbox Zimbabwe. Reuters. 3.12.2008.

246 Failed State Index 2008. Foreign Policy. Juli/August 2008.

247 Susan E. Rice, The Threat of Global Poverty. Brookings Institute. Report. Spring 2006.

248 Jeffrey Sachs, Common Wealth. Economics for a Crowded Planet. 2008.

249 The World's Most Dangerous Food Crises. Foreign Policy. 04/2008.

250 Comprehensive Framework for Action. High-Level Task Force on the Global Food Crisis. Juli 2008.

251 Protests Over Food Prices Paralyze Haitian Capital. Reuters. 8.4.2008.

252 The New Face of Hunger. The Economist. 17.4.2008.

253 Zäher Kampf ums tägliche Brot in Ägypten. NZZ. 17.6. 2008, Brotmangel am Nil. NZZ. 25.3.2008.

254 AFP. 12.4.2008.

255 Tony Karon, How Hunger Could Topple Regimes. Time. 11.4.2008.

256 Henrik Urdal, Demography and Conflict. Centre for the Study of Civil War. PRIO. 2007.

257 Dominic Johnson, Kein Rezept gegen Afrikas Migranten. taz. 15.10.2008.

258 Graham Keeley, John Hooper, Grim Toll of African Refugees mounts on Spanish Beaches. The Guardian. 13.7.2008.

259 Mark Townsend, Libya Key Transit for UK-bound Migrants. The Observer. 13.1.2008.

260 Silvia Liebrich, Subventionierte Dürre. Süddeutsche Zeitung. 4.9.2008.

261 Walden Bello, Manifacturing a Food Crisis. The Nation. 2.6.2008.

262 Zitiert nach dem Artikel von Richard Manning, The Oil we Eat: Following the Food Chain back to Iraq. Harper's Magazine. 2004/02.

263 New Risks and Opportunities for Food Security. Scenario Analysis for 2015 and 2050. IFPRI. Februar 2005.

264 Jeffrey Sachs, Common Wealth. 2008.

265 Andrew England, Javier Blas, Abu Dhabi Looks to Sudan for Food Supply. Financial Times. 4.6.2008.

266 Tobias Schwab, Wünsche an den Bambuszweig. Frankfurter Rundschau. 6.7.2008.

267 We've seen the Future and May not be Doomed. Zusammenfassung des Reports in: Independent. 13.7.2008.

268 Siehe: Den Hunger beenden – jetzt! Deutsche Welthungerhilfe. Thesenpapier.

269 Special Report: The Biggest Crisis of All. Newsweek. 19.5.2008.

270 Food Outlook. Global Market Analysis. FAO. November 2008.

271 Organic Farming »Could Feed Africa«. The Independent. 22.10.2008.

272 Siehe: Mark Rice-Oxley, Lessons from Past Food Crises. Cristian Science Monitor. 6.2.2008.

273 Economic Assessment of Biofuel Policies. OECD. Directorate for Trade and Agriculture. 2008.